▲ 2021 年"双 11"快递行业旺季服务保障期间国家邮政局马军胜局长指导工作

2012.11.11 ➡ 2013.11.11 ➡

2016.11.11 ➡ 2017.11.11 ➡

2020.11.11

▲ 领导指挥调度"双11"

2014.11.11 2015.11.11

2018.11.11 2019.11.11

行业旺季服务保障工作

▶ 2019 年"双 11"快递行业旺季服务保障支撑团队合影

2020 年"双 11"快递行业旺季服务保障支撑团队合影 ▶

▶ 2021 年"双 11"快递行业旺季服务保障支撑团队合影

数说中国快递

从10亿件到1000亿件的中国速度

许良锋◎著

中国快递

人民邮电出版社

北京

图书在版编目（CIP）数据

数说中国快递：从10亿件到1000亿件的中国速度 /
许良锋著. -- 北京：人民邮电出版社，2022.4
ISBN 978-7-115-58664-3

Ⅰ．①数… Ⅱ．①许… Ⅲ．①快递－邮政业务－经济
发展－中国 Ⅳ．①F618.1

中国版本图书馆CIP数据核字(2022)第020089号

内 容 提 要

本书以"数"为轴系统阐述了中国快递行业上下几千年特别是近年的发展脉络，全面回顾了中国快递大数据平台的发展历程，列举了服务"国之大者"的大数据产品群，探讨了快递大数据背后行业运行、经济发展和社会运转的逻辑，并对中国快递未来发展趋势做了前瞻性研判——数智驱动赋能未来。本书语言严谨，数据翔实，读起来引人入胜，适合快递行业从业者和各级政府部门管理者阅读，也适合对快递行业感兴趣或从事大数据开发与应用的相关人士参考。

◆ 著　　　　许良锋
责任编辑　赵　娟
责任印制　马振武

◆ 人民邮电出版社出版发行　　北京市丰台区成寿寺路 11 号
邮编 100164　电子邮件 315@ptpress.com.cn
网址 https://www.ptpress.com.cn
北京瑞禾彩色印刷有限公司印刷

◆ 开本：720×960　1/16　　　彩插：2
印张：17.25　　　　　　　2022 年 4 月第 1 版
字数：261 千字　　　　　　2022 年 4 月北京第 1 次印刷

定价：99.90 元

读者服务热线：(010)81055493　印装质量热线：(010)81055316
反盗版热线：(010)81055315
广告经营许可证：京东市监广登字 20170147 号

推荐语

中国快递正经历由高速增长向高质量发展的历史性跨越,《数说中国快递》为我们打开了通过快递大数据观测中国经济和消费市场的新窗口。

国务院发展研究中心市场经济研究所所长　王　微

邮政快递业是国家重要的社会公用事业,是助力生产发展、推动流通方式转型、促进消费升级的现代化先导性产业。伴随现代交通和物流体系的优化布局和消费互联网的快速发展,我国邮政快递业发展取得长足进步,中国已成为全球增长速度最快、发展潜力最大、投资吸引力最强、创新最活跃的邮政快递市场,邮政快递行业发展的"中国模式"已获得国际同行的广泛关注和积极评价。本书用数据说话,以全景视角,专业化展现了创新引领、数据驱动、服务为本、绿色安全的中国特色邮政快递现代化发展路径!

国家信息中心信息化和产业发展部主任、智慧城市发展研究中心主任、国家大数据发展专家咨询委员会秘书长、区块链服务网络发展联盟理事长　单志广

《数说中国快递》从数据角度对快递行业悠久历史进行了系统回顾和阐述,角度新颖,立意深远,尤其从行业产业数字化、数字产业化入手对行业的大数据发展历程进行全面总结提炼。出于工作关系,我也见证了许良锋同志及其团队在快递大数据领域持续深耕的全过程,本书既对过去十几年快递大数据为中国快递业发展所做贡献进行了简练总结,也对行业在新时代再出发提出建设性

意见。本书是一本既深度洞悉行业又通俗易懂，集学习和阅读价值为一体的专业图书，推荐细读！

中国快递协会副会长兼秘书长　韩瑞林

　　本书用数字为全球规模最大的中国快递业描绘了一幅清晰的画面。洋洋数万言、数十张图表，勾勒出中国快递行业全景图。用数据说明问题，用数据预见未来，用数据揭示奥秘，数据来自作者亲力亲为的中国快递大数据平台。数不在多在于用，在于持久地用，中国快递大数据平台堪称政务大数据平台中闪闪发光的明星。

中国信息协会特约副会长　何华康

　　《数说中国快递》一书全面客观地介绍了邮政业的悠久历史，系统总结了国家邮政局邮政业安全中心多年来开展的信息化建设和培育的一系列应用成果，是作者许良锋同志带领团队多年如一日耕耘的缩影，也是中心举全力锻造行业"新基建"的生动实践。本书精心梳理了行业大数据发展和监管的最新情况，并对未来发展进行了大胆的预测和设想，将所思所悟所为付诸笔尖，对行业的管理有很好的启发。

　　当前，全社会正在加速迈入数字时代，党中央提出要加快培育数据要素市场，并将"数据"与土地、劳动力、资本、技术等传统要素并列。现阶段，快递大数据已成为行业不可替代的战略要素。我们要牢牢抓住快递大数据这一利器，精准发力、靶向施策，不断加快产业数字化、数字产业化进程。希望我们快递行业上下齐心、共同努力，自觉运用大数据这一关键要素，更好地服务行业高质量发展与高效能治理。

　　"生活快递化，快递生活化"，中国快递迎来了数智化转型的关键时期，希冀凝聚行业内外更多力量，让中国快递插上数据的翅膀，"追风赶月莫停留"。

国家邮政局邮政业安全中心主任　王　丰

对中国快递的解读有很多维度和角度，而最能体现中国快递发展成就的，无疑是"数"。在邮政业改制的浪潮中，中国快递释放了无限潜能，15年时间从10亿件增长到1000亿件的量级，成为世界快递物流发展的奇迹。在数量扩张中，中国快递也实现了价值和功能的跃升，连接千城百业，联系千家万户，联通线上线下，日益成为数字经济的基础设施网络，成为人们不可或缺的生活方式。中国快递让数千万小微商户拥有与大企业同样的全球物流网络，让偏远山区的人们接入全球大市场。

许良锋同志的《数说中国快递》一书，用"数说"的方式很好地诠释了中国快递的特点与价值，也很好地展现了邮政管理部门用智慧监管引领智慧快递发展的历程。

国家邮政局发展研究中心副主任　胡　凯

行业的信息化探索历程历经几代人的艰苦努力和不懈探索，许良锋同志是最早一批开始深度参与的践行者，一直坚持到今天。本书记录了大数据团队的心路历程，也是行业高效能治理的一个精彩缩影，值得一读。

上海市邮政管理局党组书记、局长　冯力虎

作者用热情的笔触描绘了让世界为之惊叹的中国邮政快递行业，让读者游历在斑驳的时光长廊之中，深潜至数字蓝海之下，去了解、去揣摩、去读懂邮政快递行业。用"数"去诉说千百年行业的演进、变化和发展，既是时代的缩影，更是浙江省作为民营快递萌发地、电商快递起航地和快递创新发源地的缩影。用"数"去驱动新时代行业的重塑、重组和重构，正如书中所描绘的，我们期待行业在水滴石穿的坚持中，持续地跃升、不断地迭代。

愿借此书助力浙江省邮政快递业在努力探索共同富裕大局下的奋进之路上勇担使命，塑造变革，创新突破，蹄疾步稳！

浙江省邮政管理局党组书记、局长　魏遵红

从 10 亿件到 1000 亿件的中国快递速度，彰显着中国经济的强劲动力和勃勃生机。本书全面回顾了中国快递"成长史"，展示了 2006 年邮政体制改革后快递行业波澜壮阔的发展画卷，重点解读进入新时代，中国快递大数据研究的纵深推进过程和快递大数据在推动行业规范治理、服务国民经济社会发展方面的情况，为行业内外提供了观照中国快递行业发展演进的数字化视角，也为邮政管理部门更加重视监管信息化建设、深入开展行业大数据挖掘研究与应用打开了"一扇窗"。

数据是温度的脉动，阅读是思维的火花。我相信，一定会有更多的读者与我同行，用数据挖掘出邮政快递业改革发展的宏大叙事，凝聚出中国快递奋进新时代的磅礴伟力！

安徽省邮政管理局党组书记、局长　伍洲文

这是一本比较全面介绍行业发展和行业治理的书，用"数"说话。许良锋同志长期从事行业监管信息化和大数据挖掘工作，沉淀了不少的经验做法，也做了很多创新，特别是前身起源于福建省的安易递平台更是其力推并使其升级为国家平台，为行业实名制信息化奠定了坚实基础。像这样的案例，这本书中还有很多，推荐阅读。

福建省邮政管理局党组书记、局长　王文胜

《数说中国快递》这本书通过一组组数据全面系统地串起了邮政快递行业上下几千年的历史，作者许良锋同志长期从事快递行业信息化和大数据研究应用工作，在快递大数据领域有诸多典型案例。本书对行业"产业数字化，数据产业化"进程进行了客观总结和前瞻预测，推荐从事快递行业和大数据相关产业人士重点阅读。

湖南省邮政管理局党组书记、局长　朱汉荣

中国的经济发展是一个奇迹，中国快递的发展更是对这个奇迹最好的诠释。

《数说中国快递》这本书用生动有趣的数字从一个不同的角度回顾了行业高速增长的历程，用行业大数据对中国经济和区域的发展进行了有益的探索。

作者对行业发展和治理实践进行了总结，从数据驱动、数据赋能角度对行业进行了解读。本书对行业从业者和监管人员有很好的学习借鉴意义，对普通读者也不失为一个了解快递业现状与发展的途径。

广州市邮政管理局党组书记、局长　周建军

中国快递大数据的故事，许良锋讲述是认真的——从快递行业的古代史到近代史，再到激情澎湃的快递高速增长的中国奇迹，他都娓娓道来。本书真实反映了中国快递人创新奋斗的辉煌历程，系统性地揭示了数据要素在行业过去现在和将来的关键作用，令人向往，催人奋进。

中通快递股份有限公司董事长　赖梅松

用数据来"说"中国快递，在数据要素蜕变为全社会最重要的关键要素的今天，有着特殊意义！数据驱动的中国快递高速发展史话与数字时代的脉搏，在许良锋这本书中能清晰地感受到。

上海韵达货运有限公司董事长　聂腾云

近年来，中国快递以"黑马"之姿成为国民经济的亮点，当下正处在从"无所不在"迈向"无所不能"的历史性阶段。本书客观回顾了包括申通在内的中国快递激情奋进历程，尤其浓墨重彩系统性总结了行业数字化和行业治理的大数据探索，推荐想要深度了解行业、深耕行业的人士阅读。

申通快递股份有限公司董事长　陈德军

传统互联网已去，产业互联网时代来临。以大数据驱动，赋能行业高速度、高质量发展，是中国快递行业现阶段的核心课题之一。本书从行业发展、监管

治理等多视角切入，全面描绘出中国快递行业的发展图景；书中对行业未来的研判，以"数"为依据，参考性极高，推荐给每一位快递从业者、产业链相关人士、投资界相关人士精读。

丰巢科技有限公司 CEO　徐育斌

这是一部用数字书写的中国快递业 40 年的发展史，作者运用行业大数据，全方位精确地记录了中国快递业 40 年来从"零"开始的发展历程，全景化如实再现了中国快递业 40 年波澜壮阔的改革创新全过程，从邮政 EMS 的破茧而出，独占鳌头，到顺丰速递的从小到大、后来居上，再到京东的强势突袭，以及"四通一达"的当歌起舞。40 年的行业发展精彩纷呈，精英人物各领风骚，与科技、金融行业融合风起云涌。时代造就英雄，英雄引领时代。不由人不联想到中国历史中的春秋战国时代——那个精彩绝伦的时代，中国快递业 40 年的发展史正是那段历史的行业映射，也是我国改革开放 40 年的行业缩影。作者作为行业大数据监管平台负责人，通过运用行业大数据，如同亲身经历、置身于行业发展变革之中，有着独立、客观而又冷静、睿智的思考。这本《数说中国快递》既是对行业发展历史的真实记录，对当前行业发展现实的冷静观察，更是对行业未来健康可持续发展的深邃思考。本书对于中国快递行业的从业者、参与者、管理者都是一本可以以"数"为鉴，引发思考，启迪智慧的好书。

湖南湘邮科技股份有限公司董事长　董志宏

胸中历历著千年，笔下源源赴百川。

本书作者以雄健的笔力从快递起源讲起，向我们介绍了快递从无到有，从小到大，从弱到强的发展历程，全书的讲述蘑金结绣，浑然一体。

作者沉着洗练地使用了大量富有说服力的图表数据，详尽地讲解关于快递的大数据故事，在给我们以强烈视觉冲击力的同时，尽显作者对那些数据的精雕细琢以及对讲述方式的协调与掌控。这一个个数据图表，让我们深知它的分量，因为它的背后，是中国快递人的无私奉献与付出，凝结着他们的智慧与创造，承载着他们的期盼与寄托。与此同时，我们也是中国快递的经历者、享受者，还是中国快递发展的参与者、建设者。

大鹏一日同风起，扶摇直上九万里。

中国快递有朝一日也必将成为世界的快递！

中国电信集团有限公司交通物流行业事业部总裁　沈尔健

2022 年是国家"十四五"规划实施的第二年，也是国家"构建以国内大循环为主体，国内国际双循环相互促进"新发展格局显现成效的一年，把握这样一个历史契机，讨论数据作为生产要素如何助力快递行业数字化转型，讨论如何利用快递大数据助力中国数字经济发展十分适时。本书讲述了中国快递行业发展史，同时也是运用大数据实现快递行业智能化服务、产业数字化转型，助力数字经济发展的实践与发展史，中国快递从 10 亿件到 1000 亿件，行业换挡加速背后离不开 5G、云计算、大数据、人工智能等新技术的加持，作者既有对新技术的理解，又有对商业规则的解读，更将国家政策、行业洞察、业务运营经验充分结合，系统梳理了实践案例和理论抽象。作为快递行业从业人员，如果你正在尝试运用大数据等新技术创新业务与服务模式，支撑业务继续保持高速可持续增长，本书提供了中国快递大数据平台的实践案例，帮助你消化理解平台背后的技术与业务逻辑。作为其他行业产业数字化转型推动人员，如果你正在寻找行业优秀经验，寻找如何利用数智驱动打造行业增长新引擎，本书提供了快递业服务民生、服务社会治理、服务乡村振兴、拓展国际市场方面的经验和思考，帮助你开拓思路勇于创新。相信本书的实践和思考对千城百业从事产业数字化转型的工作人员会有很大的启发和借鉴意义。

联通数字科技有限公司总裁　李广聚

在当今时代，中国快递行业是一个不得不说，需要大说特说的国家基础物流支柱产业，正因为有了它的健康、稳健、高质量的发展，才伴随着国家的需要，发挥了令全世界羡慕的战略作用。本书作者一直耕耘在国家邮政局大数据汇总、分析、监控、调度和服务监督管理的一线。随着国家邮政局 2008 年至今对于全国快递物流产业的战略布局，中国快递物流产业从"小散乱"到"规模化＋智慧化"，如何从 10 亿件到 1083 亿件？如何将这高速发展的国家战略产业调控调度好？这本书正好客观回顾和解答了这些问题。

航天信息股份有限公司副总经理　支俊辉

数据翔实、有理有据，《数说中国快递》重点对我国快递行业发展历程及其治理、服务和赋能进行了全面的分析并开展了富有成效的实践，对快递行业及基于快递行业大数据的发展应用提供了深刻的见解。本书是了解我国快递行业的重要参考，也是行业大数据发展的一个典型案例的深度剖析！

清华大学电子工程系党委书记　金德鹏

《数说中国快递》用精准的数据为读者展示了全新的快递形象，相信也会颠覆很多人的印象。小包裹大民生，小快递大数据，快递业既贯通生产、分配、流通、消费等各个环节，又关联一二三产业，连接千城百业、深入千家万户，是经济流通的大动脉、民生畅通的微循环。《数说中国快递》的作者许良锋作为数据分析专业人士，又从事国家邮政业数据管理多年，他用丰富的资料、广泛的数据应用方式、通俗易懂的语言，为您讲述中国快递跨越千年的前世今生，展示了新业态的政府治理最新生动实践，值得一读。

北京大学政府管理学院院长　燕继荣

《数说中国快递》用生动有趣的数字巧妙回顾了中国"快递"的千年历史和新时代的高速发展，揭示了行业高速发展背后的大数据密码，带我们深度走进行业 15 年来的治理实践，从数据驱动与数据赋能的视角进行了全新解读，并全面展现了行业治理的最新探索。监管部门秉承"监管 + 服务"的理念，打造出中国经济的"晴雨表"，点点滴滴体现了为中国快递安全、高效、健康、持续发展做出的不懈努力。

北京交通大学副校长　赵　鹏

　　全书脉络清晰，详细回顾了我国自商周以来邮驿的源起与演变，梳理了新中国邮政事业的兴起与发展，历数了改革开放以来邮政快递业的快速成长，详细呈现了快递大数据的前世今生。作者以快递大数据平台建设亲历者的视角，对中国快递大数据平台的成立与发展进行了回顾，并通过翔实的数据，高度概括了大数据平台"接进来，算出来，用起来"的建设历程。全书用丰富的案例给我们展示了基于快递大数据看行业、看经济、看世界的全新视角，也通过数据安全方面的应用示例，让我们看到了和老百姓天天打交道的快递背后的数据安全防护。

　　本书作者长期耕耘在快递大数据建设与实践一线，对行业大数据发展有着深厚的见解。相信这本书既是对快递业数字化发展历程的一个回顾，更是对行业今后发展的一种期许、一种展望。希望本书可以让更多的读者了解快递业数字化、智能化的发展趋势，同时也衷心希望中国快递业在高质量发展的道路上大展宏图！

北京邮电大学现代邮政学院院长　闫　强

我们的前路，是星辰大海

跨千越万。

2021 年中国快递业全年业务件量 1083 亿件、业务收入 10332.3 亿元。

139.6、206.7、312.8、400.6、507.1、635.2、833.6、1083……这些以亿件为单位计量的数字，是中国快递业从 2014 年到 2021 年，在时间之河中留下的成长印记。

在发展中规范、在规范中发展的包容审慎的行业监管思路；用大数据驱动创新发展、用创新引领智慧服务的大数据治理现代化实践，中国快递大数据平台用行业"最强大脑"的数据中枢作用，回答着中国快递世界第一位置的时代之问。

时代是出卷人，我们是答卷人，人民是阅卷人。时代给予了中国快递业辽阔的天地，我们接过画棒，画出了今天的日新月异和未来的星辰大海。

从 0 件到 10 亿件，中国快递业用了 26 年；从 10 亿件到 100 亿件，用了 8 年；从 100 亿件到 1000 亿件，这次的跨度是 7 年。

从 10 亿件到 1000 亿件，中国快递业如何换挡加速？中国快递信息化和大数据服务管理如何助力行业发展的指向变革、效率变革和动力变革？如果说想到不一定做到，但想不到就一定做不到，站在今天回望来路，中国快递业在顺应中转型，在顺势中发展，给出的回答是"奋斗"。

《中国诗词大会》节目给予了奋斗充满诗情画意的定义。什么是奋斗，奋斗

是刘禹锡笔下"千淘万漉"的辛苦，奋斗是郑板桥笔下"咬定青山"的坚韧，奋斗更是陆游笔下"少壮工夫老始成"的一番耐心和决心。

本书动态跟踪了近年来我国快递行业在产业数字化道路上的诸多创新和探索，如实记录快递大数据监管和服务艰难探索中经历的艰辛历程，尝试结合心里的数个"为什么"，一起再现中国快递业十余年的奋斗历程。

从手写信息到专人录入到电子面单再到二维码动态采集；从肩扛手提到机械助力到全自动化作业；从帮助报关到服务电商到服务全领域转型升级；从被动需要到主动呼应到创造需求；从大头笔到汗水快件到数据快件；从小步快跑到大而不强到高质量发展……中国快递业从 2007 年邮政体制改革到 2009 年邮政法修订后走过的十余年，也同样是中国快递信息化和大数据服务管理实践的十余年，在数字中服务改变，在数据中构筑新的未来。这个行业真正的跃升，不是累积的爆发，而是在水滴石穿的坚持中，在一件件快件的揽收运派中，不断迭代。

世间万物，皆有其时。

时间似河，数据如光，流动的数据伴随着万物，在时间的长河中生长，致密地渗透快递业发展的点点滴滴，烛照前方。在这里，数据不是一个复杂的概念，不是一个具体的快件，它无处不在，它活跃在时代的波动中；它无所不能，它抵达行业深处，触动这个行业最真实的基底，然后告诉你，未来究竟在哪里。

借这个机会，要致敬砥砺前行不断创造奇迹的中国快递人，是他们用永不停歇的脚步缔造了中国快递的辉煌成绩，不断释放市场的磅礴力量和数据赋能的要素潜力。要同时感谢为这本书的创作给予大力关心和支持的领导同事和朋友，感谢诸多快递圈内专家给予的指导和帮助，特别感谢人民邮电出版社的老师精心指导和辛苦付出，最后感谢我的家人给予的默默支持。

如果有机会的话，希望这本书有更多人阅读。

许良锋作于北京

2021 年 12 月

目录

第三章

中国快递行业治理实践——中国快递大数据平台

第四章

从监管到服务，从安全保障到发展赋能：中国快递大数据平台能力矩阵

第五章

"数"说快递，"快"看中国

第六章

多措并举，守护中国快递大数据安全发展

第七章
数智驱动中国快递赋能未来

第一章

"邮"来已久，"递"行天下 3000 年

近年来,邮政快递业发展日趋壮大,"千亿件量万亿收入"目标在2021年胜利达成,行业已经成为畅通国内国际双循环的重要通道,是服务生产生活、促进消费升级、畅通经济循环的现代化先导性产业。虽说中国快递从10亿件到1000亿件只用了十余年,但邮政快递业的起源却可追溯到3000年前。从"政府专用"到如今的"无人不用",邮政快递业见证着历史车轮滚滚向前。行业上下几千年的发展历程,无声地记载着中华民族的苦难与辉煌,深深镌刻着传邮万里、国脉所系的家国情怀,可以说恪守初心,"邮"来已久。

3000年前的"驲传"制度，中国快递的雏形

当今社会，快递已渗透社会活动的方方面面，国家邮政局统计数据显示，人均一年收寄快件近百件，快递服务俨然成为人们生活中不可或缺的组成部分。虽说快递行业在近十年才驶入高速增长的快车道，但快递业的起源却可以追溯到3000多年前的商朝，那时中国已有近似于快递的"驲传"制度。在中华民族的璀璨文明中，我们能清晰窥见我国邮政快递业的发展历程。

古时交通并没有现在这么发达便利，人们的通信极为不方便。"鱼传尺素""雁足传书"等成语都描绘了封建社会书信难寄的窘迫。

据传上古时期的部落联盟首领尧发明了"信"。当时，尧为了能听到来自民间的声音，采纳各方意见治理部落，便派人专修了一条路，并设了喉舌之官——"纳言"。纳言虽为官职，但实际上是尧联络百姓的信使，肩负着上传下达信息任务的通信员，可谓是我国最早的一类官府信差。

最早的军事通信方式是击鼓传声，"击鼓"就是利用鼓的声音来传递边境的军情消息。而真正有组织且相对正式的通信活动，则出现在殷商盘庚时期。在商代甲骨文中记载，殷商盘庚时期就已经有了边疆通信兵——"僖"来传递军情，这是我国最早记载通信的文字资料。

古代把邮政叫作"邮驿"。我国东汉学者许慎在《说文解字》中对"邮驿"做了如下解释："邮，境上行书舍。从邑垂，垂，边也。"古代学者把"邮"称为边陲地区传递书信的机构。"驿，置骑也，从马，睾声"。古代的"驿"指的是传递官方文书的马、车。商朝时已有专门传递信息的信使，商王每次出行都会带着多位信使，方便他向文臣武将下达命令。

商朝的信息传递速度比较快，这从《诗经·商颂》中便可以找到印证："商城翼翼，四方之极。"这里讲的就是商朝整齐壮观的王都，街道宽敞、交通方便、房屋漂亮，一度成为那个时代其他邻国的榜样。

根据甲骨文提供的材料：商王都通往各地的道路，有 4 条主要干线：第一条通往徐淮地区；第二条通往湖南、江西；第三条通往西边的渭水流域；第四条通往西北，即陕北、甘肃一带。这些宽广、平坦的"王道"笔直，便利于车马行进。

交通便利，不但能让人们出行方便，还有利于物资输送，促进国家的经济发展。后经考古学家发掘证实商朝在当时确实昌盛繁荣。商都城内城外道路四通八达，并且路径宽阔又纵横交错，最为典型的是整齐石板铺的一条专供车马行驶的"马道"，能直登城墙之上。而那些带着外界信息行走在这条"马道"的官差，像现在的"快递员"一样，只是专为皇帝服务。所以说，我国在商朝时便有了"车马"和"舟楫"等交通工具，同时也建立了"驲传"（乘车传递）制度。

"驲传"可以说就是历史上最早的快递，相当于现代快递的雏形，这在殷墟甲骨文中已得到证实。作为古代官府为传递文书、接待使客、转运物资而设立的通信和交通组织。邮驿在古代的作用有两个方面，平时向下级政府组织传达政令、沟通中央与地方及地方之间联系的关键纽带；战时则是传递军情、指挥作战的得力助手；一旦国家遇到重大灾害或突发事故，邮驿就成为政府采取特殊措施，处理事故的重要手段。从殷商王朝这种与外地信息往来传报的现象来看，"驲传"制度已经逐渐形成。官府设立的供贵族阶级人员过行食宿的"羁"舍，就相当于邮驿了，只是那时还没有官方文字给予正名。

从记载这些关于"信"的典故中可以发现，不管是 3000 多年前的邮驿雏形，还是现在高速发展的快递行业，无一例外都传达出一种有血有肉的情感，这种情感饱含着人们对所爱所念之人以及所需所托之物的相思和挂念。

本质上，部落首领尧想要了解百姓们的建议，古代战场上的击鼓传军情和因疲惫累死在路上的信使，以及今天人们收到快递急于打开的迫切和期待，都源自一种对人、对物的温情寄托和情感需求。

到了周朝，"驲传"制度有所完善。据《周礼·秋官》记载，周朝的官职中设置了主管邮驿、物流的官员——"行夫"，其职责要求是"虽道有难，而不时必达"。这里提到的"行夫"，其实就是当时的"快递员"。

西周时，全国已有一套相对完整的邮驿通信职官系统。到了战国时期，单骑通信和接力传递已经开始，简牍和符节流行开来，为了保护所传的"信件"安全，人们还会在邮传简牍之时进行加封，以实现一定的保密性。

古代烽火是敌寇侵犯时国家紧急的军事报警信号。受限于当时的通信条件，为了有效防备别国的侵扰，西周在其国都附近修筑了 20 多座烽火台。烽火台又称"烽燧"，每个烽火台都有哨兵把守。哨兵一旦发现有敌人偷袭，就会在第一时间行使"信使"的职责，白日放烟，夜晚点火，向相邻的烽火台上的哨兵传递"报警"信号，相邻烽火台上的哨兵会意后，即会立即将这一危险信息"逐台传达"下去。对于周边的诸侯而言，烽火代表着国家军情讯息，看到烽火须即刻出兵。

夏商周时的"驲传"制度，是服务于国家的，可以说，只要涉及通信，几乎就是官府上传下达命令的官差，与平民百姓基本没有关系。事实也的确如此，这种早期快递的发展和完善，都是基于政府部门的需要。《周礼》中记载，西周初年设立"遗人"官职，"遗人"又称"野庐氏"，其职责是给信使及其随从车队提供休息场所，这是目前我国历史记载中最早的邮驿官职。

后续因朝廷重视，"快递"业逐步趋于规范，分为"徒遽"和"传遽"："徒遽"中的"徒"指的是徒步，即通过步行送快递；"传遽"中的"传"指的是传车驿马，即邮车，主要用于政令、军情的传递。此外，当时把"乘车送快递"称作"驲"或"传"，把"骑马送快递"称作"递"或"驿"，后来设置的驿

站主要是乘马，所以常用"驿传"代替"驲传"。虽然这些所送物件都是为官府送的"快递"，但因为当时"快递"有关制度不健全，所以这时的"快递"保密性不强，也缺少一套成熟有效的监管措施。

放眼 3000 多年后的今天，当"发快递、收快递"成为亿万人民群众日常生活中的"常规动作"，当我们对着互联网上心仪物品按下"下单"键后并在两三天后即可收到时，当我们想把文件、证件、账单等私密物品邮寄时，快递企业都能在既保障安全又兼顾私密的同时将我们的"快递愿望"加以实现。快递正在让我们的生活变得美好。

2000 年前的 "邮" 驿站，快递增速的 "加油站"

伴随着快递行业的蓬勃发展，快递柜和快递驿站已成为普通民众离不开的 "基础设施" 之一。作为快递代签场所，快递驿站为因事不能面对面取件的收件人提供了便利。可以说，快递驿站既为用户提供了较好的服务使用体验，又较好地解决了快递到家 "最后一百米" 的配送问题，是当下提升末端投递效率不可忽视的重要环节。近年来，已武装上 "黑科技" 的 "带脸来，带件走" 刷脸取件的快递驿站，更是让人们真切享受到高科技带来的生活便利。

相比于现代服务普通百姓的快递驿站，最早的驿站却只限于服务政府组织。当时的驿站并不指 "快递网络的末端站点"，而是供送快递的快递员歇息的场所。

驿站在春秋战国时期叫 "驿"，也可以叫作 "邮"。《左传》中记载："楚子乘驿。" 这里的 "驿" 为马骑。《孟子·公孙丑上》中记载："德之流行，速于置邮而传命。" 这里的 "邮" 设有 "邮馆"，即驿站的旅社。《韩非子·难势》记载："五十里而一置。" 这里的 "置" 就是 "置顿"，为设置供人停留和食宿的处所。《左传·僖公三十三年》中记载："且使遽告于郑。" 这里的 "遽" 指遽驿，就是传车和驿马，而遽传则是驿车和传舍。

以上主要分为 3 种快递方式：一是车递，即 "传"；二是步递，即 "邮"；三是马递，即 "驿"。这 3 种快递方式总称为 "传遽"，都是为官府服务的快递。

邮驿承载着官府文书和军事情报的职责，其任务重，涉及部门多，相应的经费也高。尤其是车递，虽然承载量大，但在速度或时间上远远没有步递和马递可靠，再加上费用开支实在太大，后来官府就取消了车递，把步递和

马递作为更为主要的快递方式。

无论是人还是马，在路途中都需要休息。人休息一会儿，有体力了就能骑着马继续上路，但是马不同，即便是短暂地休息，也无法保证后续行程的速度。若碰到加急传送的公文，时间更紧，所以，中途就需要借助"换马"以保证效率。于是"驿站"就应运而生了。

最初的驿站是官府专为"快递员"休息和换马置顿的地方，这时的驿站可以说就是邮局的前身。

虽然驿站在一定程度上能加快文书和军令的传递，但仍无法保证其传递信息或物件的安全性、保密性。民间通信此时仍是一片空白。

到了秦朝，随着秦始皇统一六国，秦朝结束了自春秋战国以来 500 年诸侯分裂割据的局面，建立起中国历史上第一个中央集权制国家。在秦始皇的统治之下，秦朝国力达到顶峰，与此同时，秦朝的邮驿业也呈现出勃勃发展的生机。

秦朝统一后，国土疆域变得辽阔，治下人数变多，要发展全国各地的经济，加强朝廷与地方之间的联系，就离不开各种公文、政令的上传下达。于是，传递信息的驿站就成为全国重要的交通枢纽。当时的秦朝讲究全国大一统，而且随着法律、制度、语言文字、度量衡、历法等多种文化、多项制度的统一，其中对驿站的设置也需要有一个统一的称呼。

为了整顿和规范快递业，秦朝把春秋时对驿站的"遽""驲""置"等不同的称呼统称为"邮"。从秦朝开始，"邮"正式成为通信系统的专用名词。秦朝要求每一个郡县乃至每一个小乡都要设立驿站，以此来保障政府的各类公文、政令畅通。

作为服务国家政治、军事、经济、文化等各类信息和物件传递的邮驿，在巩固古代封建政权的过程中起到了重要作用。当时，近距离邮递用步行，远距离则需要借助车马等交通工具。一般的通信尚可"接力传递、逐程更替"，但若遇到特别紧急或重要的文书政令时，则需要一个人"换马不换人"全程传递，即在路上马跑累了，可以换另一匹马，但是送信的人却不能更换。《孟子•公孙丑上》曾引用孔子的话："德之流行，速于置邮而传命。"可见当时邮驿制度已经家喻户晓且相对高效、完善。

我国虽是世界上最早建立邮驿的国家之一，但目前已发现可供考究的遗址、文物少之又少。现在邮票上有体现的两处驿站遗址都是明代的。一处是在江苏高邮古城南门大街外的盂城驿，这也是全国规模最大、保存最为完好的古代驿站之一。另一处是在河北怀来的鸡鸣驿，是中国邮传、军驿的宝贵遗存，具有极高的文物价值。

交通畅通便利是邮驿发展的重要基础，秦朝陆路交通的长足发展给邮驿带来前所未有的发展机遇，特别是秦始皇在统一六国后，建立了封建专制主义中央集权的政治制度，"一法度衡石丈尺，车同轨，书同文，行同伦"，这时，修建的驰道、直道、五尺道等在全国织就了纵横交错的交通网。《秦律十八种•行书》中也对传送文书的时效性有着明确的法律规定——"行命书及书署急者，辄行之；不急者，日觱（毕），勿敢留。留者以律论之"。严苛的法律条文保障了秦时公文书信快速及时地传达，而高效成熟的邮驿制度也巩固了秦朝的中央集权制度，使各郡县的信息能及时传报给中央，中央颁布的政令也能在最短时间内传达到地方。

1975年，我国在湖北云梦睡虎地秦墓出土的两枚竹简上写的《行书律》，是目前世界上已知最早的"邮政法"，十分珍贵。

每个行业的健康发展都与日益增长的市场需求有关，当然也离不开政府的支持和监管，快递行业能够在春秋战国和秦朝时期得到蓬勃发展，一个重要原因便是政府的高度重视。

现在的快递员按照既定分工大多一人只负责某一固定区域快递的配送，

运输过程也都是靠现代化的智能设备和市场主体的多方合作，而古时的快递员从拿件开始到送达终点，通常是一人负责全程。这虽然保障了邮件的安全性，但对快递员的体力是一个很大的挑战。

春秋时期驿站的出现，可供快递员暂时歇脚和更换马匹，这在当时真是一大进步。这一方面提升了"快递"的效率，另一方面也为秦朝时期"快递行业"进一步规范发展打下了良好基础。秦朝将"驿站"统一为"邮"的同时，也对驿站进行了改革，使一封加急邮件可以在驿站实现多程传递，这就在速度上得到保证。而围绕对当时快递员的入行门槛、服饰穿着、奖惩制度等进行的一系列改进和统一，也切切实实起到了推动邮政快递业健康长远发展的作用。

行程 14000 里的张骞，打通"丝绸之路"的"快递小哥"

当前，快递行业成为中国经济的新亮点，收快递如同"柴米油盐酱醋茶"，成为百姓现代生活的"新开门七件事"之一。穿梭在大街小巷的快递员，也成为城乡里的一道亮丽的风景线。

快递业的蓬勃发展离不开邮件快件的运邮工具和畅通无阻的邮路。说到邮路，其实我国很早就有成熟的邮路，也建设了多条国际邮路，"丝绸之路"就是其中最有名的一条国际邮路。

汉代，"快递员"的服装颜色统一改为红色。《后汉书·舆服志》记载，东汉驿卒有特殊标记，"驿马三十里一置，卒皆赤帻绛鞲云"，即头裹绛红头巾、膀戴绛红套袖。此外，"快递员"身上还会背着一种红白相间的专用邮包。每到换季时，朝廷会统一给"快递员"发放"工作服"。现在我们也同样可以根据城乡街头里快递员身着的服装，来判断他们是哪家公司的快递员。

《后汉书·西域传》中记载："武帝咸张骞之言，甘心欲通大宛诸国，使者相望于道……于是汉列亭障至玉门矣。"又据唐代张守节《史记正义》记载："汉元光六年（公元前 129 年）南夷始置邮亭。"以此观之，张骞极有可能是历史上第一位富有开拓和冒险精神的"快递小哥"。张骞出使西域如图 1-1 所示。

西汉时期，张骞奉汉武帝之命，带领 100 多人从大汉帝都长安出发出使西域，这一走就是 13 年。这次出使西域，他打通了汉朝通往西域的南北道路，归来后，汉武帝以军功封张骞为博望侯。张骞第二次出使西域从公元前 119 年开始，到公元前 115 年结束，共 5 年。

▲图 1-1　张骞出使西域

　　司马迁称赞张骞出使西域为"凿空"，意思是"开通大道"。张骞的两次出使西域，为中国开辟了一条很长的"邮路"，打开了中国与中亚、西亚、南亚以至通往欧洲的陆路交通，这条"邮路"又称"丝绸之路"。中国人通过这条通道既可以向西域和中亚等国出售丝绸、茶叶、漆器和其他产品，也可以从欧洲、西亚和中亚引进宝石、玻璃器等产品。

　　丝路商队对驿燧的依托之情正如《后汉书·西域传》中的精辟总结："立屯田于膏腴之野，列邮置于要害之路，驰命走驿，不绝于时月，商胡贩客，日款于塞下。"

　　到了南朝时期，由于南方水驿发达，通过水驿和海上运输，我国与日本等海上邻国交流密切。《南齐书·东夷高句丽传》中有记载："乘舶泛海，使驿常通。"

　　在甘肃省博物馆内有一块画砖被视作"镇馆之宝"，这是一方魏晋时期的画像砖，描绘着一位信使，头戴黑帻，身着皂缘领袖中衣，左手持棨传文书（棨传为通过关卡、驿站时的信物），跃马疾驰。画师技艺了得，寥寥几笔就勾勒出一人一马，驿马四足腾空，马尾飘扬，信使则稳坐马背。有学者认为，图中的驿使脸上五官唯独缺少嘴巴，意在表明昔日驿传的保密性。这是我国已发现最早的古代邮驿形象资料。

魏晋南北朝，这个动乱伴随着割据的时代，同样也在推动着邮政快递史的发展。魏晋南北朝上承秦汉、下启隋唐，在长期大规模的战乱中，"快递"是传递信息的重要工具。魏国陈群等人专门针对"快递"制订的《邮驿令》结束了秦汉时代的传驿分设，开创了隋唐时代的馆驿合一，在我国邮驿史上起到了承前启后的重要作用，具有里程碑意义。

"无人知是荔枝来"，800 里加急的"生鲜快递"

生鲜食品配送作为快递的一种服务形式，在很大程度上解决了生鲜市场用户的刚性需求。随着国际生鲜贸易步入繁荣期，生鲜贸易也将为我国快递公司带来前所未有的发展机遇。然而，生鲜的运输条件及运输成本较高，在给快递公司带来机遇的同时，也带来很大的挑战，快递公司需要进一步升级改造有关基础配套设施，同时要加强快递员的专业技能培训。其实，早在1000多年前的唐朝，我国就开始涉及生鲜运输了。

隋朝修建的大运河让邮驿迎来新的发展机遇。大运河的开凿使水陆相连，邮驿间的信息和物件传递方式在原先"车""马""人"的基础上增加了"船"，行船与车马的结合大幅提升了运输效率。

相比陆路运输，顺水而为的水路运输更显优势，因为水路巧妙地避开了陆路翻山越岭遥远距离的路途，让快递速度更快。

据《唐六典》记载，唐代鼎盛时期全国大约有1639个驿站，其中水驿260个，陆驿1297个，剩下的82个是水陆相兼驿。盛唐时期，从事驿传的工作人员约有2万人，其中驿夫1.7万多人，80%以上的工作人员是轮番服役的农民。

唐代诗人岑参在《初过陇山途中，呈宇文判官》中写道："一驿过一驿，驿骑如星流；平明发咸阳，暮及陇山头。"这句诗词诠释了当时快递市场的繁荣与活跃。那么，当时的快递到底有多快呢？

无论在哪个时期，人们对"快递"的路程和速度都是有要求的。隋唐时期对陆路的驿速规定是传马日走4驿，乘驿马日走6驿，按每30里（15千米）一驿算，日走 120 ～ 180 里（60 ～ 90 千米）。若是急件，必须日驰 10 驿，即日行 300 里（150 千米）；若是更急的文件，比如"赦书"，要求是日驰约 16 驿，即日行 500 里（250 千米）。对于短途普通的驿差，每个时辰行走 10 里（5 千米），这样才能达到当日送达的标准；一旦注明"急件"，就得骑马，要求日行 500 里（250 千米），必须立即传递，不得有误。

《隋书》记载过一个叫麦铁杖的驿差。毫不夸张地说，他以"日行 500 里"破了当时行走纪录。在陈末隋初时，这个叫麦铁杖的驿差在送一个加急文件时，由京城夜送诏书到徐州，晚上动身，第二天就送到了。

另外，隋唐的《唐律疏议》将邮递的法规做了进一步的规整，曾有"诸漏泄大事应密者，绞"的记载。为了防止中途出现泄密或伪造，唐代的公文邮件封装通常要用囊（像袋子的东西）来封装，特别是密奏，更要囊封。

唐朝时期的"快递业"兴盛到什么程度呢？除了传送文书、政令，邮驿也转运物资，甚至于已经开始流行用"快递"运送水产、水果。当时，在平原郡（今山东境内）进贡螃蟹时便是使用了"快递"。据唐段成式《酉阳杂俎》记载，这种蟹是在河间一带捕捉的，很贵重。为了保证螃蟹送达后还是活的，在每年进贡时都会用毡子密封起来，捆在驿马上速递到京城。

在典籍《新唐书·杨贵妃传》中也有记载："妃嗜荔枝，必欲生致之，乃置骑传送，走数千里，味未变，已至京师。"唐玄宗曾动用八百里加急的方式，把南方的荔枝送到杨贵妃手上，博美人一笑。唐代杜牧的"一骑红尘妃子笑，无人知是荔枝来"讲的就是这个典故，这恐怕是世人对古代"快递"最初的印象吧。

庞大的邮政队伍，对应的自然是驿站密布的邮路网。唐朝在极盛时期，国家疆域所及的范围东北至朝鲜半岛，西北至中亚，北至蒙古，南至印度支那。唐时驿道以长安为中心，7 条重要驿道呈放射状覆盖全国。

贾耽编著的《皇华四达记》记载了唐边州入四夷要道，计海道二、陆路五。这些水陆驿道可抵达朝鲜、日本、中亚、印度和东南亚各国。僧人唐玄奘从西域取经返回后，与天竺国友人时常保持着书信联系。为了帮助南诏国建立自己的邮驿体系，唐朝不但在四川修了多条驿道与南诏互通，而且还修了多条与印度、缅甸、安南的国际驿道。其中，日本多次派遣唐使来访，学习唐朝的文化、经贸、建筑及邮驿制度等。

唐代最大的驿站是西京长安和东都洛阳设置的"都亭驿"，每驿配驿夫25 人，服务水平最高，类似现在的专门接待外宾的"大使馆"。都亭驿作为直属中央的贵宾招待所，需要接待全国各地的达官贵人，包括国外的使节、官员公差，称得上是代表国家形象的服务窗口。这就要求驿站必须在设施建设及接待服务上提高水平。

在快递业发达的唐朝，还兴起了"空中通信"，即利用风筝和信鸽传信。资料显示，世界各国都有使用信鸽的悠久传统，相传 4000 多年前埃及人就已经开始使用了，渔民出海捕鱼时会携带训练好的信鸽，用于与家人通信报平安。

《开元天宝遗事》记载："张九龄少年时，家养群鸽，每与亲知书往来，只以书系鸽足上，依所教之处，飞往投之。九龄目之为飞奴，时人无不爱讶。"张九龄是唐朝著名的宰相兼诗人。少年的张九龄爱养群鸽，与好友通信时就把信系在鸽腿上传送，信鸽每次能准确地帮他传递，他称其为"飞奴"。他当宰相时还为唐玄宗训练信鸽，用信鸽来传递朝廷的官方文书。各级官员们也纷纷采用这样的方式进行公文传递，并逐渐在坊间传递开来。

唐朝时期邮政快递业虽发展迅速，但因为"官方快递"当时还只是为国家及达官显贵服务，所以老百姓在有通信需求时也只能是依靠信鸽。后来这种通信方式也流传到宋元时期的坊间。

　　纵观 1000 多年前的唐朝"快递业"的繁荣景象，与现在的快递业还有很多相似之处。唐朝因为综合启用了多种运邮工具改善运送时效，逐步造就了"快递业"的繁荣兴盛。而在科技发达的今天，快递物流因为有现代化的交通工具助力，逐步衍生出"当日达""次日达"等一系列高质量时效产品。

10 ～ 25 里的"急递铺"：制度完备、速度至上的"急脚"递

如今我国快递行业的飞速发展，不只体现在快递业务量之大，还体现在速度之快。包裹在运输的过程中彰显的"中国速度"，令人惊叹不已。数据显示，有买家在下单 8 分钟后就已收到快递，真实地实现了"我还在犹豫要不要退单，快递就已经送货上门了"。

如果说彰显"中国速度"的快递，是建立在快递公司标准化的运输链和科技化的智慧物流基础上的，那么针对距我们 1000 多年前宋元时期的"快递员"而言，也曾创造出令意大利的游行家马可·波罗惊叹的"快递"速度，并被其称为"奇异的组织"。

我国快递行业数千年的发展，是一个长期积累的过程，并且各个方面一直在逐步完善。很有意思的是，哪怕是改朝换代也丝毫没有影响它向前向好发展的步伐。在历经唐朝的繁荣时期后，快递行业也进入藩镇割据的"五代十国"时期，虽然唐朝灭亡了，但唐朝建立的驿站仍然存在，并被各自为政的大小国家使用着，但这些国家无法像唐朝那样把全国的交通线全部联系在一起。

北宋初期出现的"递铺"，是传递政府公文和书信的机构，由军兴所需而置。"递"，又分"急脚递""马递"和"步递"数种。递有"递夫""铺兵"，是传递文书的主要人员，一般由地方上的"厢兵"充任。由此，邮置人员由民改为兵，这是从北宋初年开始的。宋太祖赵匡胤在建立宋朝的第二年就下令"诏诸道邮传以军卒递"（《宋史·太祖纪》），其后遂为定制。

因为宋代对邮驿制定了军事化的制度，所以当时寄送信件和物品的手续都更加正规起来。《宋会要》中记载："不以昼夜鸣铃走递，前铺闻铃，预备人出铺就道交收，不得时刻住滞。"到递铺要先按响铜铃，铺兵听到铜铃才能办理收寄或者交接手续。而且，凡是交由"急脚递"或"马递"传送的文书，必须当着官员的面实封装入筒内，这叫作"实封入递"，与现在的收寄验视制度比较相似。铺兵收入虽高，但风险也相对较大，一旦出现物件延误、丢失、损毁等情况，轻则脸上刺字流放，重则砍头；若有泄露信息者，则要株连九族。这种法规也是延续了唐朝所制定的相关律法。

宋朝的邮驿传递，沈括在《梦溪笔谈》记载了 3 种方式：一是"步递"，二是"马递"，三是"急脚递"。步递用于一般文书的传递，是接力步行传递。这种传递一般都同时承担着繁重的官物运输任务，速度较慢。马递用于传送紧急文书，一般不传送官物，速度较快，但因负担这种传送任务的马匹大部分都是军队挑选剩下的老弱病马，所以也不能以最快的速度承担最紧急文书的传递。宋朝时邮件的保密制度和技术也取得了更为完善的进步，已出现"字验""数递""色递""字递""物递"等多种保密手法。

《资治通鉴》中有这样的记载："健步，能疾走者，今谓之急脚子，又谓之快行子。"据袁枚《隋园笔记》记载，最快的急脚递"日行六百里，以为至速也"，著名抗金将领岳飞就是被皇帝连续下了 12 道金字牌急脚递，把他从作战前线招回临安的。急递铺多以县城为中心，向四周辐射，以形成一个较为完整的寄递网络。

这就是古代最原始最早的寄递方式之一，"健步""急脚子""快行子"这种职业与中华人民共和国成立后我国设立的邮政局"邮差"类似。

宋朝政府还在全国范围内扩建了驿道，在从陕西、甘肃到四川的青泥驿（今甘肃徽县南）间，用半年时间重开了一条白水驿路。驿途中有 2309 间阁

道、389 座邮亭。其中在今甘肃境内修筑了许多驿路桥梁，例如著名的兰州浮桥和安乡浮桥（在今临夏境内），都极大地方便了甘肃到新疆、甘肃到青海之间的驿运。同步的，到宋朝初年，日本已有 414 驿。通过这些驿道，我国不仅加强了和其他国家的交流，也得以接触和了解他国驿道制度的发展情况。

《续资治通鉴长编》记载，宋朝时，有湖北江陵至广西桂林间设若干水递铺，招募两湖和广西沿江的数千户渔民樵夫作为"水递铺夫"。湘江沿岸巨潭险石之处，也有同陆驿相同的驿路相通。宋朝制定的《金玉新书》是两宋递铺法规总集，尽数收录在《永乐大典》中，也是迄今为止我国古代较为完整的一部通信法规。

宋朝急递铺这种高效率的"快递"制度一直延续至元朝。元朝驿站称为"站赤"，《经世大典》记载："东渐西被，暨于朔南，凡在属国，皆置驿传，星罗棋布，脉络相通。"元朝的急脚递完全取代了宋朝的步递形式，而且马递在此时也逐渐消失，急脚递便成为公文传递的唯一通信工具。

如果说宋朝时还仅仅是在某些重点地区设置"急递铺"的话，元朝时的急递铺则已是全国范围内覆盖面极广的普遍设施了。这时除了极少量的紧急公文由驰驿传送，其余文书皆由急递铺传送。

元朝的急递铺的设置是每 10 ～ 25 里（5 ～ 12.5 千米）设置一处，每铺的配置标准为十二时轮子一枚，红色门楼一座，牌额一枚。铺兵则准备夹板和铃攀各一副，缨枪一支，行旅的包袱和蓑衣各一套。《元史·兵志》记载，铺兵走递时，"皆腰革带，悬铃，持枪，挟雨衣，赍（带）文书以行，夜则持炬火，道狭则车马者、负荷者，闻铃避诸旁，夜亦以惊虎狼也"。

意大利的游行家马可·波罗在《马可·波罗游记》描述道："所有通至各省之要道上，每隔二十五迈耳（mile），或三十迈耳，必有一驿。无人居之地，全无道路可通，此类驿站，亦必设立……合全国驿站计之，备马有三十万匹，专门钦使之用。驿站大房有一万余所，皆设备妍丽，其华靡情形，使人难以笔述也。"并发出由衷的感慨："这真是十分奇异的一种制度，因而在行动上也很有效率，几乎不能用言语来形容！"

通过这段叙述，我们可以想象元朝急递铺步行送信的神速。元朝邮驿制度的完备、组织的严密、网络的发达，远远超过宋朝。

在时代快速发展的浪潮中，决定行业未来走势和发展的除了市场需求，也需要企业及行业从业者具备不断自我完善的创新力和与时俱进的创造力，才能更好地顺应历史潮流、把握时代机遇、引领行业发展！

明清"快递"逐步走向民间

"快递业"在经历元末的没落之后，在明朝再次焕发生机。朱元璋称帝后，下令对元朝留下的驿站进行整顿，致力于树立明代邮驿新形象。明政府在邮驿建设中注重创新，另辟蹊径，做了许多改革。

一是成立"递运所"。递运所的设置是我国古代运输的一大进步，"递运所"是专门负责运送军需品和贡品的机构。这让货运有了专业的组织，而且还需要做到定点、定线及接力运输，并把陆路、水运加以结合。水运中的"马快船"就是利用水路来快速运输贡品的。

二是对"快递"实行严格期限要求。明朝规定了对快递的时间要求，例如，甘肃到北京 3320 里（1660 千米），限 110 天内到达，这在当时已经很快了。明代还发明了最早的"冷运"，就是把产于长江下游的一种名贵的鱼，经 3000 里（1500 千米）路运到长安后还能"带雪寒"。那首"六月鲥鱼带雪寒，三千里路到长安"的诗，描绘的就是这种情景。

三是在民间成立最早的"国际快递"。郑和七次下西洋，是我国古代规模最大、船只和海员最多、时间最久的海上航行，不但开拓了海外贸易，包括朝贡、官方贸易和民间贸易多种形式，还为沿海居民提供了海外务工的途径。福建等东南沿海居民有很多借海上丝绸之路向海外谋生，海外华侨与家乡亲人间也有旺盛的通信需求。"侨批局"也由此诞生，侨批局又称侨信局，为海外华侨与国内亲友互通信息、汇寄银钱的机构。由于出国谋生的侨民大多目不识丁，侨批局为了方便他们邮寄，还自创了"编列专用号码"，将侨民的身份和收寄信息登记造册并配以编号，这样哪怕无法写明收寄信息的侨民也可以通过编列号码填写收寄信息。靠着这些编列号码侨批局的信件比邮局投得还准、还快，这可以说是最早的"标准地址码"。

长久以来，邮驿只传官书、不通民信，百姓的书信往来只能通过他人来往捎带。"马上相逢无纸笔，凭君传语报平安""洛阳亲友如相问，一片冰心在玉壶"，都描绘了人们遇到返回家乡的友人时请他们捎带口信报平安的情景。可以想象，当时官员们尚且只能借助官邮私下夹带几封私人信件或物品，百姓的通信则更是难上加难。

托人捎带信件不仅不合规，信件物品的安全更无法保障，"洪乔之误"说的便是这个。《晋书·殷浩传》中记载东晋殷羡（字洪乔）有次离京就职，京中托他捎带书信超百封，他刚离城就把信件全数投入水中。"沉者自沉，浮者自浮。殷洪乔不能作致书邮"。

一直到宋朝，皇帝才特准"中外臣僚，许以家书附递"，自此官员的"私书附递"才获得许可，彼此开始通过步递和急递铺传递书信，文史中留下的书信往来也多了起来。但即使是这样书信往来之权也仅限于官吏，百姓的书信和物品寄送始终没有合理的途径。

民间通信需求日益增长却难以得到满足，因此"民信局"应运而生。在明代永乐年间，就出现了为民众和商人传递书信、物品和办理汇款的民营邮递组织——"民信局"。民信局又称信局。据《上海通志》记载，民信局由宁波帮商人首创。民信局是由私人经营的盈利机构，业务包括寄递信件、物品、经办汇兑等。

随着明代快递业的繁荣发展，明朝的国际贸易也得到有效推动，海外快递陆续引进南瓜、玉米、番茄等农作物。清朝初期，驿递体系又进一步得到完善，制度更加完备，管理体系更加严密，驿递网路更加纵横交错，堪称是邮递业的巅峰时期，特别是在康熙、雍正、乾隆时期。据《光绪会典》记载，全国有驿站约1970处，急递铺约14000处，7万多驿夫和4万多名铺兵，由

兵部车驾司掌管全国驿站事务。驿站大多设在主要道路的旁边，所有供远途传递的必需品，诸如马匹、骆驼、车辆等一应俱全。

清代全国邮驿组织规模庞大、星罗棋布，无论在广度和深度方面都超过了以往的任何朝代，可以说是集历代邮驿之大成。

清朝对驿递的改革，是在明朝建立的制度基础上进行的创新，仍然由兵部车驾司掌管全国邮驿，但去除了明代驿传的弊端。明朝改民间差马出夫供应驿站为官养官应，并颁布法令，严禁公车私用，即任何人不能驾乘驿马影响驿站。同时采取了一系列措施，旨在提高通信效率、扩展内地和边疆少数民族地区的邮驿往来。清朝将驿、站、塘、台、所、铺统称为"邮驿"。

清朝在对速递奏折一类的重要邮件加密时，形成了一套专用的封装程序，使用"封桶""报匣""夹板"等封套，相比于其他时期的加密方法，清朝的这套程序显然更具安全性和保密性。

清代以前都是"邮"负责传递公文，"驿"负责提供交通工具和食宿，二者虽然互为补充，但毕竟是两套组织系统。为了更方便，清朝把这两套组织融为一体，这样驿站就成为直接办理通信事务的机构，这与我们此前的邮政局已非常接近。这样一来，通信系统的工作效率得到很大提高。对邮、驿的合并，是清朝对邮政快递业最大的贡献之一。

清朝的邮递速度也有所提升，达到一天 600 里（300 千米）。1890 年，清朝政府对驿站进行改革，开始推广邮政。1896 年，随着光绪皇帝批准开办大清邮政官局和公布《邮政开办章程》，中国近代邮政正式诞生。

清代邮政的成立，标志着我国开始与世界各国的邮政、通信业务平等交往，是近代邮政取得的成就之一。

清代邮政成立后分为两个等级：第一级邮政是政府公文和急件；第二级邮政是普通旅客的行李和军队需要转运的战争物资。而急件，就相当于今天的快递业务。

1906 年，清政府改革官制，设立邮传部。1907 年，大清邮政局迁址到东长安街。1909 年，大清邮政局控制了民信局。

针对民信局，大清邮政局采取了 3 项措施：一是切断通商口岸民信局与轮船的联系；二是建立登记准入制度；三是大打价格战。1911 年，邮传部成立邮政总局，接管全国邮政事务，从此邮政脱离海关，由大清国自主办理。

明末清初商品经济已基本成熟，商品运输需求也日益旺盛，但社会动荡，经商环境缺乏安全性。官方的信件与物品的押运由驿站负责，而民间的商业往来及商品运输却苦无通路，镖局的出现便水到渠成。

在《四库全书》的《江南通志》卷七十七中首次提及"标"（镖）："万历二年，题准各处随粮轻赍银通解漕司内，将三分给运官，其七分选定解官，装入标船，星夜越帮前进……"虽然镖局较现代快递多了一层"安保"的意味，但细究其信镖、票镖、银镖、粮镖、物镖、人身镖六大镖系中的信镖、物镖也可以看出"快递"的身影。镖局走镖按路途远近和镖物价值决定"镖利"，更突显其第三方物流的特性。镖局既已负责押运镖物，所以一旦"失镖"也就需按照事先签订的"镖单"（合约）赔偿雇主的损失，这也颇有现代快递行业"保价"的意味。

清代镖局在鸦片战争后进入鼎盛时期，不过几十年就结束了其历史使命。

1921 年，中国历史上最后一家镖局——会友镖局宣告解散。

随着近现代交通工具和通信设备的发展，轮船、铁路的出现和电报线的铺设，也让邮驿制度的优势不复存在，传统意义上的邮驿制度进而被近代邮政电信取代。3000 余年的邮驿制度随着清朝末年光绪皇帝批准"兴办大清邮政"而退出历史舞台。

在鸦片战争后，我国邮政业因被列强侵入后逐渐衰落。英法等国私设邮局经营中国和其他国家之间的邮件互寄业务，称为"客邮"。"客邮"曾一度

在租界、沿江沿海通商口岸城市泛滥，甚至触角也伸向了内地及边疆。

五四运动的开展，促进了我国撤销外国在华"客邮"斗争的发展。经过中国人民多年的英勇反抗，英法等国的"客邮"撤出中国。此后，各国在华"客邮"局，除了日本在旅大地区及南满铁路沿线和英国在西藏的邮局，其余都在 1922 年年底撤完。而日本没撤走的邮局，也在 1945 年我国抗战胜利结束后彻底消失。

1949 年 11 月 1 日，作为统一管理全国邮政和电信事业的邮电部成立。

1949 年 12 月 10 日至 28 日，邮电部在北京召开第一次全国邮政会议。会议确定：中华人民共和国的邮政属于国营经济组织，要配合新民主主义的政治、经济、文化建设，办理邮政业务，调整网络和组织局所建设，以服务人民为总的方向和最高原则，确定邮政名称为"中国人民邮政"。

中国人民邮政的成立，极大地方便了普通老百姓的通信方式。在手机尚不普及的年代，邮寄信件、寄送包裹成为人们与亲人、朋友及外界联系的重要工具，碰到急事时，人们还可以发电报、打电话给远方的亲人。此时再想到古人的"烽火连三月，家书抵万金"的诗句，我们能真切感受到邮局真正地做到了"人民邮政为人民"。

新中国成立，开辟了中华民族发展进步的新纪元。"站起来"的中国人民开始投入待建的百业中去，此时也揭开了中国邮政业发展的新篇章。

21 世纪的今天，中国快递年业务量突破千亿件，并多年来一直稳居世界第一，成为全球最大的快递物流市场。回首这 3000 多年行业的发展过程，不禁令人唏嘘不已。快递行业的成长史，也是中国历代人们勤劳、智慧的结晶，带领我们共同见证中华民族的智慧与文明！

邮政快递业近代和现代主要历史变迁时间轴如图 1-2 所示。

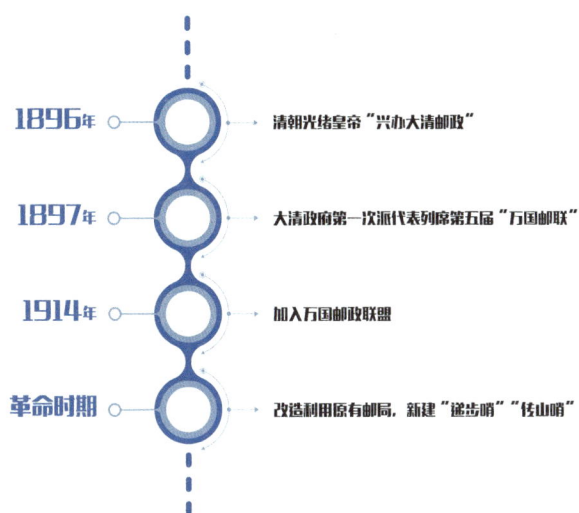

▲图 1-2 邮政快递业近代和现代主要历史变迁时间轴

1896年　清朝光绪皇帝"兴办大清邮政"

1897年　大清政府第一次派代表列席第五届"万国邮联"

1914年　加入万国邮政联盟

革命时期　改造利用原有邮局，新建"递步哨""传山哨"

第二章

从无到有，中国快递跑出世界加速度

新中国成立特别是改革开放后,"快递"开始逐步融入百姓生活,从1980年第一封EMS开启中国快递崭新时代起,一直到2000年前后,"快递"一直是高端服务的代名词。2007年重组后的国家邮政局在人民大会堂正式揭牌,2009年修订后的《中华人民共和国邮政法》开始正式实施,拉开了民营快递高速增长的帷幕。短短数年时间,特别是党的十八大以来,快递业务量从57亿件迅速增长到1083亿件,净增了18倍。快递行业已成长为现代服务业的重要组成部分,是推动流通方式转型、促进消费升级的现代化、先导性产业。如今快递行业已然蜕变为国家战略性基础设施和社会组织系统之一,为国脉所系、发展所需、民生所依。细数行业改革发展的年轮,本章通过一组组数字,带各位读者深刻领略中国快递所走过和正在经历的中国加速度。

因网而起的中国快递,一"网"情深,一心向前。

改革春风拂过，快递行业从沉睡中苏醒

从手拿地图、肩挑背扛，到专机运输、智能分拣投递，从无到有，再到业务量世界第一，快递业的飞速发展也见证着国家发生的历史巨变。中国快递发展主要时间节点如图 2-1 所示。

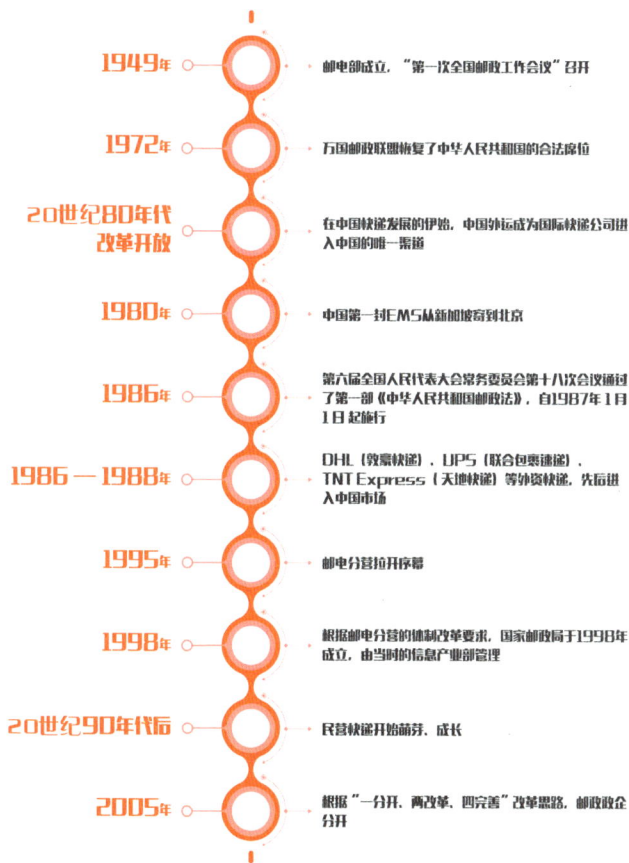

1949年	邮电部成立，"第一次全国邮政工作会议"召开
1972年	万国邮政联盟恢复了中华人民共和国的合法席位
20世纪80年代改革开放	在中国快递发展的伊始，中国外运成为国际快递公司进入中国的唯一渠道
1980年	中国第一封EMS从新加坡寄到北京
1986年	第六届全国人民代表大会常务委员会第十八次会议通过了第一部《中华人民共和国邮政法》，自1987年1月1日起施行
1986—1988年	DHL（敦豪快递）、UPS（联合包裹速递）、TNT Express（天地快递）等外资快递，先后进入中国市场
1995年	邮电分营拉开序幕
1998年	根据邮电分营的体制改革要求，国家邮政局于1998年成立，由当时的信息产业部管理
20世纪90年代后	民营快递开始萌芽、成长
2005年	根据"一分开、两改革、四完善"改革思路，邮政政企分开

▲图 2-1 中国快递发展主要时间节点

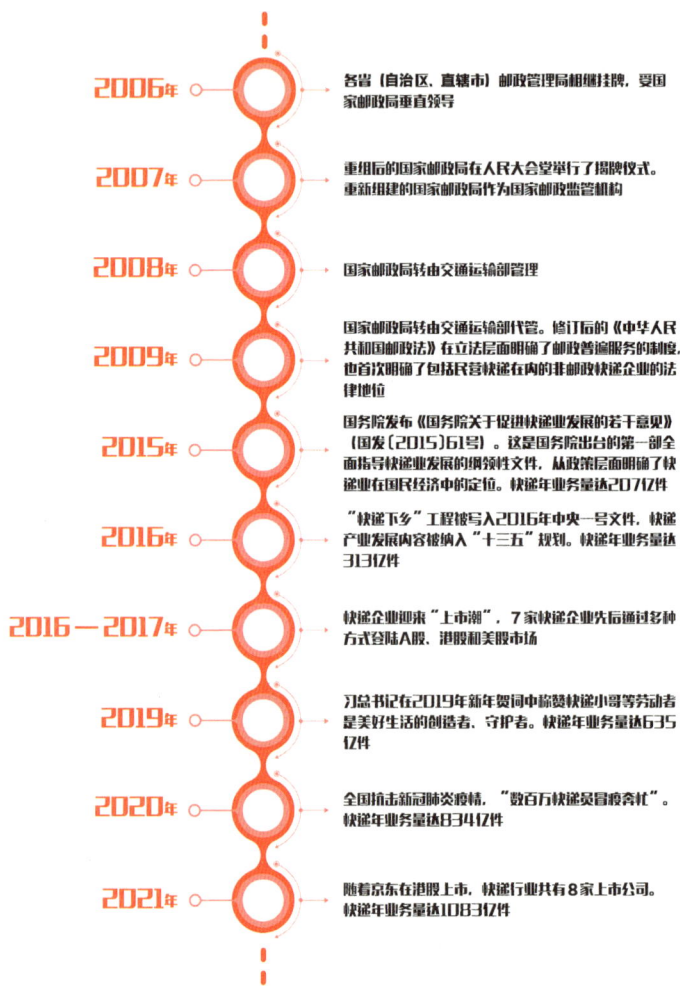

2006年 — 各省（自治区、直辖市）邮政管理局相继挂牌，受国家邮政局垂直领导

2007年 — 重组后的国家邮政局在人民大会堂举行了揭牌仪式。重新组建的国家邮政局作为国家邮政监管机构

2008年 — 国家邮政局转由交通运输部管理

2009年 — 国家邮政局转由交通运输部代管。修订后的《中华人民共和国邮政法》在立法层面明确了邮政普遍服务的制度，也首次明确了包括民营快递在内的非邮政快递企业的法律地位

2015年 — 国务院发布《国务院关于促进快递业发展的若干意见》（国发〔2015〕61号）。这是国务院出台的第一部全面指导快递业发展的纲领性文件，从政策层面明确了快递业在国民经济中的定位。快递年业务量达207亿件

2016年 — "快递下乡"工程被写入2016年中央一号文件，快递产业发展内容被纳入"十三五"规划。快递年业务达313亿件

2016—2017年 — 快递企业迎来"上市潮"，7家快递企业先后通过多种方式登陆A股、港股和美股市场

2019年 — 习总书记在2019年新年贺词中称赞快递小哥等劳动者是美好生活的创造者、守护者。快递年业务量达635亿件

2020年 — 全国抗击新冠肺炎疫情，"数百万快递员冒疫奔忙"。快递年业务量达834亿件

2021年 — 随着京东在港股上市，快递行业共有8家上市公司。快递年业务量达1083亿件

▲图 2-1　中国快递发展主要时间节点（续）

时代的巨轮滚滚向前，十一届三中全会后，全国上下吹起了改革开放的春风，在改革开放的大潮下，各个行业像深植于土壤的种子，争先恐后地萌发出发展芽，国内快递市场的成长也开始在摸索中前行。

1980 年 7 月 15 日，中国第一封 EMS 从新加坡寄到北京，这一封来自国外的快递，开启了"邮政局"的快递时代。十一届三中全会后，商品经济的加速发展产生了巨大的通信需求，同时生产、经营和社会活动趋于高效率和快节奏，雪片般的书信、邮件和堆积如山的包裹催促着邮政系统的改革。1989 年，邮电部向各省（自治区、直辖市）邮电管理局、邮政运输局、速递局发出关于加强邮件时限管理的通知，即（1989）邮部字 548 号文件，明确强调"邮件传递时效是邮政通信质量的主要内容"。邮政系统自上而下传递了一个"快"字，《国内特快专递全程运递时限表》的执行更将"快"的要求下沉到生产的每一个细节。邮政企业始终肩负着国企担当，但上涨的物价和成本支出与邮政行业微薄的资费相左，邮政业务量越大，亏损越多。与改革开放进程同步伐、与时代共命运、与人民群众的生产生活紧密相连的中国邮政业，亟须通过自我革新取得更好的发展。

1995 年，在第九届全国人大一次会议上，国务院机构改革方案获得通过，邮政与电信分家，邮电分营拉开大幕。根据邮电分营的体制改革要求，国家邮政局于 1998 年成立，由信息产业部管理。国家邮政局既是行政机构又是企业，"左手管右手"的经营状况，一直持续到 2005 年"政企分开"。

2005 年 8 月，《国务院关于印发邮政体制改革方案的通知》（国发〔2005〕27 号）确定了"一分开、两改革、四完善"改革思路，邮政政企分开，重新组建的国家邮政局作为国家邮政监管机构，而组建的中国邮政集团公司负责经营各类邮政业务。2016 年，各省（自治区、直辖市）邮政管理局相继挂牌，作为省（自治区、直辖市）邮政监管机构，受国家邮政局垂直领导。2007 年

重组后的国家邮政局和新组建的中国邮政集团公司在人民大会堂举行了揭牌仪式。为加强邮政与交通运输统筹管理，国家邮政局的管理部门在 2008 年由信息产业部改为交通运输部。鉴于快递行业的高速发展与快递行业安全监管队伍规模不相匹配，到 2012 年，《国务院办公厅关于完善省级以下邮政监管体制的通知》（国办发〔2012〕6 号）下发，各市（地）邮政管理机构迅速成立，三级邮政管理体系建立。

快递加速中国与世界相通

20 世纪 80 年代，全球经济一体化进程不断加快，我国与世界各国之间的贸易壁垒渐渐消除。在这段时期，国内一些有远见的创业者投身到办实业中去，由于生产产品需要不同的原料，自然少不了向国外的企业进货，或是与国外企业合资生产，这就使我国国内贸易和国际贸易活动趋于频繁活跃，当企业大量样品、单证、商务函件、资料的快速传递需求加速时，对于快递行业就有了新的需求，就是速度要快。大量的企业邮寄订单，促使中国快递市场需求旺盛，大有需求大于供给的趋势。

随着国家改革开放力度不断加大，开始有越来越多的国外企业进入中国市场，快递行业也是如此。中国与国际的联系愈发密切，中外各方的银行票据、商业文件等文书来往也日益频繁，外资此时开始开拓中国快递业务，率先与中国对外贸易运输（集团）总公司（简称"中国外运"）合作开启中国的快递服务。DHL（敦豪快递）、TNT Express（天地快递）、FedEx（联邦快递）、UPS（联合包裹速递）先后与中国外运达成快递代理协议，在中国快递发展的伊始，中国外运成为国际快递公司进入中国的唯一渠道。

1986 年，DHL 进入中国市场，与中国外运合资成立中外运敦豪。DHL 的起步与中国的民营快递颇有几分相似，是几位创始人乘坐飞机往返檀香山和旧金山寄送货物单据做起来的。1988 年，TNT Express 正式进入中国，多年后通过收购华宇物流等方式扩大在中国国内的快递网络。同年，UPS 与中国外运开展合作，并于 2001 年开创直航中国的服务。

国际快递公司加入中国市场时间轴如图 2-2 所示。

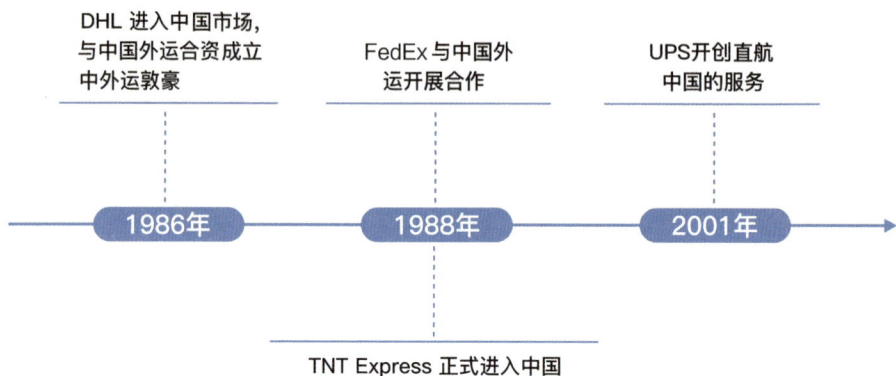

DHL 进入中国市场，
与中国外运合资成立
中外运敦豪

FedEx 与中国外
运开展合作

UPS开创直航
中国的服务

1986年　　　　　1988年　　　　　2001年

TNT Express 正式进入中国

▲图 2-2　国际快递公司加入中国市场时间轴

　　国内市场大量的寄递需求，吸引着国际知名快递公司通过与国内企业合作等方式不断加入，这也标志着中国快递业与世界正式相连。

20世纪90年代初，摸索中负重前行的民营快递

在网购已经成为我们生活常态的今天，不论你一天收发多少快递，与多少不同快递的小哥说过"你好"，你都很难想象耳熟能详的"三通一达"都起步于同一个地方——浙江省桐庐县。而"三通一达"最早的起步时间，大概都是20世纪90年代初期。

桐庐仿佛是民营快递成长史的缩影。桐庐走出的"通达系"成长之路相互交错，彼此间有着千丝万缕的联系。这些快递品牌的领军人从桐庐县的歌舞乡走出来，一穷二白、赤手空拳地打下中国快递的"半壁江山"。

改革开放之初，长三角一茬又一茬的公司成立，"外贸"是当时最时髦的生意。但若是杭州的外贸公司要通过当时的"快递"将报关单送往上海海关需要3天，"人肉快递"成为来往杭州与上海最具时效性的办法。那时的申通还叫盛彤，做的就是这门生意。要在次日清早将杭州的报关单送到上海海关，他们就要坐上半夜的列车，经过七八个小时的颠簸，在天亮之前将报关单交给来接站的同事，并再坐车返程继续跑外贸公司揽件。舟车劳顿又昼夜颠倒，寄送报关单是个辛苦活，但萌芽于泥土的民营快递从不知道"辛苦"怎么写。

民营快递最早的交通工具，不是"三轮车"也不是"面包车"，而是一节节"绿皮车"。

随着民营快递的市场越做越大，第一批"快递老板"们赚了钱、风光返乡的模样就是快递行业最好的广告。你拉我带，越来越多桐庐乡亲们加入快

递行业。或许是受到家庭联产承包责任制的启发，在快递品牌发展遇到瓶颈时，民营快递选择"加盟制"带动更多的人投身全国快递网络拓展，扩大自身业务覆盖范围。从最开始做快递老板，到后面做快递加盟商，桐庐人是民营快递的中坚力量。

每一次人员流动的停滞都鞭策着互联网的加速发展，2003 年的"非典"让更多人关注到不受外部环境影响的网络贸易。电商平台和线上购物到 2006 年更是呈现井喷态势，民营快递企业"三通一达"先后接入电商平台，开始承接电商件。虽然与电商平台的谈判让快递企业不得不压低自身单价，但庞大的电商市场和持续的增量让"通达系"的快递企业乘风起飞。

加盟制的优势让"通达系"的快递企业创业伊始迅速扩大网络，但随着快递行业的发展，加盟模式中加盟商与加盟商之间相互独立、管理难等弊端也开始显现，快递行业从追求扩张速度向提升服务质量、缩短服务时效转型，快递的品牌效应凸显。加盟转直营是快递行业发展到一定阶段不可回避的问题。"通达系"的快递企业通过不同方式、不同程度地加大了直营的比例。

2015 年，时任浙江省省长李强在桐庐举办的"首届中国国际快递业大会"上表示"快递业是浙江桐庐的金字招牌之一"。2016 年 10 月 20 日到 2017 年 1 月 18 日，"三通一达"先后上市，前后不过百余日。

顺丰是快递巨头中为数不多总部位于深圳的民营快递企业，与"通达系"在长三角寄送报关单不同，珠三角的顺丰起步于内地往来香港的业务。1993 年，大量制造工厂从香港前往珠三角办厂置业，大量包裹、文件需要在两地间往返，而正常的报关手续需要一周左右。看到这个商机的顺丰开始用双肩包和拉杆箱拖着快件来往于香港和内地。为了迅速拓展市场，顺丰也曾采取过加盟制，但当加盟模式开始影响顺丰的服务质量，降低顺丰的收寄效率时，顺丰又用 6 年的时间在 2008 年完成直营化。

与其他快递不同的是，顺丰始终深耕中高端小件快件市场，直到近年才凭借"高品质"的口碑效应，反向渗透电商行业。差异化的快递服务，让顺丰顺利打入高端电商市场，"顺丰包邮"也成为电商卖家用来吸引客户的卖点。

中高端小件市场的高附加值、小体积的特性，让顺丰在民营快递中最先展望蓝天。一直以来，顺丰只能通过民航腹仓和租赁货机的形式运输航空件。2003 年的"非典"让航空业陷入低迷，但寄递快件的需求却大量增长，顺丰抓住机会与扬子江货运合作租赁货机，并在一年的时间里迅速扩张快递网络，拿下大量航线的腹仓。随着业务规模的增加，包机、散航已不能满足顺丰的发展，"拥有自己的飞机"写入了顺丰的发展计划。2009 年，顺丰拿到中国民航局颁发的运营许可证，也在那年的最后一天，顺丰第一架自有全货机首航成功，为 2009 年画下完美的句号，成为中国第一家建立航空公司的民营快递企业。顺丰还在 2017 年顺利上市，借助资本市场的力量，收购 DHL 在华供应链业务，剑指全球市场。

快递行业法律不断完善，成就民营快递从"黑快递"向"黑马"转变

　　快递行业的发展离不开行业法规的约束和指引，但一部事关整个快递行业发展的法律的诞生又历经坎坷。1982 年，《邮政法》开始起草，1986 年 12 月 2 日，第六届全国人民代表大会常务委员会第十八次会议通过了第一部《中华人民共和国邮政法》，自 1987 年 1 月 1 日起施行。这部《邮政法》中曾规定"信件和其他具有信件性质的物品的寄递业务由邮政企业专营，但是国务院另有规定的除外""邮政企业根据需要可以委托其他单位或者个人代办邮政企业专营的业务。代办人员办理邮政业务时，适用本法关于邮政工作人员的规定"。很长一段时间里，寄递业务由邮政企业专营，这一规定保障了邮政业务，却也限制了中国民营快递的发展。

　　民营快递企业进入快递市场后，加速了快递行业的发展。电商行业的发展助推快递业务量连年攀升，整个快递市场一片欣欣向荣，但此时民营快递的发展在这一段时间显得较为被动。因为没有法律保障，业务再多，民营快递仍然被视作"黑快递"。但市场的需求和发展的脚步不容忽视，2005年，国家启动了以"政企分开"为重点的邮政体制改革。2009 年 4 月 24 日，十一届全国人大常委会第八次会议审议通过了修订后的《中华人民共和国邮政法》，自 2009 年 10 月 1 日正式施行。本次修订在立法层面明确了邮政普遍服务制度，也首次明确了包括民营快递在内的非邮政快递企业的法律地位。这一次修订赋予民营快递"合法身份"，也使快递企业依法经营和政府依法监管有了明确的法律依据和保障。

有了"合法身份"的民营快递，社会认可度不断提高，6年后在2015版《中华人民共和国职业分类大典》里，快递员作为新职业被纳入其中，"快递小哥"的职业身份在"国家确定职业分类"上首次得以确立，民营快递企业也踏上了高速发展之路，成为中国快递史上的"黑马"。

从亮相到领跑，中国快递站上国际舞台

在快递行业高速发展的同时，我国快递业也在世界舞台上不断发声。国家邮政局认真履行代表国家参加政府间国际组织活动的职责，积极参加万国邮联、世贸组织、亚太邮联等国际组织的会议和活动，不断扩大我国在国际邮政领域的影响力。1949 年以前，与中国建立直接通邮关系的国家和地区只有 26 个。经过 70 多年的不断努力，我们现在与世界 200 多个国家和地区建立了通邮关系。

2012 年 10 月 10 日，第 25 届万国邮联大会在卡塔尔首都多哈举行，我国高票连任万国邮联经营理事会理事国。2016 年，在第 26 届万国邮联大会上，我国再次高票当选新一届行政理事会理事国和邮政经营理事会理事国。2017 年，我国主导的万国邮联改革方案获得万国邮联行政理事会批准。

中国人的身影越来越多地出现在世界邮政舞台上。2013 年 9 月，在第 11 届亚太邮联代表大会上，我国候选人林洪亮高票当选亚太邮联秘书长，并于 2014 年在第 12 届亚太邮联代表大会上实现连任，这是中国人首次担此要职。

2019 年 11 月 26 日至 27 日，万国邮联电子商务时代跨境合作全球大会在厦门召开，大会发布《厦门倡议》，呼吁邮政海关、航空和铁路等各利益相关方在跨境电子商务领域通力合作。

从 1897 年清政府第一次派驻美大臣伍廷芳列席在华盛顿举行的第五届万国邮联大会，到 1972 年万国邮联恢复中华人民共和国合法席位，再到我国成为万国邮联理事会理事国，我国邮政业国际影响力不断提高，为世界提供了有益借鉴和成功经验，为全球邮政业转型发展和行业治理贡献了中国智慧和中国方案。

中国快递的国际影响力不断提升，与中国快递"独步天下"的中国速度也密不可分。

国际快递公司的航空之路起步很早，中国民营快递与国际快递公司有着不同的发展路径。如果说我国快递是背着蛇皮袋、踩着自行车成长起来的，那 FedEx 就是"天生带翅膀"。创始人弗雷德·史密斯在 20 世纪 60 年代就读耶鲁大学期间萌发了用飞机送快递的想法，并在公司成立之初就凭借过人的口才获得 9600 万美元的投资，买下 33 架飞机开始了他的快递事业。

与"天生带翅膀"的国际快递公司不同，中国快递的航空之路起步相对较晚。1996 年 11 月，中国邮政航空公司正式获批成立，1997 年邮航的第一个航班起飞，标志着中国快递开启航空货运的新时代。为了更好地衔接快件的揽收、分拣和投递环节，也为了最大限度地提高快件运输时效，快递行业的飞机大部分是"红眼航班"，邮航首创的"全夜航"的模式在之后数年被同行业其他公司参考学习。插上翅膀的中国快递让"次日达"，甚至是"次晨达"成为可能。

顺丰在 2009 年成立航空公司并首航成功。到了 2015 年，圆通成为国内第三家实现航空梦的快递企业。而在 2018 年"双 11"首航成功后，京东物流也在不断扩大机队规模。到 2021 年，我国快递行业自有全货机已超 130 架。

中国快递人的航空梦不仅有飞机，还有机场。

湖北鄂州花湖机场已建成并逐步投入使用，这是 4E 级国际机场，也是全球第四座、亚洲第一座专业性货运枢纽机场，可满足年货邮吞吐量 330 万

吨、年旅客吞吐量 150 万人次的使用需求。

中国铁路总公司开通铁路快递电商班车的创新尝试，使快递行业形成航空、铁路、公路 3 种运输方式共同发展的干线运输模式。

快递行业的不断发展升级需要获得资本的支持，2016 年快递企业迎来"上市潮"，7 家快递企业先后通过多种方式登陆 A 股、港股和美股市场。2021 年随着京东在港股上市，快递行业共有 8 家上市公司。

从手挑肩扛到专机运输、专用机场，再到培育出上市公司，中国快递不断刷新发展加速度。2014 年，我国快递业务量首次超过美国跃居世界第一，至今连续 8 年领跑全球，快递行业业务量超过美国、日本、欧洲等发达经济体总和。中国快递正成为世界邮政业的动力源和稳定器。

政策红利释放，"黑马"乘风腾跃

中国快递的高速增长，既是市场主体的创新活力使然，也得益于管理部门不断释放的利好政策。

2005年以来，我国电子商务市场交易额稳定增长。有了电商的加持，快递行业继续以超过25%的速度快速增长。

不断完善的顶层设计也持续为快递行业快速发展保驾护航。2010年国家邮政局发布的《邮政业发展"十二五"规划》是邮政体制改革后第一个覆盖完整规划周期的行业五年规划，提出了深化邮政改革，加快构建有利于行业发展的机制体制，促进行业转型升级的战略部署。2012年10月26日，《全国人民代表大会常务委员会关于修改〈中华人民共和国邮政法〉的决定》表决通过，对《邮政法》个别条款做了修改，进一步明确了省级以下邮政管理体制，对加强邮政市场管理、促进邮政业发展起到积极作用。2015年4月24日，十二届全国人大常委会会议决定对《中华人民共和国邮政法》有关价格管理的规定做出修改。

从邮电分营到邮政政企分开，再到邮政监管体制改革，国家政策调控和行业改革引领着邮政业在正确的道路上坚定前行，党中央、国务院相继出台了一系列支持邮政业发展的政策文件，极大地释放了政策红利，激发了快递行业发展动力。

快递行业法律法规的完善和政策的指引让快递行业发展环境有了很大程度的改善，恰逢互联网特别是移动互联网的高速发展期，线上购物规模不断

扩大，快递与电商相互促进，相互成就，快递行业进入发展的快车道，全行业开始以一年 100 亿件的增长幅度实现高速增长。

2008 年 5 月，国务院办公厅转发交通运输部、国家发展和改革委员会、财政部、农业部、商务部、国家工商总局联合发布了《关于推动农村邮政物流发展的意见》（国办发〔2009〕42 号），这是我国首个关于农村邮政物流发展的政策文件。

2014 年，李克强总理一年两度视察、5 次"点赞"快递业，激励行业发展。他指出，快递业关系经济民生，是中国经济的"黑马"，更称赞快递小哥"你们的工作了不起！"《2014 年政府工作报告》指出："要深化流通体制改革，清除妨碍全国统一市场的各种关卡，降低流通成本，促进物流配送、快递业和网络购物发展。充分释放十几亿人口蕴藏的巨大消费潜力。"

也是在 2014 年，国务院常务会议决定全面开放国内包裹快递市场，对符合许可条件的外资快递企业，按核定业务范围和经营地域发放经营许可。国务院常务会议重新定位了快递业，强调要坚持放管结合，确保快递业有序健康发展。

2015 年 10 月 23 日，国务院发布了《国务院关于促进快递业发展的若干意见》（国发〔2015〕61 号）。这是国务院出台的第一部全面指导快递业发展的纲领性文件，从政策层面明确了快递业在国民经济中的定位。

越来越多的重要文件提到"快递"。2016 年 1 月 27 日，中央一号文件——《中共中央国务院关于落实发展新理念加快农业现代化实现全面小康目标的若干意见》正式发布，"快递下乡"工程被写入其中。2016 年 3 月，《中华人民共和国国民经济和社会发展第十三个五年规划纲要》首次将快递产业发展内容纳入其中。

为促进快递业健康发展，保障快递安全，保护快递用户合法权益，加强对快递业的监督管理，根据《中华人民共和国邮政法》和其他有关法律，2018 年 2 月 7 日国务院第 198 次常务会议通过《快递暂行条例》，并于 2018 年 5 月 1 日起施行。《快递暂行条例》是快递业在党的十九大以后取得的重要立法成果，是全球为数不多、全方位调整快递业法律关系的专门法律，《快递暂行条例》的开篇就特别强调要促进快递业的健康发展，还为发展保障设立了专门的篇章，其在维护市场公平竞争秩序，推进行业治理体系和治理能力现代化、提升行业发展水平、保障人民用邮权益等方面发挥基础性、关键性的作用。也在 2018 年，国务院办公厅印发《关于推进电子商务与快递物流协同发展的意见》（国办发〔2018〕1 号）（以下简称"《意见》"）。《意见》的出台对促进快递行业补齐短板，更好地支撑电子商务可持续高质量发展有重大意义。

习近平总书记在 2019 年新年贺词中称赞快递小哥等劳动者是美好生活的创造者、守护者。也就在这一年的春节前夕，习近平总书记走进北京市前门石头胡同的顺丰网点，看望仍在工作的"快递小哥"，称赞他们像勤劳的小蜜蜂。

在国家政策的大力支持下，快递行业迅猛发展。与行业一起成长壮大的快递企业，也因有国家政策的助力和政府部门的监管和贴身服务，持续引进资本和技术不断增强实力，抢抓机遇一心一意谋发展。

一年跨越 200 亿件！在危机中创造奇迹

无限风光在险峰，危险的背后通常蕴藏着机会。快递从业者那种敬业奉献精神，让他们总能在每一次危机来临时，直面危险。2003 年的"非典"如此，2020 年春节袭来的新冠肺炎疫情也是如此。

在这个非常时期，快递业成为最具存在感、最具社会担当、最有活力的行业之一，快递从业人员俨然成为连接供需两端的最靠谱的"联络员"，为保障民生奔走在第一线，堪称当今的"硬核"使者。在武汉暴发疫情初期，在全国人们积极响应国家号召宅居时，为了支持和帮助涉疫同胞，举国上下共同伸出援助之手，全国各地先后组派数百支医疗队、数万余名医疗人员奔赴湖北。人们自发通过快递向疫情严重地区的医院、组织、亲友寄送防疫抗疫物资和生活物资。顺丰、京东等快递公司迎难而上，快递员们为了把防疫物资及时送到，不惜冒着寒风雨雪奔走在路上。快递员们在疫情期间的"逆行"和坚守，成为最美的一道风景，更体现了一种职业担当。

当武汉战"疫"胜利在望，来自全国各地的医疗团队陆续踏上归程之时，快递公司仍然不忘贡献自己的力量，顺丰、京东均为援鄂医疗队免费提供返程行李寄递服务。更有数百万邮政快递员冒疫奔忙，在抗击疫情中默默贡献行业力量。

快递公司的担当精神，不只是在国内，也体现在国际防疫行动上。特别是当国际抗疫形势紧张，我国政府紧急支援菲律宾等国家的疫情防控，圆通航空等快递企业给予快速响应，持续执行中国民航局组织的多次防疫物资包机任务，为全球疫情防控贡献行业力量。

2020 年 3 月 6 日下午，中共中央政治局常委、国务院总理、中央应对新冠肺炎疫情工作领导小组组长李克强赴顺丰华北航空分拨中心考察，听取关于服务疫情防控和复工复产等情况汇报，慰问一线快递员。"抗击新冠肺炎疫情的中国行动"白皮书显示，2020 年 1 月 27 日至 3 月 19 日，全国通过铁路、公路、水运、民航、邮政快递等运输方式向湖北地区运送防疫物资和生活物资 92.88 万吨，运送电煤、燃油等生产物资 148.7 万吨，煤、电、油、气、热等能源供应充足，保障了湖北省、武汉市社会正常运转和隔离措施顺利实施。截至 2020 年 6 月 5 日，邮政企业、快递企业承运、寄递疫情防控物资累计 47.03 万吨、包裹 3.88 亿件，发运车辆 8.41 万辆次，货运航班 760 架次。快递员在疫情期间的"逆行"和坚守，疫情期间，千家万户关门闭户，数百万快递员顶风冒雪、冒疫前行，在城市乡村奔波，给人们送来温暖。快递行业抗击新冠肺炎疫情数据如图 2-3 所示。

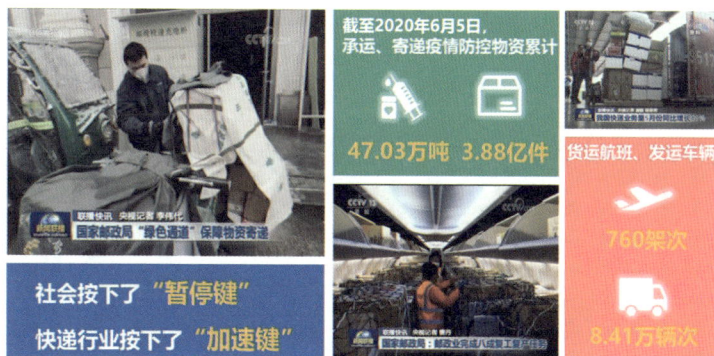

数据来源：《抗击新冠肺炎疫情的中国行动》，数据截至 2020 年 6 月 5 日

▲图 2-3 快递行业抗击新冠肺炎疫情数据

对于我国快递业来说，新冠肺炎疫情对行业发展也曾造成冲击，但全行业一致行动，勇往直前，奇迹般地将行业面临的危机化为转机。

据国家邮政局监测数据，2020 年 2 月当月全国快递业务量已实现同比扭

负为正，5 月全国快递业务量增速超四成，创 2018 年 2 月以来新高。从这个增速来看，邮政快递业迅速摆脱疫情影响，日均 2 亿多件开始成为常态，日均服务用户近 4 亿人次。2020 年 9 月，全国累计完成快递业务量 561.4 亿件，同比增长 27.9%，超 2019 年同期水平。2020 年全国累计完成 833.6 亿件，同比 2019 年增长超三成。自 2014 年以来，快递行业保持"一年 100 亿件"的增加值稳定增长。即便是面对新冠肺炎疫情的冲击，行业内全体从业人员齐心协力，一举跨过 700 亿件大关、直奔 800 亿件，实现年增长近 200 亿件的壮举，增长幅度逆势上扬。

疫情期间，我国快递业务量保持着稳中有升，在危机中创造着行业奇迹。这与国家不断出台的政策保护和政府大力支持密不可分。从新冠肺炎疫情发生起，全行业齐心协力、坚决贯彻落实中央决策部署，全力做好统筹推进疫情防控和服务经济社会发展的各项工作，充分发挥在"打通大动脉、畅通微循环"方面的先行作用，为统筹推进疫情防控和经济社会发展做出不可磨灭的贡献！ 2020 年每月快递业务量及同比增长情况如图 2-4 所示。

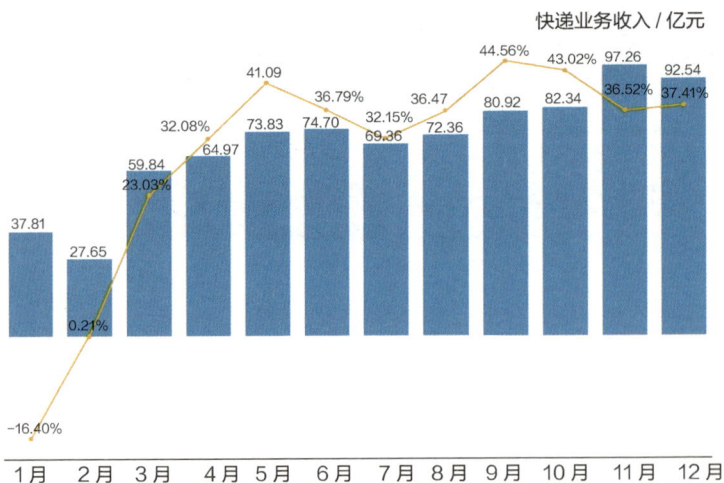

▲图 2-4　2020 年每月快递业务量及同比增长情况

连续 8 年领跑全球，中国快递的千亿时刻

快递行业高速发展在不断创造历史的同时，行业收入占 GDP 比重也逐年增加，至 2021 年已接近 1%。快递业务收入及占 GDP 比重变化如图 2-5 所示。

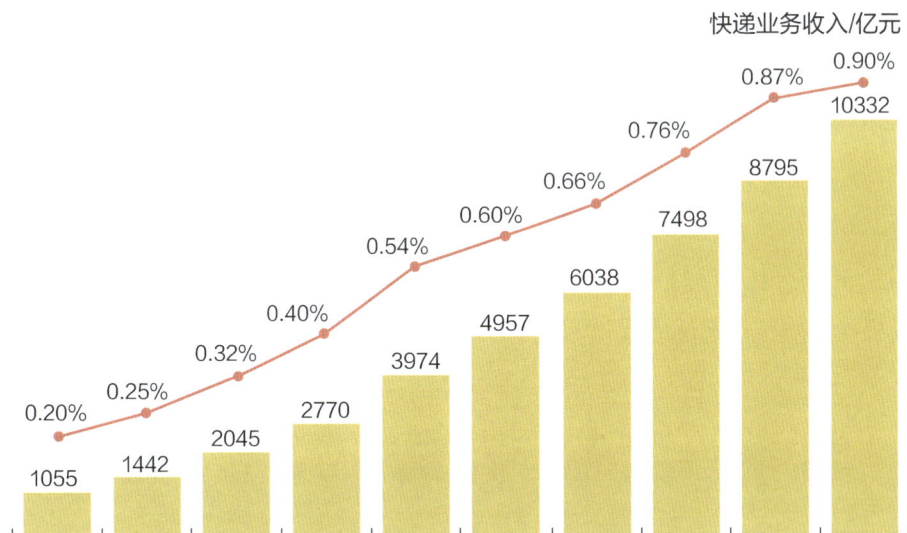

▲图 2-5 快递业务收入及占 GDP 比重变化

注：2021 年 GDP 为初步核算值

快递行业的爆发式增长，让 2015 年前后的快递市场进入群雄割据的时期，新的行业主体的加入加剧了快递市场的竞争，快递与包裹服务品牌集中度指数 CR8 一度低至 77.3。但随着行业逐步成熟，头部快递企业获得资本青睐，快递市场加速出清，市场排行前八的快递企业一度占有 82.5% 的快递市场。随着新兴主体的入局，CR8 在 2020 年再度下降，2021 年收至 80.5。快递与包裹服务品牌集中度指数 CR8 如图 2-6 所示。

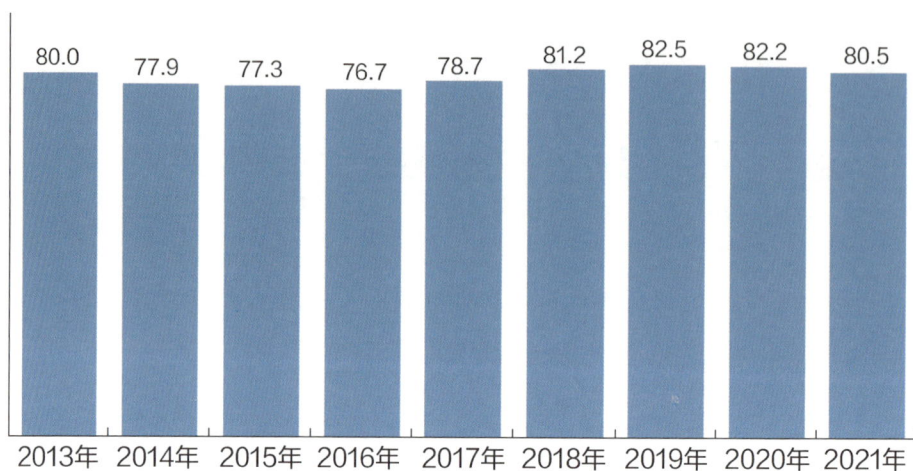

▲图 2-6　快递与包裹服务品牌集中度指数 CR8

在规模稳步提升的同时，年内增加百亿件的时间间隔不断缩短。2014 年年度快递业务量突破百亿件花了 293 天，2020 年 10 月 18 日年度快递业务量达到 500 亿件，而 11 月 16 日快递量就达到 600 亿件，这 100 亿件仅用时 29天！中国快递百亿件里程碑如图 2-7 所示。

▲图 2-7　中国快递百亿件里程碑

2014 年 10 月 20 日，中国快递业务量有史以来第一次突破 100 亿件，2014 年全年快递业务量达 139.6 亿件，此后连续 7 年每年都登上一个百亿件级台阶，2020 年一年更实现 200 亿件的跨越。2021 年 12 月 8 日，年度第

1000 亿件快件诞生，2021 年全国快递业务量达 1083 亿件，标志着我国邮政快递业发展又迈上了一个新的台阶，连续 8 年领跑全球。全国快递业务量及同比增长情况如图 2-8 所示。

快递业务量/亿件

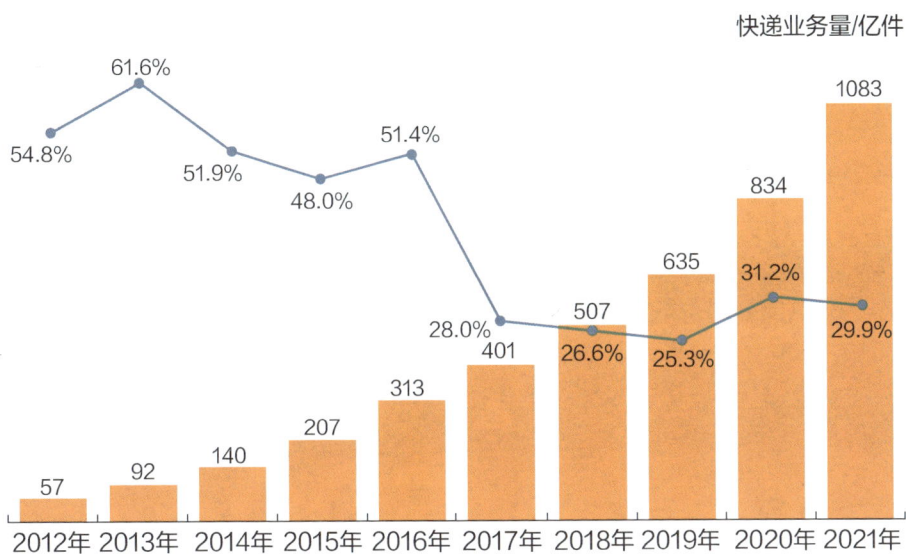

▲图 2-8　全国快递业务量及同比增长情况

国家邮政局邮政业安全中心

我国快递年业务量突破500亿件大关

新闻观察：中国年快递量破500亿件

电子商务助快递行业形成企业集群

19:17 BJT

中国新闻 CCTV

▲

年业务量突破500亿件

北京 我国快递年业务量突破500亿件

网络直播室

北京 央视新闻记者 唐颖

网络直播室 我国快递年业务量突破500亿件

全国快件业务量实时监测

国家邮政局邮政业安全中心
2019-12-16 10:58:51

2019年累计业务量

60,000,001,222

今日实时数据

业务量

26,862,407

累计至昨日业务量

业务量

59,973,139,130

联播快讯 央视记者 唐颢 熊伟

新闻联播
XINWEN LIANBO

人均42件 我国今年快递业务总量超600亿件

▲

年业务量突破600亿件

CCTV 13
新闻

新闻直播间
LIVE NEWS

国家邮政局
新闻直播间

我国快递年业务量突破600亿件

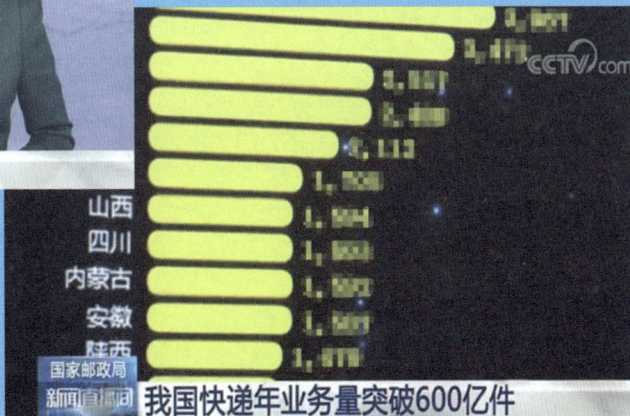

山西
四川
内蒙古
安徽
陕西

国家邮政局
新闻直播间

我国快递年业务量突破600亿件

CCTV 13 新闻

全国快件业务量实时监测

2020年累计业务量 2020-12-21 08:38:28 今日实时业务量

80,000,0YY,193 22,093,405

5,326,321 5,607

800亿
700亿
600亿
500亿
400亿
300亿
200亿

10 国家邮政局

今年我国年快递业务量突破800亿件

星期二 06:14

▲

年业务量突破800亿件

央视新闻 正直播

700亿
600亿
500亿

国家邮政局邮政业安全中心负责人 王丰

全国快递大数据平台实时研判行业发展动态

央视新闻 正直播

今年我国快递业务量突破800亿件

▲

年业务量突破1000亿件

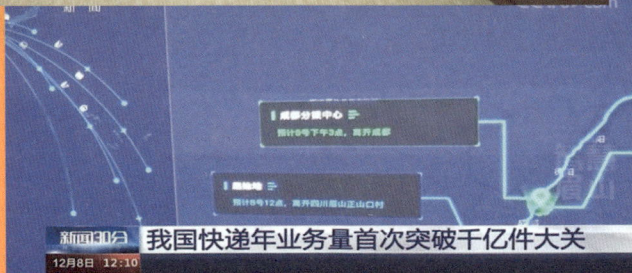

电子面单与实名制，快递行业数字化进程助推器

在快递行业发展之初，快递收寄件信息是由快递员或寄件人手工填写在纸质面单上，通过复写联实现一式多份。这种传统的纸质面单，由于书写水平不一，不仅在书写和录入环节耗时长、容易产生错误，遇到客户或快递员字迹潦草，对于信息的输入和准确率都是一种挑战。不仅如此，纸质面单也容易在运输中磨损模糊，给派件增加难度。同时，通过复写实现一式多份的传统面单还容易产生大量面单底单，成本高又不环保。同时，面单号需要提前打印在纸质面单上，大量面单因为手写有误或其他原因作废，对面单及单号资源造成极大浪费。传统纸质面单更难以适配商家大批量的发货需求和与日俱增的快递单量。

电子面单的出现是行业革命性的一步。电子面单是在指按照系统设定格式将快递单号、名址信息、托寄物等信息一并生成并打印在不干胶热敏纸上的面单，通过面单打单软件、热敏打印机等软硬件配合实现。电子面单的普及使用实现了大数据管理的第一步——数据的采集。传统纸质面单与电子面单示例如图 2-9 所示。

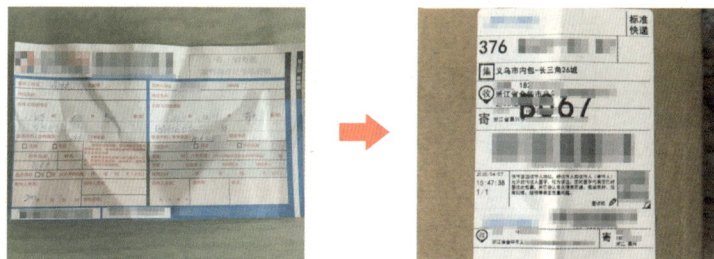

手写快递单据　　　　　　　　　电子面单

▲图 2-9　传统纸质面单与电子面单示例

与传统纸质面单相比，电子面单更加准确、高效、信息化。快递企业和电商平台的电子面单系统，将收寄件的相关信息直接打印在面单上，不需要二次录入；当电子面单打印错误时，可以重打并复用原有单号，避免单号作废冗余；电子面单避免了传统面单书写辨认难等问题，减少错件漏件，提高分拣效率的同时，为自动分拣的发展创造有利条件。

打印电子面单的热敏打印机与可以实现纸质面单复写的针阵打印机相比，打印速度更快。热敏打印的上下联，取代了原本一式多联的传统纸质面单，大量降低耗材成本，减少快递垃圾的产生，更加环保。

传统纸质面单必须明文填写收寄件信息，但采用电子面单后，收寄件信息可以通过条形码、二维码、隐私号等方式进行保护并配合 App 或手持终端读取，降低了收件人信息泄露的风险，有利于消费者隐私保护和隐私面单的发展。

诸多优点让电子面单一经问世，便很快被行业接受，其对行业发展切实做到了提质增效，助力行业的良性发展。

原本传统面单的场景下，不仅数据的采集难度大、准确性低，二次录入还会造成大量的时延。寄件人、快递员、快递企业、收件人、行业监管方彼此的数据相互独立，"数据孤岛"与"数据烟囱"问题难以解决。电子面单的问世打通了各个环节、各个主体的信息流。如果说快递行业采用电子面单之前，快递更多实现了物理上的连接和传输，那电子面单便是在信息化层面上将行业整体及供应链的上下游紧紧联系在一起，这是加速推动行业数字化进程的重要一步。

电子面单将电商平台的卖家、承运的快递公司、干线路由信息及买家串联在一起。这些基础数据的采集，对快递企业持续开展干线路由优化起到至关重要的作用。对于电商平台来说，自建电子面单也有利于数据的闭环管理，也能掌握电商平台商品的物流动向，为消费者提供更好的服务体验，提高服

务标准。

在"十三五"期间，快递行业已基本建成以电子面单、分拣中心为主的自动化、信息化基础建设。不仅是各大快递企业，菜鸟、拼多多，抖音也已建成自有的电子面单系统，快递行业全面实现快递基础业务的信息化，为行业大数据发展奠定了坚实的基础。

快递行业的数字化进程，在 2017 年又一次得到加速。

快递行业发展之初，寄件人寄件不需要出示身份证件，一旦出现安全事件，源头追溯困难重重。为进一步促进快递行业健康有序发展，国家邮政局在行业全面推动落实收寄验视、实名收寄和过机安检"三项制度"，着力强化寄递安全管控。

为切实落实行业实名制管理，行业管理部门结合行业特点，研究设计了《邮件快件实名收寄信息化解决方案》，指导网络型品牌企业开发"企业版"实名收寄信息系统，并研究开发了适用于区域型快递企业的"公共版"——安易递实名收寄公共服务系统。通过"双轮驱动"模式，在向暂不具备条件的市场主体提供普遍性服务的同时，指导有条件的企业主体按有关标准自建采集传输系统。

《邮件快件实名收寄信息技术标准规范》的出台，让快递行业数据采集有了标准化的框架，快递数据质量有了质的飞跃。各大快递企业纷纷在信息化建设上下苦功，严格落实行业实名制信息化推广工作。2017 年，实名收寄系统在全国统一部署上线。

电子面单的出现实现了行业快递基础业务的信息化，实名收寄系统在全国的统一部署上线显著提升了快递行业的数据质量，二者合力，大幅加速了快递行业数字化进程。

因"网"结缘，快递成为数字时代新基建

经过多年发展和蜕变，快递行业早已告别纯粹的肩挑背扛，全面迈入数字化快递时代。从电子面单到智能分单，从秒级通关到未来园区，从快递天眼到无人驾驶，从扫脸开柜到语音助手，物联网和人工智能被广泛应用于快递的各个环节，保障了中国快递在近千亿的体量下平稳运行。

快递业务规模在飞速增长的同时，行业基础设施建设也在不断进步。2020年，全国快递物流园区加快建设速度，全国规划、运营、在建的快递物流园区600余个，累计建设370个具备全自动分拣系统的分拨中心。快递企业自有车辆占比不断提高，陆续增开干线运输线路。快递企业进一步升级公路运输能力，助力公路运输产能稳步提升。

快递行业目前拥有国内快递专业货机超130架，不断提升航空货运能力。快铁合作范围不断扩大，参与企业逐步增多。各快递企业为增强中长途干线运输能力，进一步提升运输时效，加速推进快件铁路化运输进程。在末端派件压力不断加大的情况下，行业末端服务站加快布局，全行业总量累计达16.1万个。智能快件箱规模稳中有升，全国累计布设智能快件箱（信包箱)40万组。无人机、无人车加速试点应用，与智能快件箱等智能投递设施共同构成无接触服务的末端服务体系，累计建成海外仓240个、面积近200万平方米。"快递进厂"工程打造1908个快递服务制造业业务收入超百万元项目。快递行业基础设施如图2-10所示。

在境外设置的海外仓 **220** 个

海外仓面积近 **220万** 平方米

快递专用货机 **130** 架

公共服务站 **16.1万** 个

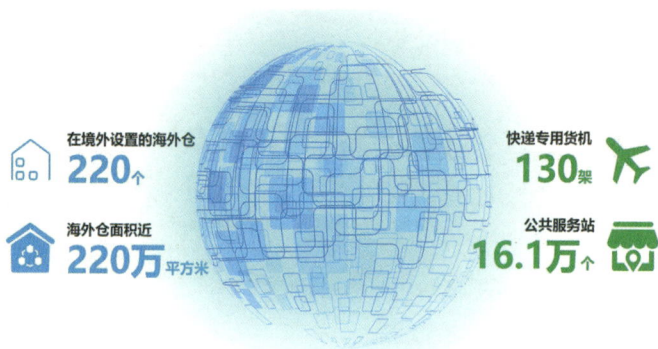

▲图 2-10　快递行业基础设施

　　整个快递行业基础设施发展朝着"智慧快递"方向快速革新，邮政快递类专业物流园区、区域性快递企业和各类营业网点，以及为行业服务的运输工具，都在大幅增加。

　　纵观近些年快递行业的发展，整个行业正飞速朝着信息化、自动化及互联网化等精细化管理转变。随着大数据、云计算、物联网和 AI 人工智能等关键技术开始在快递领域大范围应用，不断驱动整个行业各个供应链发生变革，快递运输场景，包括仓、货、车、人、店等要素形成了更为紧密高度协同的关系。

　　无人仓、无人机、无人车等新形态行业技术陆续试运营成功并投入使用，电子运单的全面覆盖则同样极大提高了快递运输的配送效率，快递到车、同城闪送等新型配送服务也愈发流行。除了对下游配送环节进行升级革新，行业中部分企业还把目光对准了上游的仓储体系。

　　2021 年，全国网上零售额 130884 亿元，比上年增长 14.1%。其中，实物商品网上零售额 108042 亿元，增长 12.0%，占社会消费品零售总额的比重为 24.5%；在实物商品网上零售额中，吃类、穿类和用类商品分别增长17.8%、8.3% 和 12.5%，实物网络零售的交易要形成闭环都离不开快递。快递堪称是新时代数字经济新基建，是实物流通必不可少的渠道和桥梁。

在数字时代，"快递＋"模式初步改变了区域分工失衡的局面，实现了"线下＋线上"模式的延伸拓展，在促进城乡经济发展和助燃消费市场等领域正发挥越来越重要的作用。同时，快递行业运行情况在实时全面反映经济活动表征正贡献独特视角，对于研判经济形势、监测行业走势、跟踪区域分工具有重要价值。全行业亟须与时俱进，在已然开启的行业数字产业化新征程中抓住风口，敢于创新，勇挑重担，让每一个包裹的传递更有速度、更有温度、更具风度。

第三章

中国快递行业治理实践——
中国快递大数据平台

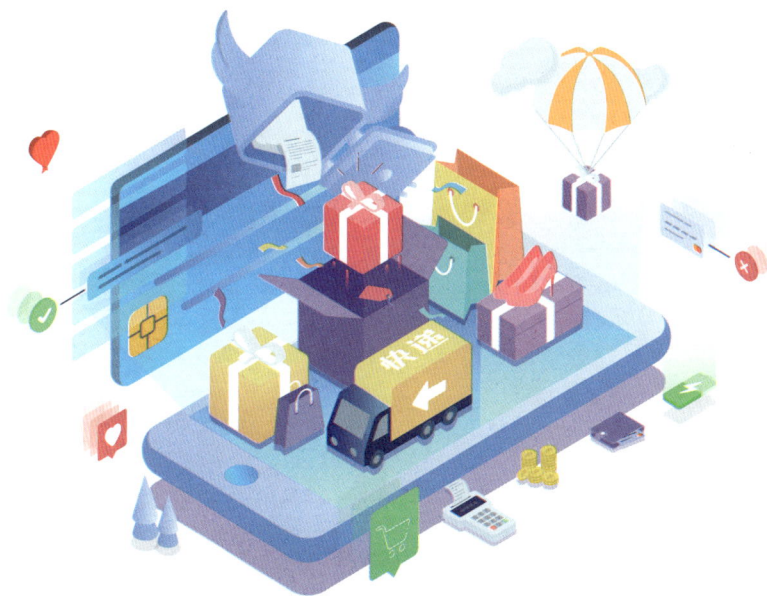

中国快递行业发展连续多年保持高速增长态势，日均业务量达数亿件，常态化服务约7亿人次，业务量连续多年位居世界第一，占全世界总量的60%以上，年快递业务量突破千亿件。中国快递业如何继续保持高速可持续增长，行业监管如何科学适度？中国快递怎么做到更快更安全？这都在考验着监管部门的智慧。如此体量的行业监管和治理，可以说是世界级的课题。

　　包容审慎的监管态度、大数据智能监管、事前事中事后全链条监管、监管与服务并重，这是中国快递行业监管者给出的关键词。中国快递大数据平台，这一被外界称为中国快递业"最强大脑"的利器，运用科技和数据的力量实现这一世界最大行业的高效能治理，让中国快递跑出世界速度、中国温度。

　　每年的"双11"你是不是都在"买买买"？包裹在以更快、更安全、更温暖的"姿势"送到你手中的同时，你知道这背后有一支默默守护着这旺季期间海量包裹流转的大数据团队吗？

人少事多任务重，快递行业治理呼唤"数治大脑"

与快递行业的千亿规模相比，行业监管队伍的人员力量是相对薄弱的。2006 年至 2012 年，6 年间，国家邮政局作为快递行业管理部门，实行全国垂直管理，管理部门仅延伸到省级机构，全国监管队伍仅有数百人。2012 年，《国务院办公厅关于完善省级以下邮政监管体制的通知》（国办发〔2012〕6 号）下发，各地（市）邮政管理机构迅速成立，三级邮政管理体系建立，整个监管队伍扩充至 4000 多人。2014 年 12 月 26 日，国家邮政局邮政业安全中心（以下简称"安全中心"）正式成立，截至 2021 年年底，31 省（自治区、直辖市）级安全中心实现全覆盖，成立了 170 个地市级安全中心。安全中心主要负责邮政快递业安全监管信息系统的建设、管理和维护，承担邮政快递业安全监管和应急管理工作，组织开展行业基础性、战略性、前瞻性研究，是行业安全监管和应急管理的基础服务、技术支撑和规制保障单位。快递行业监管队伍发展历程如图 3-1 所示。

2006 年

2006年实行政企分开，国家邮政局作为行业管理部门，部门机构实行全国垂直管理，管理部门仅延伸到省级机构，邮政行业监管队伍为500人左右

2012 年

2012年，国家、省、市三级邮政管理体系建立，邮政行业监管队伍为4000人左右

2014 年 12 月

国家邮政局邮政业安全中心成立，邮政行业监管和安全支撑队伍为4100人左右(不包含县级邮政管理机构)

2021 年年底

31省(自治区、直辖市)安全中心实现全覆盖，邮政行业监管和安全支撑队伍为5200人左右(不包含县级邮政管理机构)

▲图 3-1 快递行业监管队伍发展历程

但监管队伍的壮大速度赶不上中国快递行业的发展速度，十几年时间内

快递业务量增幅近 100 倍，同时寄递渠道面临的安全形势越来越严峻复杂，境内外、线上线下、传统与非传统安全风险交织演变，行业监管人少、事多、任务重的局面在很长一段时间内难以得到改变，行业治理尤其是安全管控难度不断加大，行业的持续快速发展给政府治理带来了全新机遇与现实挑战。如何统筹好发展和安全，推动行业高质量发展，亟须汇聚科技创新和数字化转型之力，通过"互联网 + 智能监管"，有效提升行业治理体系和治理能力的现代化水平，行业高效治理呼唤着新工具、新手段。

国家邮政局早在 2009 年就开始探索推进数字化监管，通过不断摸索、完善、砥砺奋进，历经十年时间打造了安全监管的"最强大脑"——中国快递大数据平台（以下简称"平台"）。平台是保障快递行业的发展基础，促进了行业安全监管机制的完善，行业安全监管之路走向规范化、智能化、高效化，平台还服务国家、省、市三级行业管理部门，有效地提升了行业信息化安全监管能力。

平台以实现"动态可跟踪、隐患可发现、事件可预警、风险可管控、责任可追溯"为整体目标，应用信息化手段服务行业监管建设，发挥平台监管能力，促进安全监管智能化，逐步打造成为行业监管的"智囊团"、安全的"守护神"和经济的"晴雨表"。经过多年发展，平台呈现了覆盖范围广、服务功能实、互通共享强、应用场景多等特点，有效解决行业监管人少、事多、任务重的现实问题，为行业安全监管与服务提供了有力的支撑。

覆盖范围广。实时汇聚全行业丰富的生产运行数据，实现对行业生产的实时监测和指挥调度。

服务功能实。实时处理数亿件快件、数十亿条数据信息，具备了全网业务实时监测、安全隐患精准预判的数据服务功能，全面赋能各级邮政管理部门的日常安全监管和应急处置，是助力行业高效能治理的"智慧中枢"。

互通共享强。实现与相关部门数据的实时共享，极大地提升了综合研判和协同共治的监管能力，是防范化解寄递渠道安全风险的"监管利器"。

应用场景多。通过大数据平台，监管部门建立了行业用户和科学监管的数据底盘，可以满足涉恐、涉暴、涉毒等各类信息的导侦；可描绘和构建快递包裹的承载内容和运行规律，绘制快递服务农特产品的上行地图、全国主要快递网点实时气象监测地图、服务现代农业金牌项目的包裹地图和邮快件上下行的发展轨迹等；可分析行业发展规律、产业联动情况及与资本市场的耦合关系。

"接进来，算出来，用起来"，从无到有，因陋就简，中国快递大数据平台迎来新生

"罗马不是一天建成的"。中国快递大数据平台"最强大脑"的支撑保障能力也不是与生俱来的，平台的生长壮大历经了艰苦卓绝的培育过程，是一拨拨技术团队夜以继日，以"一张蓝图绘到底"的决心打造出来的，其发展过程可谓是从无到有，因陋就简，分步完善，一步一个脚印地实现了将行业数据"接进来，算出来，用起来"的最终目标。

国家邮政局自 2009 年开始建设中国快递大数据平台的前身——邮政业安全监管信息系统。它是为提高行业监管工作科学化水平，强化监管效能，针对行业的特点，积极探索通过信息化方式丰富监管手段而启动建设的。系统建设伊始就提出了"以信息化促进职能转变、引领行业可持续发展""从无到有、从有到优的分布""发挥信息平台优势，提高市场监管效能"等一系列理念。十余年过去了，大部分目标已经实现，很多理念至今仍然在指导着中国快递大数据平台建设。邮政业安全监管信息系统早期页面如图 3-2 所示。

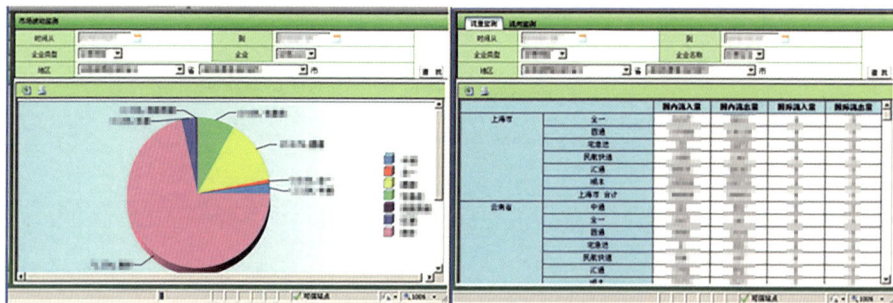

▲ 图 3-2　邮政业安全监管信息系统早期页面

早期的邮政业安全监管信息系统,实现了10家主要快递企业的数据报送接口接入,以及每日行业数据的统计及简单计算。

2011年7月,为进一步完善功能,邮政业安全监管信息系统二期启动建设,于2012年2月完成升级改造,初步实现了行业运行监测、安全预警、快件查询、重点快件监控等功能,并提出通过系统实现"强化监管手段、提高工作效能"的目标。系统二期在快递旺季服务保障工作中发挥了重要作用,为行业监管提供了多方面的有力支撑。

2013年5月至2014年10月,为进一步加快系统建设,扩大使用范围,优化功能应用,适应邮政管理部门三级管理体制的需要,以"服务市场监管工作、服务行业发展、促进企业提升服务"为目标的邮政业安全监管信息系统三期完成建设及改造。

邮政业安全监管信息系统从一期、二期到三期的建设,均以数据接入为重点目标。一期建设时仅仅接入了10家快递企业,二期接入企业增加至14家,三期接入企业增加到19家,用户范围也从国家级延伸到省级再到市级,数据的接入也从一天一次变成了准实时的数据接口接入。

2014年,中国快递迎来了年业务百亿件时代,行业自此开始以每年100亿件规模快速增长,系统日处理量暴增,邮政业安全监管信息系统开始遭遇了它的瓶颈期,系统架构已很难与高速增长的业务量相匹配。2014年、2015年连续两年"双11"业务旺季期间系统都经受了严峻的挑战,"CPU占用99%、内存占用99%"、小型机资源濒临崩溃、数据库性能计算缓慢、报表刷新速度响应慢……

是继续,还是放弃?邮政业安全监管信息系统迎来了它的"生死存亡"时刻。而国家邮政局邮政业安全中心的成立打破了这个局面。2014年12月,

国家邮政局邮政业安全中心正式成立，同时被赋予邮政业安全监管信息系统的建设、管理和维护职责。"不破不立"，经历了生死时刻的系统迎来了"架构重构、数据整合"大调整。系统建设维护团队用了近一年的时间，经过无数的试错、推倒重来，终于艰难地完成了由传统的 IOE[1] 大集中处理向 Hadoop[2] 分布式大数据架构的"华丽转身"，集成大量的大数据组件、内存数据库、固态硬盘等软硬件新技术，打通了安全监管相关的面单数据、状态数据、电商数据、实名制数据、申诉数据及公共数据等底层数据，实现数据的深度整合，这在当时全国电子政务建设领域中是处于领先水平的。2009 年到 2016 年，"七年之痒"的邮政业安全监管信息系统艰难地实现了数据从第一步"接进来"到第二步"算出来"的历史性跨越。

2017 年 3 月 28 日，国家邮政局、中央综治办、公安部、国家安全部联合召开国家、省、市三级电视电话会议，就加快全国邮件快件实名收寄信息系统推广应用进行动员部署。邮政业安全监管信息系统迎来了数据质量提升的重要历史时刻。这一年，中国快递大数据平台又迎来了它的新成员——安易递实名收寄公共服务平台和实名收寄信息系统，通过信息化手段推进快递全行业实名制工作进程。

2017 年，习近平总书记在中共中央政治局第二次集体学习时强调实施国家大数据战略，加快建设数字中国。数字中国成为国家战略。为落实数字中国重大战略，邮政业安全监管信息系统开始了新的历史征程，在数据深度整合的基础上开始探索数据应用，全面深化行业监管信息化建设，通过进一步夯实信息资源这个核心基础，实现基于大数据架构的功能、性能及覆盖范围的提升，以支撑国家、省、市三级用户高并发实时的海量数据服务与应用。

---

1 IOE 是指一种建立在 IBM 小型机 +Oracle 数据库 +EMC 存储设备上的数据处理架构。
2 Hadoop 是一种分布式系统基础架构，用户可以在不了解分布式底层细节的情况下，开发分布式程序，利用集群进行高速运算和存储。

从此迈开了从"算出来"到"用起来"的关键第三步，深度探索快递大数据在公共安全、社会治理等领域的应用。

多架构融合，顺应行业发展，逐步完善细化。为了实现数据指标的实时统计以及对业务的实时监控预警，中国快递大数据平台采用了流式处理架构和传统大数据架构整合的模式，通过构建前置库、后置库两套集群系统，分别完成了实时监测指标和复杂统计指标的计算，完成数据的展示。

但随着快递行业继续以年增百亿体量高速发展，行业数据量不断激增，行业数据也呈现出特有的特征规律。

一是行业数据规模化。近年来，快递行业生产系统的数量不断增加，生产环节的采集终端、自动分拣设备、自助投递终端、电子秤和各类移动设备等数量增长迅速。目前，快递行业已有数十万台（套）设备联网运行，随着网络接入带宽、流量和存储量的迅速提升，快递行业的各类状态数据总量翻番的时间在急剧缩短，并且这一趋势还将持续。

二是数据种类多样化。随着行业的发展，特别是视频监控及安检机的大量应用，包括智能快件箱、快递无人机的普及，衍生的数据种类也在不断丰富，例如，安检机的图片数据、视频联网的视频数据和协议客户备案的文本数据等。因此，需要不断扩展数据的治理和应用能力，建立稳健高效的存储和查询管理体系，提升非结构化数据的管理工作。

三是数据价值最大化。快递行业要想转型升级，对于大数据的核心需求就是要实现邮政快递行业大数据价值的最大化。有价值的快递大数据信息能够促进快递行业发展，创造新的产品和服务模式，帮助快递行业调整战略方向，寻求新的利润增长点。

由于数据的多样化特点，平台新问题不断涌现。从快递企业接入数据时，

平台就存在数据处理能力跟不上的问题，导致数据传输超时现象严重；接口服务器部署混乱，既有虚拟机又有物理服务器，缺乏统一规划管理，处理器稳定性差，技术运维工作繁重；服务器资源利用不均，导致重点企业服务器负载过高……

平台在处理计算海量数据时，消息队列不堪重负，数据量过大造成处理缓慢；计算处理等核心组件版本过低，实际生产过程中的问题难以完全修复；实时和离线的数据有一定的差异性；服务器资源耗用不平均，造成资源瓶颈过多；中心库过大，统计性能下降；历史数据变为冷数据，在实际使用中调用困难……

一系列问题摆在眼前，时间不等人，行业发展也不等人！重新设计平台大数据整体架构刻不容缓！

2019 年，平台建设团队对快递大数据平台整体架构进行重新设计，优化升级，重点解决以上核心问题。

在数据接入方面，采用微服务架构，整合所有企业数据接口，利用中心网关进行统一分发，这对服务器的部署要求大大降低，在充分利用服务器资源的同时，大大提升数据处理效能，从每秒处理 8 万条数据升级到每秒处理 50 万条数据；增加企业流量监控，实时把控接口性能，大大降低了运维难度；企业接口性能的提升，降低了企业传输数据的超时现象，加快了数据接入的速度，实现数据接入环节的畅通。

在数据处理方面，增加离线数仓模块，在逻辑上分为 3 层，即数据运营层（Operation Data Store，ODS）、细节数据层（Data Warehouse Details，DWD）、数据服务层（Data Warehouse Service，DWS）。在数据加工阶段采用维度建模，对数据集进行预处理，将寄递数据分别与多个维表关联，降低提取结果数据的难度。同时改变流式处理的方式，为各类独立应用构建单独的前置库、临时库、查询库等，提高了实时数据的准确性及性能。通过实体建模实现针对同一单号，面单、实名、状态、电商、快件箱等多个实体进行关联，从而减少异构数据源带来的分析复杂性。

与此同时，进一步完善平台监控预警功能，对所有微服务做到统一监控，利用可视化界面实时获取系统监控指标，对生产性问题可提前做出规划和部署，避免重大故障发生。

"宝剑锋从磨砺出"。利用大数据平台重构传统数据库应用，将多个数据应用优化整合在统一的数据平台，减少了多个应用底层数据模型的重复开发工作，也节省了计算和存储资源的冗余成本，实现了应用之间数据与服务的快速和低成本共享。基于大数据提供的能力，一体化、专业高效、安全可靠的一站式数据资源平台，既能满足数据治理、质量管理、数据安全等需求，又能对外提供数据服务的能力。技术创新为平台又一次带来了新生，平台最终具备了海量、多样、精准、实时等多种特性，同时也具备了较高的容错性。

海量性：数据存储与处理能力由 TB 级别上升为 PB 级别，可保存和使用的历史数据越来越多，为快递行业数据挖掘提供了有效支撑。

多样性：除了以往行业内部应用系统产生的结构化与非结构化的数据外，还实现了外部数据如气象、舆情、股价的实时接入与展示。

精准性：通过使用大数据技术，针对全量数据处理分析，避免了局部数据推演所带来的误差，获得的结果也更为精确，为快递行业监管提供了更有力的保障。

实时性：Hadoop Spark 等大数据技术架构的出现让海量数据的处理能力获得极大的提高，能及时获悉行业内各企业的实时动态，让秒级、亚秒级甚

至毫秒级的服务响应成为可能。

容错性：基于大数据的系统架构，容错能力也得到提升，即使出现少量设备宕机的问题，也不会丢失任何数据，不会影响任何服务。不间断的服务能力减少了系统的运维成本，同时提高了系统开发效率。

中国快递大数据平台的大数据基础能力在不断完善，监管治理能力也在逐步提升，在不断"用起来"的同时，平台也基于自身的核心能力，逐步引入机器学习和知识图谱等新技术、新工具，深入分析业务数据之间的关联，根据数据变化规律，更智能地感知行业发展态势，更快速地预警处置突发事件。中国快递大数据平台近年来持续探索可视化创新，力图将行业运行态势、能力矩阵及行业发展情况生动、全面、实时展示出来。通过"一图知全网"的中国快递大数据实时监测界面，可以实现各主要监测指标、各企业业务指标、全国网点分布、实时面单、流量流向、跨境、申诉等行业情况的全方位立体式感知，基本实现了"让内行看门道，让外行也能看懂门道"的展示效果。

中国快递大数据平台从不停歇自我探索与整合，历经数年发展，如今每天都有涵盖全行业业务量近 95% 的数十亿条生产数据实时汇聚到平台上，国家、省、市三级管理部门可以实时监测行业运行情况。运用大数据创新应用与公共服务成果，中国快递大数据平台圆满完成了党的十九大、"一带一路"国际合作高峰论坛、金砖国家领导人会晤、G20 峰会、庆祝中国共产党成立 100 周年等寄递渠道重大活动安全保障和历年"双 11"旺季服务保障工作。同时，依托该平台，一系列驱动行业高质量发展和服务国家社会治理的快递大数据能力矩阵得到培育，为广大用户提供更多服务。

2020 年 9 月 8 日上午，国家邮政局邮政业安全中心在亚洲投资银行总部亚金大厦新闻中心举行新闻发布会，中国快递大数据平台正式对外亮相。新闻发布会中心面向公众分享平台建设历程，重点介绍了平台在行业安全运行数据、监测预警、申诉、舆情、突发事件等海量数据的采集、存储、整合、分析与共享等方面的能力及监管作用。同时正式推出了安易递身份二维码、隐私面单、从业人员服务等面向社会公众的大数据产品服务。

中国快递大数据平台建设时间轴如图 3-3 所示。

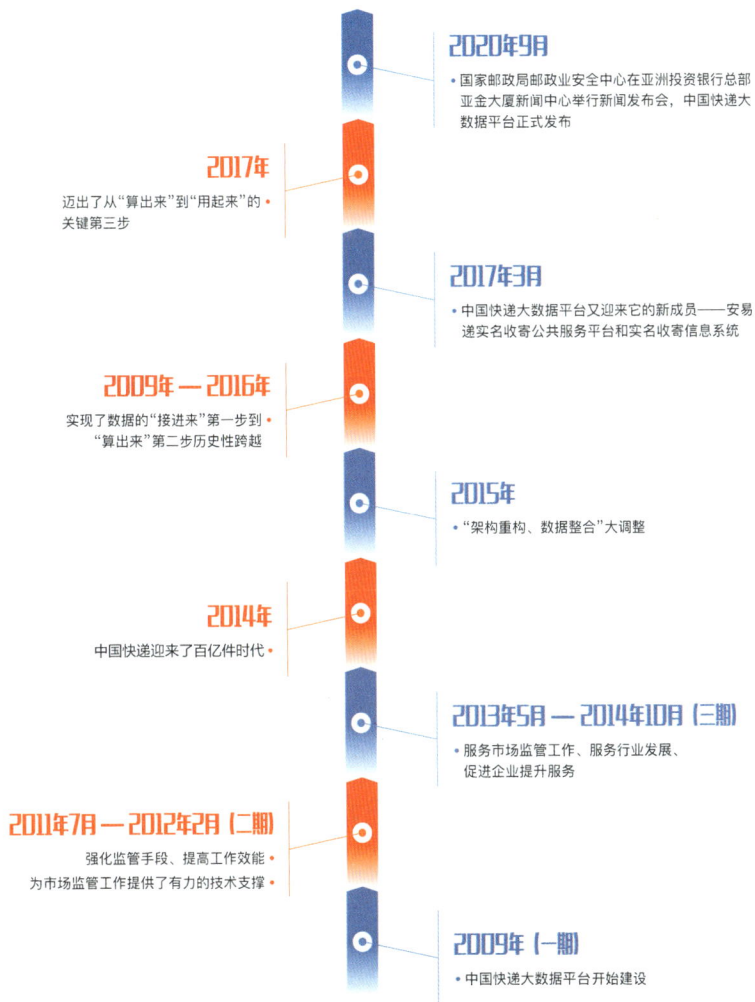

2020年9月
• 国家邮政局邮政业安全中心在亚洲投资银行总部亚金大厦新闻中心举行新闻发布会，中国快递大数据平台正式发布

2017年
迈出了从"算出来"到"用起来"的关键第三步

2017年3月
• 中国快递大数据平台又迎来了它的新成员——安易递实名收寄公共服务平台和实名收寄信息系统

2009年—2016年
实现了数据的"接进来"第一步到"算出来"第二步历史性跨越

2015年
• "架构重构、数据整合"大调整

2014年
中国快递迎来了百亿件时代

2013年5月—2014年10月（三期）
• 服务市场监管工作、服务行业发展、促进企业提升服务

2011年7月—2012年2月（二期）
强化监管手段、提高工作效能
为市场监管工作提供了有力的技术支撑

2009年（一期）
• 中国快递大数据平台开始建设

▲图 3-3　中国快递大数据平台建设时间轴

中国快递大数据平台——监管的"智囊团"、安全的"守护神"、经济的"晴雨表"

中国快递大数据平台每天实时汇聚全行业近 95% 的生产数据，实时处理数据超过 3T，已打造成为监管的"智囊团"、安全的"守护神"、经济的"晴雨表"，实现了快递的揽收、运输、投递、投诉和申诉等全生命周期流程数据的管控。快递全生命周期流程如图 3-4 所示。

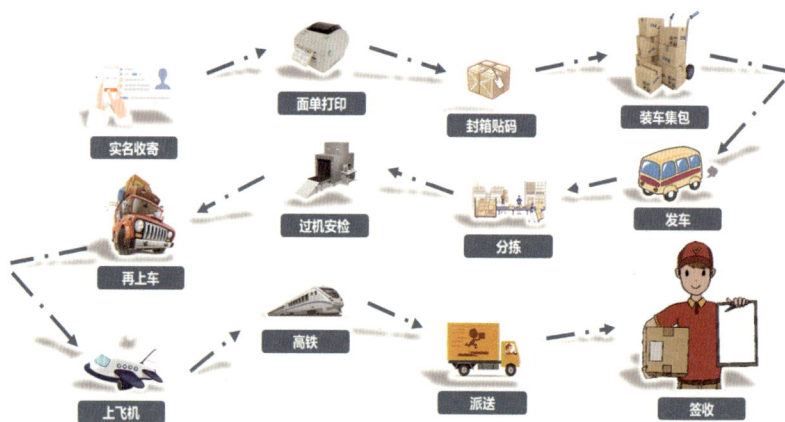

▲图 3-4　快递全生命周期流程

监管的"智囊团"。中国快递大数据平台多维度实时采集快递行业安全运行、申诉、舆情、突发事件等海量数据，通过对数据进行实时清洗、比对、关联，形成高关联融合型数据库，实现了快递行业业务监测、流量流向监测、服务质量监测、安全事件预警等大数据创新应用。通过数字化手段辅助行业监管实现智能化，有效解决快递行业日常监测、实名收寄、收寄验视等监管难题，同时实现了用户、快递员、快递产业链上下游企业及监管部门之间的协同联动。

高效实时的各类业务指标监测界面也有效发挥其功能，在日常保障及各类业务旺季期间辅助为行业监管决策提供有力的数据支撑保障。

中国快递大数据平台各企业核心指标监测界面如图 3-5 所示，全国主要电商平台分企业订单量实时监测界面如图 3-6 所示，全球跨境快递业务实时监测界面如图 3-7 所示。

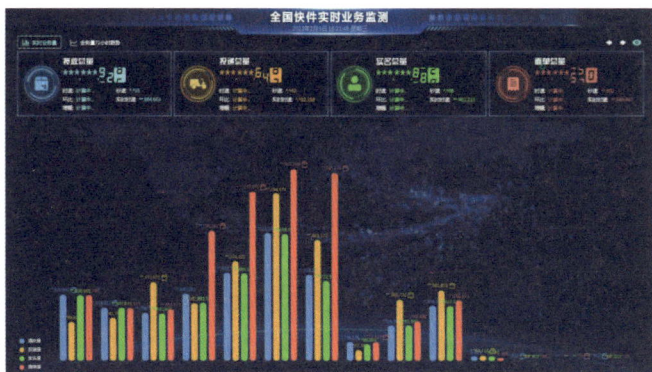

▲图 3-5　中国快递大数据平台各企业核心指标监测界面

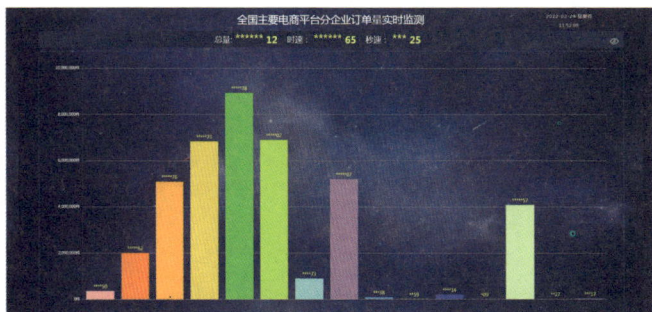

▲图 3-6　全国主要电商平台分企业订单量实时监测界面

中国快递大数据平台还提供安易递监管版 App，助力行业监管人员随时随地针对快件进行实时稽查和提供综合信息服务，是监管人员随时随地移动

执法和抽查的重要手段。

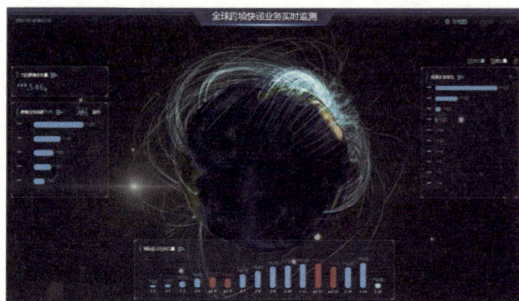

▲图 3-7　全球跨境快递业务实时监测界面

安易递监管版 App 如图 3-8 所示。

▲图 3-8　安易递监管版 App

安全的"守护神"。中国快递大数据平台通过海量数据的融合比对分析，对影响行业运行的异常行为进行监测并通过模型实现事前预警，对寄递渠道的涉恐、涉枪、涉毒、诈骗，及非法出版、经济犯罪、刑事犯罪等违法犯罪活动进行重点监测和深度分析，通过大数据手段守护寄递渠道安全畅通。

在 2020 年年初新冠肺炎疫情防控及各个行业复工复产大背景下，为实时掌握快递行业复工复产的情况，全面提升快递行业服务水平，平台推出了针对全行业从业人员动态管控的"战疫速递"小程序，实现对超过 150 万快递员的实时健康打卡和日常动态管控，贯通行业上下游，触达一线，实时采集复工复产进度、快递员健康状况，为全行业快递员提供健康打卡、定位调度等公共服务，为快递企业提供企业组织架构管理服务，以信息化方式实现行业内个人到企业的有效整合，辅助监管部门获取行业最准确的数据和最鲜活的动态。

同时，为了配合快递员的工作，平台还联合国家预警信息发布中心推出了气象预警服务，平台会根据每一位快递员的实时地理位置，动态推送异常天气的预警，提醒快递员提前防护，提前规划配送时间和路径，有效减少意外伤害和事故发生。

"战疫速递"打卡小程序如图 3-9 所示。

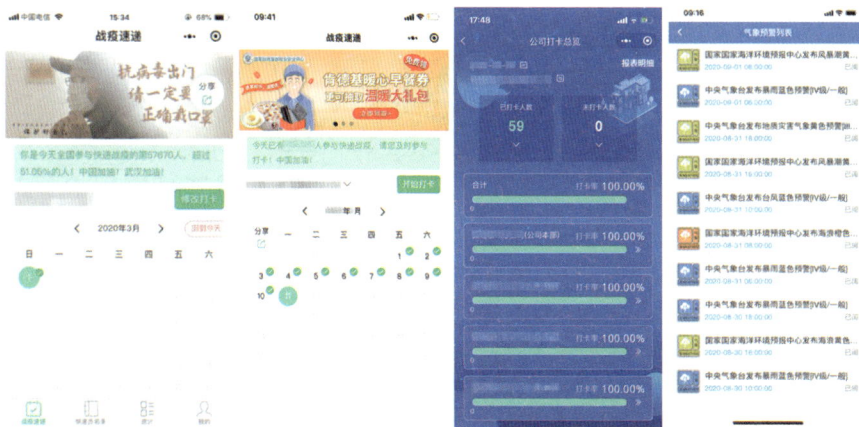

▲图 3-9　"战疫速递"打卡小程序

经济的"晴雨表"。快递一端连着生产，另一端连着消费，快递大数据

可以实时动态地反映经济运行情况，是观测中国经济的独特窗口。中国快递大数据平台可以实时查看一个区域快件的揽收和投递情况，动态感知经济活动走向，从微观看宏观，堪称是经济天然的"晴雨表"。中国快递大数据平台的经济"晴雨表"功能已经在义乌、泉州、福州等地先后试点应用，取得了可观的经济和社会效益。

2021 年 31 省（自治区、直辖市）快递业务量及 GDP 对比情况如图 3-10 所示。

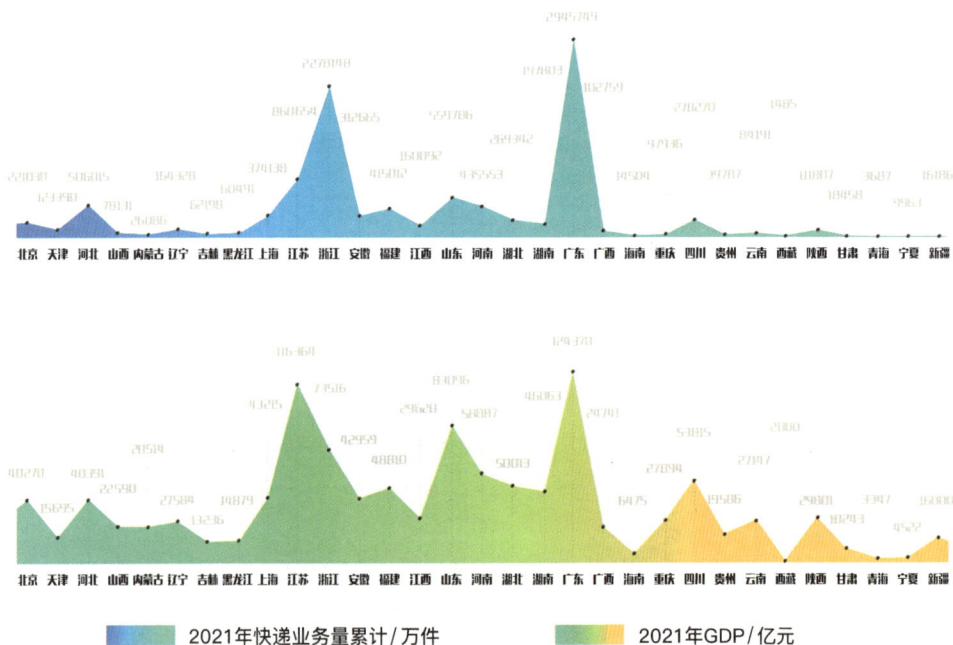

▲图 3-10　2021 年 31 省（自治区、直辖市）快递业务量及 GDP 对比情况

福州鱼丸借"快"出江实时包裹数据如图 3-11 所示。

中国快递大数据平台连续荣获 2019 年、2020 年、2021 年中国政府信息化卓越成就奖、2020 年邮政行业科学技术奖一等奖、2018 年数字中国建设峰会最佳实践奖等多项奖项，社会效益正在逐渐显现。中国快递大数据平台获得荣誉如图 3-12 所示。

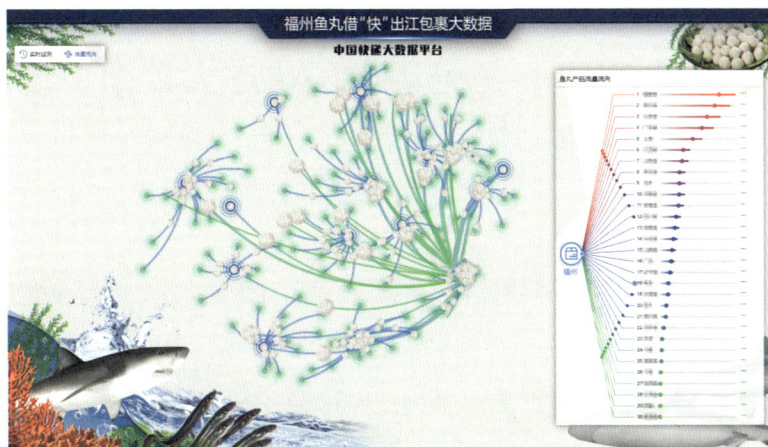

▲图 3-11　福州鱼丸借"快"出江实时包裹数据

▲图 3-12　中国快递大数据平台近年来获得的荣誉

12 年"双 11"，见证了中国快递大数据平台由小到大，由弱到强

每年"双 11"可谓是快递行业的"春运"，单日的业务量是平常的 3 倍左右，是最考验中国快递大数据平台核心能力的时候。中国快递大数据平台若能经得住这一天的考验，那么其他任何时候都能从容应对，持续不断为行业监管保驾护航。

从主要电商平台促销元年 2009 年双"11"到 2021 年"双 11"，整整12 年，正好是一个轮回。在这 12 年中，快递行业就像一个懵懵懂懂的少年，在经历市场的洗礼后，长成年轻有为、活力十足的青年，有着不可限量的未来。下面通过数据回顾一下快递行业这 12 年"双 11"的历程。

2009 年，受 2008 年全球金融危机的影响，快递行业增速有所减缓。但10 月新邮政法出台，利好政策给快递行业注入新鲜的活力，快递行业年底即出现显著增幅。2009 年第一个"双 11"，主要电商平台销售额达到 1 亿元。

2010 年，随着电子商务的飞速发展，中国快递行业逐步走上正轨，2010年的"双 11"主要电商平台销售额升至 9.36 亿元，但中国快递业务量单日峰值还不到 1000 万件，"爆仓"新闻频频见诸报端。

2011 年主要电商平台"双 11"销售额达到 52 亿元，快件量达到 2200 万件。

2012 年的"双 11"，主要电商平台销售额更是翻了 3 倍多，达到 191亿元，快件最高日处理量突破 3000 万件，单日处理量增速超过电商销售额增速。

2013 年"双 11"，主要电商平台销售额达 350 亿元，全国快递行业日最高处理量突破 6500 万件。

2014 年"双 11"，主要电商平台销售额达 805.11 亿元，全国快递行业日最高处理量突破 1 亿件。

2015 年"双 11"，主要电商平台销售额达 1229.4 亿元，全国快递行业日最高处理量突破 1.6 亿件。

2016 年"双 11"，主要电商平台销售额达 1800 亿元，全国快递行业日最高处理量突破 2.51 亿件。

2017 年"双 11"，主要电商平台销售额达 2539.7 亿元，全国快递行业日最高处理量突破 3.31 亿件。

2018 年"双 11"，主要电商平台销售额达 3143 亿元，全国快递行业日最高处理量突破 4.16 亿件。

2019 年"双 11"，主要电商平台销售额达 4101 亿元，全国快递行业日最高处理量突破 5.35 亿件。

2020 年"双 11"，主要电商平台销售额达 4982 亿元，全国快递行业日最高处理量突破 6.75 亿件。

2021 年"双 11"，主要电商平台销售额达 5403 亿元，全国邮政、快递企业共处理邮（快）件 18.82 亿件，同比增长 25.8%，11 月 11 日当天单日揽收邮（快）件 6.96 亿件，再创历史新高，创造这些战绩的关键词是协同结网和智能技术。

12 年的"双 11"，是快递行业 12 年的旺季成绩单，更是快递行业发展史的缩影。中国快递大数据平台始终伴随着行业一起成长，平台的技术保障团队也从当年硬着头皮克服困难和障碍的初创者，逐渐成为有担当的、成熟的平台维护者，逐步将平台升级为行业安全运行的"大后方"和行业"最强大脑"。全国快递行业历年"双 11"当天业务量及主要电商平台销售额如图 3-13 所示。

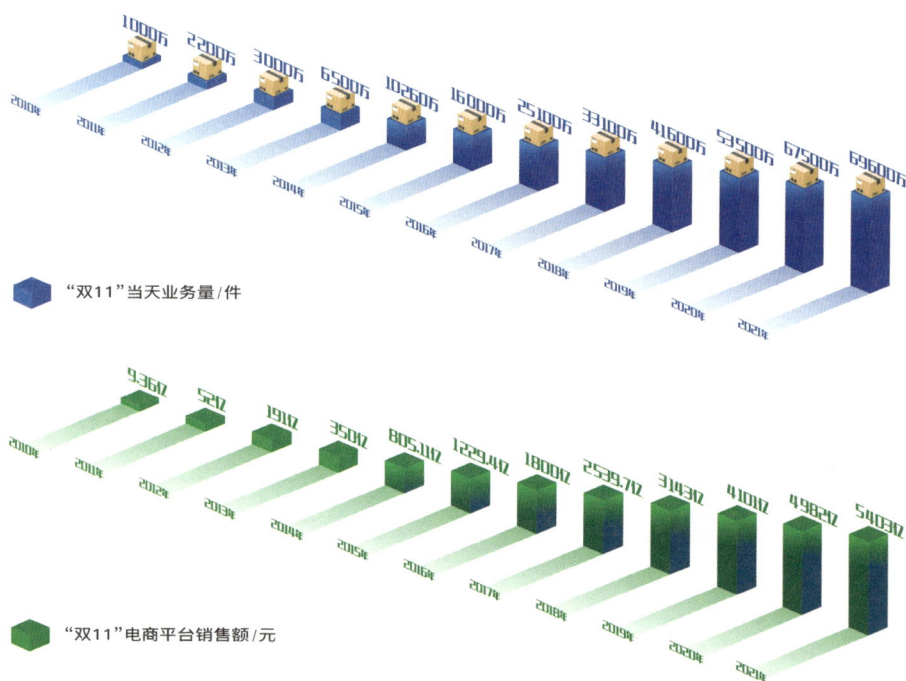

▲图 3-13　全国快递行业历年"双 11"当天业务量及主要电商平台销售额

12 年旺季"应战"的实践经验使快递行业旺季服务能力提升，曲线轮廓逐步清晰，企业也从最初的被动作战到主动备战，同时行业组织结构不断优化，已逐步实现从劳动密集型向科技型转型，完成了从"汗水快递"向"数据快递"的华丽转身。面对数亿级的日处理总量，行业不管是市场主体还是管理部门，相比初期所有应对更为从容不迫。每年"双 11"对于行业来说都是一次大考，多年来经历了多轮的实战锤炼，行业有了更多从容应对的基础，积累了丰富的经验。

快递行业上游电商平台近年来呈现多元化新形势，下一阶段的"双 11"运行模式或将全面转换到新赛道，虽不再出现业务爆发式增长，但并不意味着没有挑战。相反，未来的"双 11"技术保障将面临新时代下的定位转换问题，将由关注量向关注质转变，由宏观向微观转变，由监测向预测转变。同时将更加注重"数据 + 科技驱动"的力量，不再是单纯依赖现有技术，而是需要依靠更加先进的技术，更多资源的投入和更庞大的团队，只有积累更多的经验和经过更严谨与长远的思考，才能在未来更加艰巨的转型之战中再谱新篇章。

平台技术保障团队——为广大"剁手族"保驾护航

当下中国的快递行业基本全年"不打烊"，每年 11 月是快递行业的业务旺季，快递公司备战"双 11"，除了做好人力、物力的准备外，最重要的是做好技术支撑保障。负责中国快递大数据平台技术保障的团队亦是如此，从"双 11"概念形成开始，这支团队就开启了一年一度的重点技术保障，在茫然中不断摸索，从青涩焦虑中不断历练，从而成长蜕变。团队也曾迷茫不知所措，也曾经历惊险时刻，更曾承受过挫折考验，一路从被动走向主动，直至现在靠创新赢得战略主动。

中国快递大数据平台这一行业"最强大脑"的技术保障团队，是行业管理部门组建的一支大数据团队，除做好日常保障外，还要重点保障一年一度的"双 11"。每到"双 11"团队成员既紧张又期待，因为日常的准备和苦练要在这一天集中接受"检阅"，颇有一种"台上一分钟，台下十年功"的意味。

"重压之下必将成长"，中国快递大数据平台开始还只是为了解决行业起步阶段摸清底数的基本问题，从一个简单的统计系统起步，从一天只接收一次数据，一天只统计一次，系统只有三五个人查看，到现在的实时数据接收、清洗、计算、分析、挖掘和展现。平台从一个统计功能单一的系统到成长为行业"最强大脑"，从只有监管的单一定位向全面监管、服务、调度立体式转换。平台的技术保障团队也伴随快递行业高速增长而越来越强大，在自我锤炼中完成蜕变。

十几年来，平台技术保障团队在未大幅增加人手的基础上不断提高工作效率，从北礼士路甲 8 号稍显简陋的 602 小屋，再到伴随着国家邮政局邮政业安全中心成立迁至挂甲屯 5 号监控会议室，又到现在配有 16 米曲线屏的监控中心。硬件条件在一点点改善，面临的工作强度也在持续增加，工作的局面也逐步打开。

每年的"双 11"，广大消费者能尽情下单的坚强后盾，是强大的中国快递行业、中国快递速度。而中国快递业务一年又一年不断刷新的日峰值背后，是中国快递"最强大脑"保障团队默默的守护和耕耘，他们时刻在为快递业保驾护航！

回顾历年"双 11"，从"惊心动魄"到中国速度

2014 年：网络保障有惊无险，"惊心动魄"中开始新征程

2014 年 10 月，我国快递年业务量首次突破百亿大关，超越美国成为世界第一。也是在这一年的"双 11"，"最强大脑"遭遇了生死时速的"惊魂一刻"。当时，按照惯例，技术保障团队在每年"双 11"前都要对数据传输网络进行扩容升级。巧合的是，2014 年的"双 11"恰逢 APEC 会议在北京举行，网络运营商要优先保障外事活动。前期，团队反复与运营商协调，却一直没有得到肯定的答复。如果网络无法及时增加带宽，那么数据将在入口处就发生拥堵，影响主要快递企业的数据传输，直至影响生产正常运行。

时间一天天过去，经过多番协调无果，眼看"双 11"当天海量数据可能会因为网络通路"狭窄"被"拒之门外"，无奈之下，团队只能请示上级领导进一步协调，最终运营商同意在 11 月 11 日 0 时准时割接。真是有惊无险，数据流量在 11 日 0 时过后瞬间跃到预期峰值，看着不断跳动的数据，团队所有人都松了一口气，一场保障事故得以幸免。

也是这一年，"双 11"这一天的快递业务量第一次达到 1 亿件峰值。那时团队还没有"亿件"的数据概念，特别是当大家看到屏幕上实时的数据显示 9999 万的时候，所有人才意识到一个值得记录的重要历史时刻已经到来，现场所有人都屏住呼吸，眼睛紧紧地盯住那四位数字，等待着这一历史时刻出现。

"过亿了……"数字变成 9 位数的那一瞬间，团队里的每一名成员开始振臂欢呼，笑声中有淋漓的畅快，有见证的喜悦，也有更多的期待。

对于团队来说，这是一个特殊的时刻，这意味着技术保障团队再一次见证了历史，也意味着当年"双 11""现场直播"式的保障取得了第一阶段的成功，为后续旺季服务保障打下了最坚实的基础。

短暂的放松后，另一个考验马上就要到了，那就是能不能及时清洗刚刚接收进来的数据并计算完主要指标。因为第二天早上 8 时 30 分左右，全国各省（自治区、直辖市）都要等着看各种业务指标了。这是一个不小的考验，数十亿条的数据，要分区域、分企业计算出复杂的业务指标，这中间只给了系统和技术保障团队 4～5 个小时的时间。团队里的每一名成员丝毫不敢放松，一个任务执行完毕，马上有专门团队跟进确认，接着再盯着下一个任务执行，遇到资源问题，随时根据实际情况优化调整，耐心细致地调整每一个优化参数。11 月 11 日清晨 5 时左右，当耗时最长的最后一个任务顺利执行完，没有出现报错中止，团队的每个人才长长地舒一口气。

窗外天边已经有了微光，太阳要出来了，大家都还在兴奋中，没有丝毫睡意。团队不仅把海量数据接进来了，还把主要数据指标按既定程序计算了出来。这时，接力棒传到了数据报告团队，团队成员从凌晨 4 时开始准备抽取数据，处理数据，反复核对、打磨、分析，早上 8 时 30 分左右就要把全部指标分析结果发往全国，几十页的深度分析报告，分量极重、要求极高，即不能有数字偏差，又要针对行业发展进行深度分析和研判。

不经历风雨怎能见彩虹，晨间的央视新闻频道正在直播《朝闻天下》，电视里正在报道"双 11"的新闻。"国家邮政局……"，央视直播画面中出现了凌晨团队进行技术保障的场景，大家纷纷拿出手机定格这个短暂的画面，疲倦的脸上洋溢着欣喜和骄傲……

对于"双 11"技术保障团队来说，保障工作中的艰辛不言而喻。但挥洒的汗水和泪水，终有一天会收获幸福的喜悦。因为热爱这个行业，所以，面对工作中的困难和挫折，团队的每一个人都不曾缺席。迎难而上，脚踏实地做好眼前的工作，是大家共同的目标。

经历了风雨，2014 年的"双 11"成为中国快递业历史上值得被重点标记的时刻，这一年"双 11"当天快递业务量突破了 1 亿件大关，也是这一年，中国快递业务量第一次位居全球第一，中国快递业正式步入高速增长的快车道，持续、稳定地保持高速增长态势。

2016 年：责任与担当，跑出保障加速度

2016 年"双 11"当天也是有惊无险，保障团队目不转睛地看着屏幕上各大快递公司的业务数据，沉心静气地等待数据洪峰来临。突然，大数据集群运转报警了，平台出现了异常！监测到的故障影响系统正常运行，团队立即响应，迅速定位，发现是某台集群核心节点设备出现硬件故障需要现场处置，而当时的机房却在 5 千米之外，项目团队核心负责人立刻驱车前往机房。真是"屋漏偏逢连夜雨"，就在负责人赶往出故障的机房途中，发生了交通事故。

此时此刻，负责人心里想到的都是数据开始积压的情景，加上项目组也在不断催问故障恢复的进展情况。负责人咬紧牙关，对他来说，这个时候，没有比"双 11"更重要的事情了。他快速做出一个决定：他支走了本应承担主责的追尾司机，把故障标志一立，从车里抄起电脑包开始向机房跑，他要把刚才浪费的时间"抢"回来。

当时，他停车的地方离机房还有 2 千米的距离，但对于他来说没时间考虑太多，头脑里全是怎么排除硬件故障。他一路狂奔跑到机房后，顾不上停

下喘一口气，第一时间找到出故障的硬件，成功排除了故障处理了这场事故，保障了"双 11"高峰的安全运行——这就是跟时间赛跑出来的中国快递速度。

正是保障团队在工作突发状况时不顾一切迎难而上和争分夺秒的态度，才换来快递业在旺季仍然能够保持井然有序，保障了用户快件的安全高效的寄递；也正是保障团队在一次次直面危机中不断实践总结，在摸索、历练中一步步从青涩走向成熟，成长为一支来之能战、战之能胜的"威武之师"。

在"双 11"当天的深夜，当时针指向 23:59，保障团队全体成员不约而同地整齐地读秒："10、9、8、7……2、1！"然后怀着惊喜的心情等着见证奇迹的时刻出现。每年的 11 月 11 日 24 时被定格的数据都是新的日峰值纪录。对于团队来说是个特殊的时刻，这一刻充满着仪式感，因为这意味着技术保障团队一次又一次见证行业的"奇迹"时刻。其实不只是 11 月 11 日这一天，每年的"双 11"前后，在大家尽情享受购物的狂欢时，作为行业科技保障的"大后方"，为了实时监控快件投递高峰运行情况和突发情况，中国快递数据大平台的技术保障团队一般会不眠不休地持续"战斗"。

中国快递大数据平台是高度数字化的产物，并不是单纯地付出劳动就可以了，困难和压力时时刻刻摆在那里，需要用脑、用心、用满腔的热血来保障。团队负责人平时以身作则的示范，更是时时影响着团队的每一个成员，让团队他们把这项工作当作神圣的职责，激励团队成员自动自发地创造性工作。在大数据的助力下，从最初筹建时的艰辛，到现在的平台逐渐趋于完善，中国快递大数据平台技术保障团队用自己的行动保障着中国快递的中国速度！

2020 年：从容应对，30 多套预案全方位展现大数据精彩

2020 年 11 月 11 日，国家邮政局邮政业安全监控中心，一块长 16 米、

高近 2 米的巨型曲面屏上滚动着全行业的实时数据，成为所有目光的焦点。如果说中国快递大数据平台是全国邮政快递业的"最强大脑"，那么，这块大屏幕就是平台最直观的"脑电图"。

2020 年"双 11"，支撑快递大数据平台大屏幕可视化展现内容的保障团队，在 3 个月前就进入了筹备阶段。保障团队在保证 11 月 11 日峰值期间平台安全平稳运行的同时，也要确保所有可视化画面平滑展现。

经过多年积累，快递大数据平台多次升级换代，让 2020 年"双 11"保障的屏幕上呈现的内容更加丰富。平台实现了快递从揽收、运输、分拣、安检、投递到投诉、申诉等全生命周期流程的数据管控，还能对全国寄递主干路、寄递用户行为轨迹、全国寄递商品流通、寄递业支持农产品流通等方面进行动态监测和大数据分析。

平台软硬件全面升级成为平稳度过"双 11"的有力保障。在接口层面，原来是每家企业单独管理，自 2019 年接口升级改造之后，所有企业统一接口、统一管理，这样可以快速有效地对资源进行动态分配。数据变化极快是邮政快递业的特点，统一接口可以弹性处理邮政快递业大量的、随时在变的数据，提高了服务器的利用率，保障数据的快速稳定接入。

在大数据层面，技术保障团队提前在"双 11"压力测试时找到较高的负载值，可在短时间内对服务器资源进行动态优化和调配，实现动态负载均衡。

在人员安排方面，双"11"的技术保障人员较平日翻倍，同时团队还制定了全方位的应急预案，在资源、管理、服务、网络、运维等方面全面提高风险应对能力。

技术保障主会场大屏幕的展示需要 20 多路信号源的配合，还要在多个系统之间进行快速切换。而平台稳定运行的背后是技术力量的支撑和后备力量的保障。为了做好快递旺季保障工作，团队准备了 30 多套预案，并且提前进行多次演练，以确保系统切换的平滑过渡。

2015 年"双 11"只需要用 500M 带宽传输数据，5 年后的 2020 年，快递大数据平台准备了 5G 带宽资源。大数据平台的更新换代，是随着行业业务量爆发式增长的。不管是在平时日常网上购物，还是每年"双 11"的购物狂欢节，当人们尽情享受购物乐趣的时候，快递大数据平台技术保障团队都会一如既往地坚守在这里，实时监测着行业运行态势和迅速处置突发情况，多年来用始终如一的专注保障了全行业历年旺季的平稳运行。

中国快递大数据平台，将再次引领行业数治时代，启航行业新征程

历年的"双11"旺季信息化保障，只是快递大数据平台发挥作用的精彩缩影。快递业稳步增长，"双11"也经历了多次变化，周期不断拉长，快递时效性、稳定性的要求不断提高，中国快递大数据平台及快递企业面对多变的行业变得更加从容淡定。在购物达人和"剁手族"把心仪的物品放入购物车时，在各大电商绞尽脑汁为用户策划"购物狂欢节"时，在快递企业和快递员摩拳擦掌做着"奋战"准备时，被称为快递业的"大脑和心脏"、快递业务服务保障战指挥中心的工作人员，提前做好了规划和筹备，充满信心地迎接每一次"大考"，应用新技术、新机房、稳定的网络等持续为中国快递业创造新的奇迹！

2021年"双11"就是最好的诠释，上游电商销售模式的改变，使这次"双11"比往年来得都要早，业务量突然由"单峰"转变为"双峰"。技术团队未雨绸缪，提前将平台升级为"双核"运行，即一主一备运行策略。同时，扩充资源、上百台服务器、多条网络保障线路、上百人的支撑保障团队使核心信息汇聚更加迅速，数据传输更加通畅，人机交互更加便捷。快递大数据平台在"双核"运行下创造了又一个全新的纪录，相当于短时间内经历了两次以往的"双11"。同时，平台数据窗口可视化与可联动性升级，更为实时、直观地对旺季快递行业运行情况进行事前预测、事中监测和事后调动……台前的所有呈现，源自后台大数据团队的高效保障。

目前中国快递大数据平台连接着全国 20 余家快递企业，服务着近 400 个省市邮政管理局和各级安全中心，是全行业监管最核心系统，每时每刻每秒都在运行，时刻准备着应对突发事件，从需求预测、系统扩容、自动化赋能、运能递增，到每单快递顺利地传递到每个快递员手上，都离不开快递大数据平台的支撑和保障。在中国快递大数据平台的大屏幕上，蓝橙红绿四色数据不停滚动、跳动闪烁，背后是数亿包裹的流转信息，是快递行业最生动的发展脉搏。

全面感知、精准研判、快速协同、高效处置，全行业数治时代不仅需要从海量数据资源中及早预见潜在风险，更要能够快速处置突发事件。

未来，平台还将进一步发挥大数据优势，形成数据要素集聚，充分发挥海量数据和丰富场景优势，实现快递行业全流程的信息交互，有效提高快递行业高质量协同发展水平。中国快递大数据平台还将持续致力于服务行业高质量发展、高效能治理，驱动监管更智能，赋能服务更给力。

国家邮政局邮政业安全中心负责人 王丰

今年我国快递业务量突破800亿件

2020 年中国快递年业务量突破 800 亿件接收央视新闻直播采访

2020 年中国国际服务贸易交易会新闻发布会发布中国快递大数据平台

2021 年网上"年货节"接收央视新闻直播采访

国家邮政局邮政业安全中心数据管理处 许良锋

但年货的流动却是异常繁忙的

第四章

从监管到服务，从安全保障到发展赋能：中国快递大数据平台能力矩阵

多年来,中国快递大数据平台在助力行业安全监管的基础上,着眼于发挥快递大数据服务市场主体的支撑保障作用,充分激发数据要素潜能,开发大数据平台能力矩阵,服务行业高质量发展、高效能治理。

"一次注册,全国通用"的安易递快递用户身份二维码有效保护了用户的寄递隐私,同时也给了快递"身份",加速了寄递实名制的落地;隐私面单瞄准了用户信息易通过传统面单泄露的行业隐患,打造快递安全虚拟号服务平台,从源头杜绝个人信息的泄露;行业从业人员在线培训平台以在线培训为突破,打造了快递员综合服务平台,并逐步构建快递员线上之家。以上均为中国快递大数据平台服务行业高质量发展、高效能治理的生动案例。

快递大数据不仅直接反映了行业内部的运行特点,还间接反映了一系列经济发展规律。中国快递大数据平台不断探索多维度使用快递大数据服务经济发展的实践,早在2016年就先后与义乌市政府和泉州市政府合作,通过快递大数据助力地方经济发展和产业升级。中国快递大数据平台还运用快递大数据勾勒出了农特产品地图和快递进村地图,服务农产品上行和乡村振兴国家战略。

中国快递大数据平台深度支撑行业常态化治理和专项保障行动,服务公共安全和国家安全治理,是探索中国快递高质量发展、高效能治理的有效路径。

创新引领：坚持"保障"和"赋能"双轮驱动

为贯彻落实习近平总书记"数字中国"战略重要指示精神，拥抱数字时代、激活数据要素潜能，中国快递大数据平台经过多年锤炼，完成了海量快递数据"接进来"和"算出来"两大重点、难点任务，完成了日常监管、业务旺季和多次重大活动期间的行业监管及保障任务，有力有序地支撑了行业高质量健康发展。中国快递大数据平台面对成倍增长的上游电商数据"洪峰"，已经从前几年的"吃不下"逐渐演变成现在的"吃不饱、吃不够"。

面对如何释放数据资源的能量、发挥数字新基建作用，中国快递大数据平台把重心从数据接入、数据处理转变为如何通过创新的技术手段促进快递大数据更好、更快、更有价值地应用。中国快递大数据平台逐步探索出在合法合规的前提下充分发挥数据要素价值、延伸数据能力的路径，实现了从监管"硬指标"到服务"软实力"的拓展，让数据跑进来，让服务走出去。平台围绕"安全"和"发展"两个重点方向开展快递数据要素的应用创新，以数据安全为前提，以服务经济发展为目标，探索出针对快递大数据的深度挖掘及应用的方向，发挥"快递大数据＋"的社会效益，在保障行业健康发展的同时，真正实现快递大数据的社会价值，在国家新基建建设进程中担当更多的社会责任，为国民经济高质量发展贡献更多力量。同时，全面坚持总体国家安全观，推进国家安全治理现代化，保障国家安全及公共安全。

快递行业身份证——"全网通"安易递快递用户身份二维码。在全行业

推广寄件实名制信息化进程之初，为从源头解决用户身份信息泄露问题，提升实名寄递效率、规避信息泄露风险，中国快递大数据平台从寄递用户使用习惯和偏好出发，通过创新的"互联网＋快递"模式，推出了"一次注册、全国通用"的"全网通"安易递快递用户身份二维码，目前已与十余家主要快递企业、快件箱企业打通了数据接口，用户通过"全网通"安易递快递用户身份二维码可方便快捷地替代寄件时需要出示的个人身份证，解决了寄件实名不便利、不安全的难题，进而推动了寄件实名制信息化进程。

百亿安全号码资源池——快递安全虚拟号服务平台。 每产生一件快递，就意味着至少两个手机号暴露在快递面单上，给不法分子留下可乘之机。近年来快递企业、电商平台开始探索个人信息保护机制，建立各自的快递安全虚拟号服务模式，采用手机号脱敏、加密、打码等各种形式，但行业内暂未形成统一的快递安全虚拟号服务模式，这给行业监管带来难题。2020 年隐私面单快递安全虚拟号服务平台正式发布，面向公众用户、快递员和主要快递企业提供高效的行业安全虚拟号服务，打通了全流程及安全保障机制。从行业角度开展这项工作，有助于在全行业范围内形成规模效应，同时也避免了不同企业采用多种快递安全虚拟号可能存在的信息互通、数据再次泄露等问题。

数据多跑路，快递员少跑腿——快递员线上综合服务平台。 2020 年年初，受新冠肺炎疫情影响，各行业出现了短暂停摆的情况。在疫情防控的关键节点，快递行业率先实现复工复产，充分发挥了"打通大动脉、畅通微循环"的先行作用。为实时掌握快递行业复工复产的情况，全面提升快递行业服务水平，直接触达行业一线从业人员的"战疫速递"复工复产小程序"横空出世"，以轻量级的微信小程序为载体，实时汇聚快递从业人员第一手信息，并将消息直接推送至行业管理人员手中，通过信息化手段为全行业快递员提供健康打卡、抗疫物资精准发放等公共服务。"战疫速递"小程序同时与知名互联网企业和中国气象局公共服务中心合作，面向从业人员提供免费意外保险、气象预警、暖心早餐等服务。为解决快递员培训全覆盖推行难度大的问题，中国快递大数据平台适时推出了快递员在线培训平台，通过信息化技术手段拓宽了行业从业人员的学习渠道，解决了线下集中培训时间、地点难协调等问题，同时在不增加行业从业人员过多负担的前提下，方便从业人员利用碎片化时间随时随地进行打卡学习，有效提升了行业从业人员安全生产水平、综合业务素质及对行业政策法规的落实能力和执行力。"战疫速递"小程序利用大数据技术，紧盯重点领域、重点环节，不断探索线上与线下监管贯通融合，在极大满足了行业从业人员工作特殊性的同时，又保障了其权益福利及生产生命安全，是行业监管和服务基层群众深度融合的"里程碑"。

　　小快递与经济大数据同频共振，绘制全国农特产品包裹快递地图，服务乡村振兴。基于前期对快递行业数据的积累，中国快递大数据平台利用大数据可视化技术将全国农特产品基本信息和快递包裹信息相结合，呈现以全国农产品类别划分的快递包裹地图，通过大数据技术监测特定地区年度平均业务量和成熟期最高业务量之间的特殊关系，同时探索特色农产品与同类产品的比较，挖掘特色农产品的市场潜力，为相关企业的经营生产以及政府对乡村产业发展的推动与指导提供精准的数据服务，帮助企业根据相关产品业务量趋势进行产品需求预测、计划生产、库存管理及物流配送等多环节的运营决策，帮助地方政府宏观掌握该地区的农特产品产业发展趋势，科学合理指导当地产业协同和经济发展，服务乡村振兴战略。基于快递协同联动的特性，中国快递大数据平台除协助农特产品上行之外，还帮助"快递进村"工程搭建了信息化平台，解决快递进村"最后一百米"的信息协同问题。

　　同时，中国快递大数据平台持续发挥行业"新基建"的支撑保障作用，

通过多种创新模式，挖掘快递大数据与经济发展的关系，助力地方政府，动态掌握当地各区域电商和主要产业发展情况，同时提供间接分析经济结构的依据。中国快递大数据平台先后在义乌、泉州、福州等地落地大数据服务案例，开展快递大数据合作、成立大数据研究院，致力于通过快递大数据面向地方政府提供经济发展和市域治理相关服务，探索结合数据优势有效促进当地快递企业、电商平台和传统行业等产业间的深度融合与协同发展。

深度挖掘研判，服务"国之大者"。海量快递大数据具有连接互联网及现实生活的独特优势，近年来通过一件件包裹、一条条数据的积累及深入挖掘分析，在疫情防控、禁毒、反恐、治安防控及打击其他各类违法犯罪方面发挥着越来越重要的支撑保障作用。中国快递大数据平台圆满完成了党的十九大、新中国成立七十周年、G20 峰会、庆祝中国共产党成立 100 周年大会等多项重大活动和行业业务旺季寄递渠道安全服务保障工作，为行业高质量发展提供了有力支撑，为国家安全、社会治理提供了强有力保障。

本章将全方位介绍中国快递大数据平台的能力矩阵。

安易递平台助力行业实名收寄全覆盖

　　快递正在逐渐融入人们的日常生活，成为"新开门七件事"之首。但伴随着快递业务量的迅猛增长，利用寄递渠道进行违法犯罪活动的可能性也日益增加，对人民的生命财产安全构成了潜在威胁。为从源头上加强寄递渠道管理、切断风险入口，做到寄递渠道隐患可发现、风险可管控、责任可追溯，行业管理部门提出了全行业实行实名收寄的管理要求，然而此项要求的真正落地却并不容易，从制度探索到推动落地再到通过安易递快递用户身份二维码等信息化手段加速实名制落地，可谓一波三折。

制度探索：不懈探寻 迎来突破

　　为全面实行实名收寄制度，行业有关部门首先在地方开展试点探索，早在 2011 年就开始在浙江省绍兴市试点，但由于缺乏足够有效的法律和部门规章支撑，并未取得突破性进展。直到 2016 年 1 月 1 日《中华人民共和国反恐怖主义法》施行后，实名收寄制度才有了明确的法律支撑，该法明确提出了"铁路、公路、水上、航空的货运和邮政、快递等物流运营单位应当实行安全查验制度，对客户身份进行查验，依照规定对运输、寄递物品进行安全检查或者开封验视"，并明确规定了违反有关规定的罚则——"由主管部门处十万元以上五十万元以下罚款，并对其直接负责的主管人员和其他直接责任人员处十万元以下罚款"。自此，实名制收寄相关的法律法规体系以此为支点逐渐开始形成。

虽然制度体系日益完善，但实名制的推广落地过程却困难重重。由于整个寄递过程涉及的相关方较多，任何一方的阻力都将导致实名制的落地成效大打折扣。对于寄件人来说，寄件时未随身携带实体身份证的情况时有发生，严格落实实名制会大大降低寄递效率。此外，部分寄件人也不愿向快递员出示实体身份证，担心个人身份信息泄露。对于快递员来说，收件时无论手工核验、登记实体身份证还是与未随身携带身份证的寄递用户沟通，都将增加快递员的工作量，降低快递揽收效率。对于快递公司来说，同样遇到实名制落地的阻碍，例如，当遇到业务高峰时，在人力有限的情况下，实名制严格实施起来有一定的实操难度。行业管理部门也同样面临一些现实的困难——既要推行全行业落实实名制，又要维护行业高效、平稳运行，总体执行难度较大。那么，如何在不增加行业各方负担的情况下有效全面落实实名制，成为整体工作的难点。

信息化探索："双轮驱动"全覆盖

实名收寄信息化的难点

制度的生命力在于执行，然而基于上述种种困难，在全行业直接推进实名制落地的实操难度较大，行业管理部门开始探索通过信息化手段在全行业推行寄递实名制。在探索过程中，行业管理部门发现全行业信息化水平参差不齐，部分企业的信息化程度难以满足实名制信息化系统的独立开发要求，其他信息化水平稍高的快递企业即使有能力独立开发实名制信息采集系统，但对于行业管理部门来说，由于企业间存在"数据孤岛"，全行业仍存在采集标准不统一、操作不规范和安全隐患多等问题。因此，试图通过"一刀切"的信息化手段在全行业推广实名制也无法实现。如何分层分步地推进实名收寄制度在全行业有效落实，切实提高工作成效，成为行业管理部门工作的难点。

"双轮驱动"全覆盖

为分层分步地推进实名收寄制度在全行业有效落实，2017 年 3 月，国家邮政局、中央综治办、公安部、国家安全部联合召开国家、省、市三级电视电话会议，决定从 2017 年 4 月起，启动在 31 个省（自治区、直辖市）相关试点城市实名收寄信息系统推广应用工作，并计划 2018 年年底前基本实现实名收寄信息化全覆盖。时间紧、任务重，行业管理部门结合行业运行特点，研究设计了《邮件快件实名收寄信息化解决方案》，指导信息化水平较高的网络型品牌企业自主开发"企业版"实名收寄信息系统，并通过中国快递大数据平台推出了适用于区域型快递企业的"公共版"实名收寄平台——安易递实名收寄公共服务平台。即采用"双轮驱动"模式，使有条件的企业主体按有关标准自建采集实名信息传输系统，暂不具备条件的企业主体由行业管理部门通过安易递实名收寄公共服务平台提供普遍性服务。

"企业版"实名收寄信息系统适用于国际、跨省许可的网络型寄递企业。企业按照《邮件快件实名收寄信息技术标准规范》自主开发前端系统，将实名查验操作嵌入企业作业流程中，采集寄递用户实名查验信息数据，按照国家邮政局实名制数据标准采集相关数据，依据接口规范将实名用户、机构用户、快递员信息、查验状况等数据实时传输至各企业总部，并由企业总部与国家邮政局建立实时数据对接。

安易递"公共版"实名收寄公共服务平台作为"企业版"的有效补充，适用于省内许可或暂不具备实名收寄信息化自建条件的区域性快递企业。平台按照《邮件快件实名收寄信息技术标准规范》，结合企业作业流程开发出统一的前端系统，运用光学字符识别（Optical Character Recognition，OCR）等自动识别技术识读身份信息和收寄地址信息，代替手工填写，并要求填写内件品类型落实收寄验视制度，实现"实名收寄＋收寄验视"两项制度的信息

化操作及动态监管。平台采用"一中心，三终端"的格局架构，即安易递实名收寄公共服务平台一中心和面向寄递用户的安易递用户端、面向快递从业人员的安易递收寄端和面向行业监管人员的安易递监管端三终端。安易递实名收寄公共服务平台"一中心，三终端"架构如图 4-1 所示。

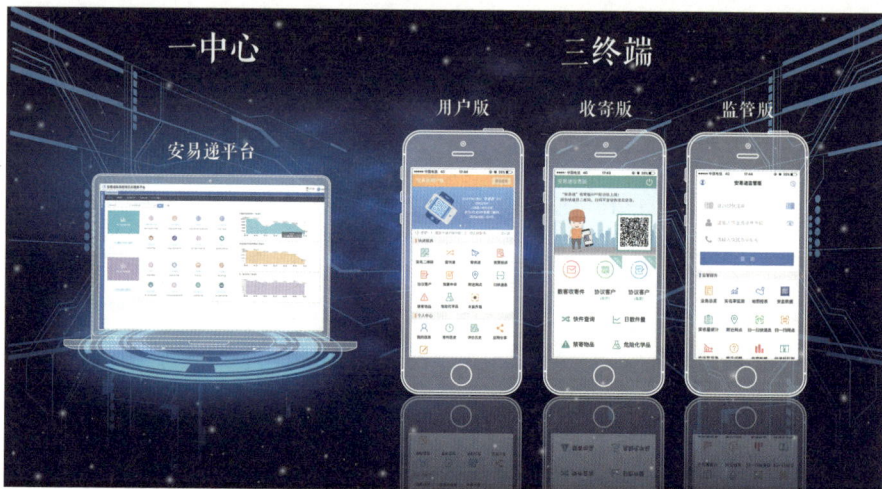

▲图 4-1　安易递实名收寄公共服务平台"一中心，三终端"架构

"一中心，三终端"各司其职，紧密配合，以安易递实名收寄公共服务平台为数据汇集和分析研判中心。用户端面向社会公众提供安易递快递用户身份二维码、快递下单、状态查询、快递员真假认证和投诉申诉等功能，社会公众直接注册即可使用。收寄端面向快递员提供实名收寄、收寄验视、协议客户备案、禁寄物品查询等功能，收寄端实行白名单制度，即必须是通过所在企业完成注册的快递员，才可使用安易递收寄端。监管端面向行业监管人员和企业管理员，提供对其管辖区域内的快递企业实名制落实情况监测、稽查、网点核验、快递员核验、附近网点搜索和危险化学品查询等功能，其注册使用同样实行白名单制度，即只有肩负行业监督管理责任的人员才可以申请注册使用安易递监管端。安易递"三终端"功能简介如图 4-2 所示，以

上 3 个终端 App 均兼容 iOS 和安卓系统。

▲图 4-2　安易递"三终端"功能简介

信息化创新：推出"全网通"安易递快递用户身份二维码，一次注册，全国通用，全网通行

为通过安易递平台解决寄递用户实名收寄难的问题，提高寄递的效率、便利性和安全性，同时规避寄递实名信息泄露的风险，中国快递大数据平台通过创新"互联网＋快递"的模式，在安易递用户端和收寄端推出了"一次注册、全国通用、全网通行"的安易递快递用户身份二维码，公众用户完成身份实名认证后，即可免费拥有个人专属安易递快递用户身份二维码。目前，安易递快递用户身份二维码已经在全国范围内服务全行业，并与十余家快递企业、快件箱企业打通了数据接口，实现了快递企业与安易递快递用户身份二维码的互通互认，打通了上下游间的协作关系，构建了快递企业与公众用户连接的桥梁。目前，顺丰、申通、圆通、中通、韵达等主要快递企业已支持识别安易递快递用户身份二维码，可高效完成实名寄递。通过信息化手段一次性解决了推行实名制过程中遇到的实名认证、实名查验、信息安全等多

项难题，在安全便捷的前提下促进效率提升，真正实现了"一'码'在手，寄件不愁"。

安易递快递用户身份二维码如图 4-3 所示。

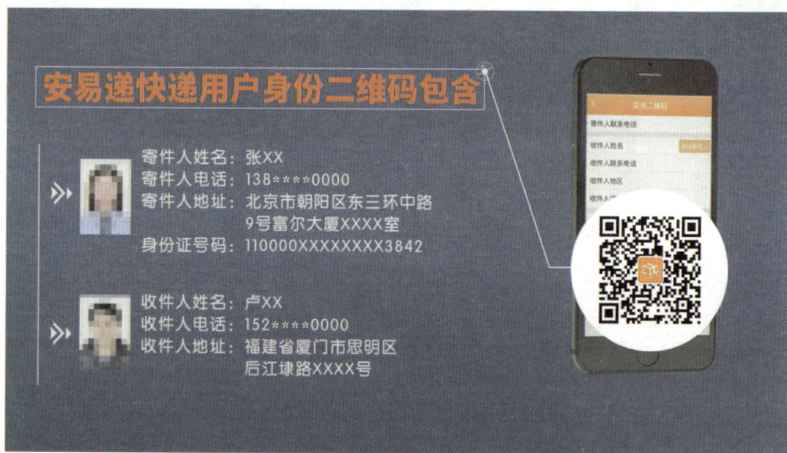

▲图 4-3　安易递快递用户身份二维码

安易递快递用户身份二维码已经入驻微信平台，只要打开微信的"服务—城市服务—办事大厅—便民服务—邮政服务"即可直达"安易递快递"小程序，也可通过微信"搜索—小程序"，输入"安易递快递"搜索并使用。

安易递快递用户身份二维码的应用，有效保护了寄递用户的隐私，更难能可贵的是，它让快递也有了"身份"，变得更加安全。安易递快递用户身份二维码还兼具以下特点。

高效揽收，安全效率两不误。快递员在揽收快件时，只需扫描寄件人的安易递快递用户身份二维码，即可有效采集和甄别寄件人的身份信息，方便快捷地完成实名登记，提高了快递员的快件揽收效率。

安全寄递，加密防泄露。为防止收寄件人身份信息泄露，快递员所采集的收寄件人身份信息会自动上传至国家邮政局信息监管平台，所有快递员的揽收终端均不存储收寄件人的身份信息，避免造成个人信息泄露。安易递实时数据如图 4-4 所示。

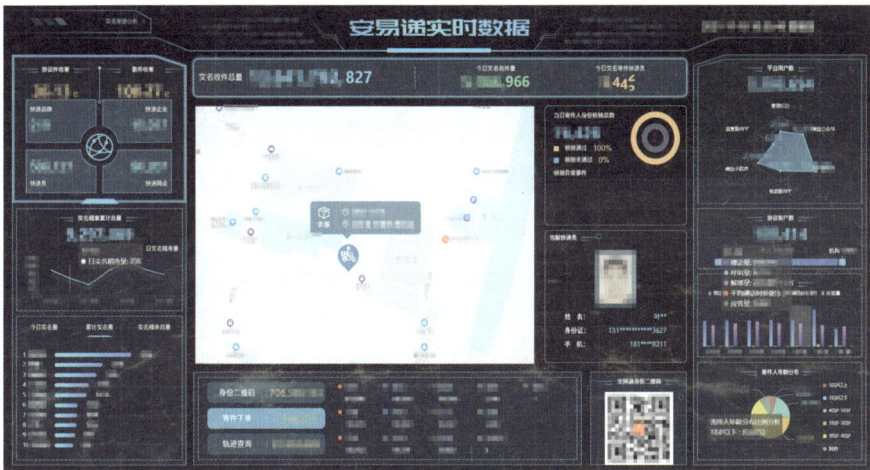

▲图 4-4　安易递实时数据

综合服务，不断迭代，持续优化

安易递快递用户身份二维码是基于安易递实名收寄公共服务平台而搭建的，此平台是"双轮驱动"方案中重要的一部分，其服务范围广，涵盖功能多，登录此平台不仅可使用安易递快递用户身份二维码，还可体验更多其他丰富的快递服务功能。

安易递公共服务平台以用户实名寄件为切入点，提供快递全生命周期服务。收寄件人可实时跟踪快递状态和定位包裹物流状态，并可设置常用联系人避免信息重复输入，提高寄件效率。对于非首次寄递，用户可直接从历史订单中导入寄递信息，极大缩短寄递时间，提升寄递体验。同时可通过搜索品牌、单号、寄件时间，多维度随时随地进行寄件信息查询。安易递实名收寄公共服务平台已对接韵达、申通、中通等各大快递企业的投诉接口，为公

众用户提供线上投诉维权服务，同时对接国家邮政局申诉中心，为公众用户提供申诉服务，维护收寄件人合法权益，促进行业服务质量提高。

安易递平台在为行业提供收寄件生产服务的同时，还面向公众用户推出微信公众号"国家邮政局安易递平台"和微信小程序"安易递快递"，为用户提供便捷的寄递服务、公共服务和行业最新动态，为收寄件人提供快递"一站式"服务。

安易递快递用户身份二维码的创新提出和高效实施是中国快递大数据平台服务于行业安全监管收寄验视、实名收寄和过机安检"三项制度"的一次主动作为和创新之举，在全行业推行实名收寄的过程中，发挥了从政策指引到实施落地的桥梁作用，极大地加速了行业实名制推广落地的进程，通过信息化手段实现了高效安全寄递和远程穿透式监管的新模式。

下一步，中国快递大数据平台将充分运用互联网、5G、区块链等先进技术，在安易递快递用户身份二维码上搭载更多的信息和服务功能，推动其在行业生产过程中进一步走深走实。同时，中国快递大数据平台将以安易递快递用户身份二维码为起点，强化需求牵引、持续创新突破，进一步完善平台的功能体系，提升综合服务能力，锻造适应行业发展、顺应时代需要的行业信息化能力矩阵典范。

快递隐私面单平台筑牢行业个人隐私"安全墙"

在寄递业务中，寄递用户隐私信息泄露主要风险来源于快递面单。国家已出台的相关行政法规条例中明确规定"经营快递业务的企业及其从业人员不得出售、泄露或者非法提供快递服务过程中知悉的用户信息"，在一定程度上保护了信息安全。但是快递面单中还是存在直接以明文方式显示收寄件人的联系方式、收寄件地址等信息的情况，消费者的个人信息遭泄露后，会经常收到推销电话及诈骗电话，消费者面临遭受严重经济损失的风险，用户信息保护形势严峻。

传统快递面单通常会存在上述风险，个人信息容易通过拍照等方式被他人获取。与此同时，由非法使用寄递用户个人信息者和非法组织组成的倒卖用户敏感信息的黑色产业链也时刻威胁着信息安全。这就产生了一个困扰行业多年的矛盾：越是要求收寄件人在收寄包裹时提供真实的收寄信息，用户就越担心个人信息和隐私泄露给自身带来的麻烦，因此不愿在面单上填写真实的个人信息，并由此产生恶性循环。即使很多用户愿意配合监管要求，填写真实有效的个人信息，也往往因担心隐私泄露和遭到诈骗而不得不将收到的快递面单撕掉或者烧掉。对于经常收寄快递包裹的人群而言，这是一个不小的麻烦。

为切实有效地解决快递寄递过程中存在的用户个人信息安全问题，避免寄递过程中收寄件人的手机号码泄露后被不法分子利用，中国快递大数据平台打造了快递安全虚拟号服务平台，并于 2020 年中国国际服务贸易交易会

举行期间正式发布，面向公众用户、快递员和主要快递企业提供高效的快递安全虚拟号服务，用户的手机号码不再需要明文显示在快递面单上，通过技术手段提升收寄用户信息安全保护力度，从根本上避免了用户信息泄露而引起的骚扰、诈骗等事件发生，真正保护了公民个人信息。快递安全虚拟号服务平台实时数据如图 4-5 所示。

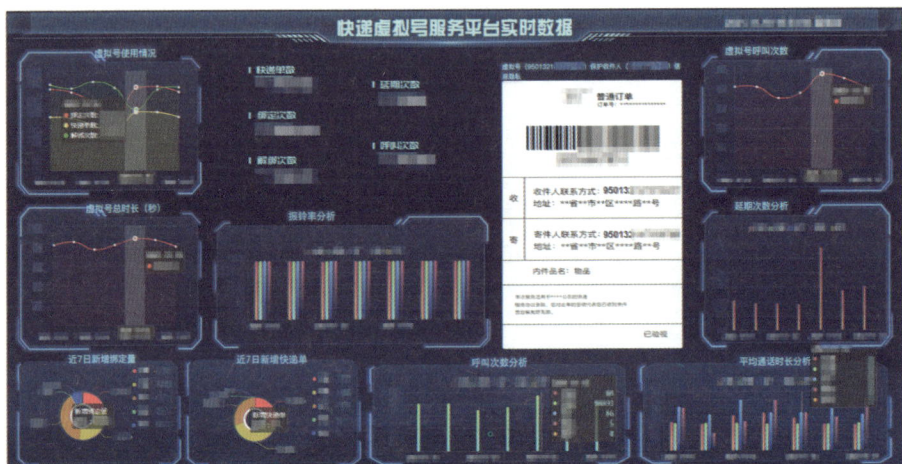

▲图 4-5 快递安全虚拟号服务平台实时数据

在整个寄递过程中，客户只需告知快递员使用隐私面单，快递员选择开通快递安全虚拟号并打印面单，即可将收寄件人的真实电话号码替换为 15 位左右的快递安全虚拟号码。快递安全虚拟号服务平台配备百亿级的虚拟号码资源，所有快递件均通过该平台进行加密，为每一单快递的收寄双方分配快递安全虚拟号，替代原有收寄人员真实号码打印在快递面单上，收寄件人不需要担心信息泄露。快递员通过拨打快递安全虚拟号快速联系收件用户，将快递员、快递安全虚拟号、收件用户建立即时绑定关系。快递员派送快件过程中通过拨打快递面单上的快递安全虚拟号联系收件用户时，平台通过绑定的关系找到用户真实号码，双方实现通信。收件人可以通过回拨此安全虚拟号快速联系快递员。快件签收后，安全虚拟号对应关系会在有效期满后自动释放，所释放安全虚拟号可供下一个快递面单使用。具体来说，快递安全虚拟号隐私面单有以下特点。

快递员与收寄件人可通过安全虚拟号码实现快速双向联系

快递员通过快递安全虚拟号联系收寄件人时，收寄件人将接到专属号码来电，可以放心接听，不用担心个人手机号信息泄露，平台支持调取快递虚拟号拨打电话的通话录音，实现通话内容可追溯，保障用户的合法权益。快递员通过快递安全虚拟号联系收寄件人如图 4-6 所示。

▲图 4-6　快递员通过快递安全虚拟号联系收寄件人

当收件人回拨快递安全虚拟号的时候，也会由系统直接呼转到对应快递员的手机上。无论是快递员还是收寄件人均不需要知道对方的真实手机号码，仍能实现收接双方顺畅的双向沟通。

快递签收后，安全虚拟号对应关系失效

当所寄送的快递包裹被签收之后，这个快递安全虚拟号码会被系统自动回收，并在"冷冻"一段时间后再指派给下一个订单使用。同时，安全虚拟号服务平台可以设定只有被列入白名单内的电话回拨对应快递安全虚拟号时才能实现通话。因此即使使用后的快递包装袋被遗弃在路边未被销毁，捡到并按上面的安全虚拟号拨打收寄件人电话的路人也无法与收寄件人通话，从根本上杜绝了电话骚扰情况的发生。

快递安全虚拟号业务流程与应用场景如图 4-7 所示。

目前，快递安全虚拟号已应用于多家品牌快递，下一步中国快递大数据平台将不断通过技术手段加强消费者信息安全保护，持续扩大各种安全虚拟号技术适配范围，加快在全行业推广应用高效的快递安全虚拟号服务，力争实现行业全覆盖，以更好保障收寄件人隐私，保障广大消费者权益。

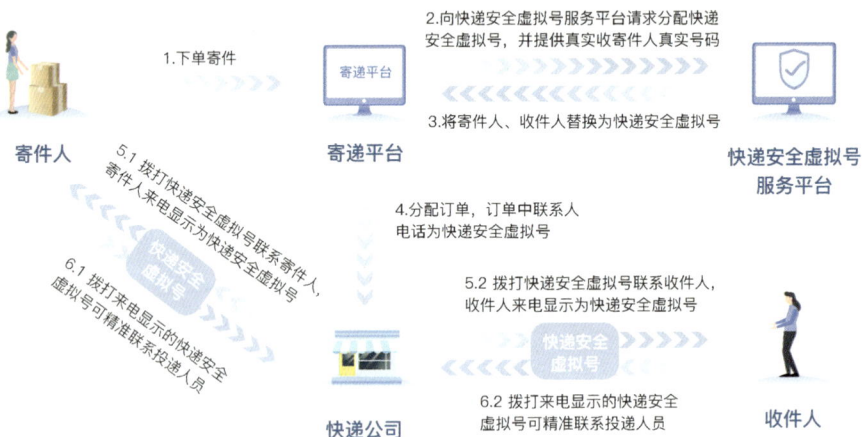

▲图 4-7　快递安全虚拟号业务流程与应用场景

除了对隐私面单的应用推广，快递大数据平台还在积极谋划为快递安全虚拟号附加更多的增值功能，助力行业高质量发展。中国快递大数据平台将快递员的 15 位左右的快递安全虚拟号映射成所属快递企业的对应短号码，各快递企业分别分配一个统一的短号，同时进行号码的标记，提升利用快递安全虚拟号通信过程中的接通率。举例来说，可能一位在某快递企业工作的快递员的快递安全虚拟号是 950131234567890，在用户手机来电显示的号码可能就会显示为 9501301 这样的短号码，其中后两位的数字代表了该快递企业在快递大数据平台或快递安全虚拟号服务平台的编号代码，并且标记该号码为该快递企业的专属号码，以此提高派件电话接通率。

快递员综合服务平台实现数据多跑路快递员少跑腿

如果说一条条街道像城市的血管，那么一个个穿梭于其中的快递员就像是一个个运送氧气的红细胞，他们不辞劳苦地为人们送去生产和生活物资，保障了城市的供给，传递了美好的期盼，日复一日地为满足人们对美好生活的向往而奔忙，足迹遍布全国各地，仿佛点点星光，点亮了中国快递的浩瀚星空。快递员点亮中国快递如图 4-8 所示。

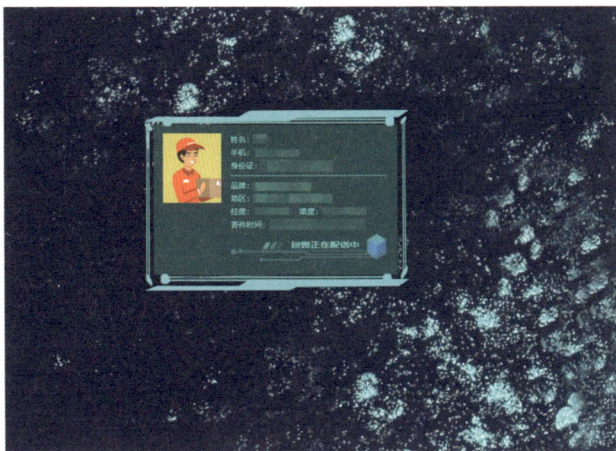

▲图 4-8 快递员点亮中国快递

2020 年年初，在新型冠状肺炎病毒疫情骤起的关键时刻，各行各业延迟复工复产，社会大部分行业按下了"暂停键"，而中国快递却因肩负着防疫物资、生产生活物资的运输保障工作而按下了"加速键"。为防控疫情，人民减少外出，但是抗疫、生产、生活物资却要因此而加速流动。一个个奔忙于抗疫一线和居民社区的快递员成为最勇敢的"逆行者"，这让本就忙碌的快递员肩上的担子更重了，然而越是繁忙，安全生产的风险隐患和防范责任就越大，就更需要快递员不断提高业务能力、安全生产意识，及时正确地贯彻落实行业政策精神，实现行业的持续、平稳、健康发展。

快递员培训与服务全覆盖难度大

任何行业的发展都离不开从业人员素质的普遍提高，中国快递行业也不例外。由于行业发展迅猛、快递员工作方式机动、灵活等行业特点，让本就繁忙、分散的快递员更难以集中时间定期系统地学习用以提升行业必备软实力的安全生产和政策法规知识，而这部分能力又恰恰是保障行业安全生产和快递员生命安全的盾牌，无论是对快递员还是快递企业，此项需求均极为迫切。如果此项任务由企业承担，那么根据行业的实际运行情况，执行效果很难保证。由于在行业实际生产过程中，快递企业运营压力较大，无论是在时间上还是空间上，定期集中对快递员进行培训实现起来都比较困难，特别是新冠肺炎疫情暴发以来，集中培训的风险和难度进一步增加。由于行业作业规律的特殊性，快递员的工作忙碌时间并不是持续不断的，而是具有一定的阶段性，在每个操作环节都存在一定的空闲等待时间，那么如何合理利用这些碎片化时间将会成为解决行业培训难题的方向，基于之前推行实名制的成功经验，通过信息化手段破解行业难题是较优的路径，那么在这种情况下，行业亟须一个可跨越时间和空间限制的线上平台，将行业培训全面线上化、简单化，方便学员碎片化学习、系统式收获。此外，由于快递员分布范围遍布全国各地，还要求此平台具备覆盖全国、全行业、易学易用、可快速提升学习效果等特点。

复工复产服务与快递员培训两不误

中国快递大数据平台搭建的安易递战疫速递复工复产公共服务小程序是2020 年年初为助力疫情防控与复工复产而建设，通过每天打卡对行业复工复产进度、从业人员健康情况、防疫物资现状等数据进行采集，并通过大数据信息化手段实现了全行业、全品牌快递企业及数百万从业人员的健康监测和安全管控。全国快递战疫实时大数据如图 4-9 所示。同时，平台也为快递员提供了气象预警、爱心早餐、免费保险等一系列附加服务。

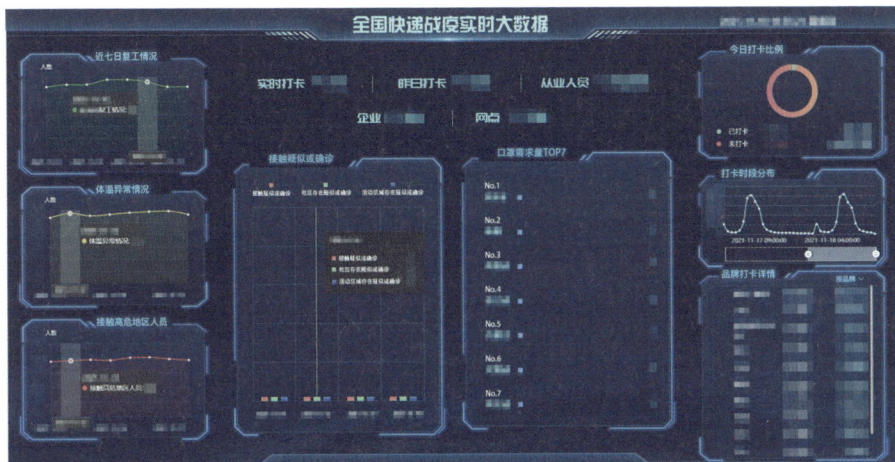

▲图4-9　全国快递战疫实时大数据

为解决快递员培训全覆盖推行难度大的困难，特别是疫情期间的难上加难，安易递战疫速递复工复产公共服务平台基于自身良好的行业受众基础，在自身平台之上搭建了行业从业人员在线培训平台，通过信息化技术手段拓宽了行业从业人员的学习渠道，解决了线下集中培训时间、地点难协调等问题，同时在不增加行业从业人员过多负担的前提下，方便从业人员利用碎片化时间随时随地进行打卡学习，有效提升了行业从业人员安全生产水平、综合业务素质以及对行业政策法规的落实。

行业从业人员在线培训平台功能全扫描

行业从业人员在线培训平台提供了培训考试一体化服务平台，创新将"PC端 + 手机端"配套应用，涵盖管理后台和微信小程序两个服务渠道，既方便了行业管理人员后台统一管理，又方便了一线从业人员快捷登录、灵活学习。其中，管理系统主要面向行业管理人员，实现培训考试全流程的可视化跟踪，提供课程管理、题库管理、考试管理、组织管理和证

书管理等多项功能，为行业管理人员系统掌握学员组织情况，培训、考试进度及获得结业证书情况提供了有效途径。行业从业人员在线培训平台功能如图 4-10 所示。

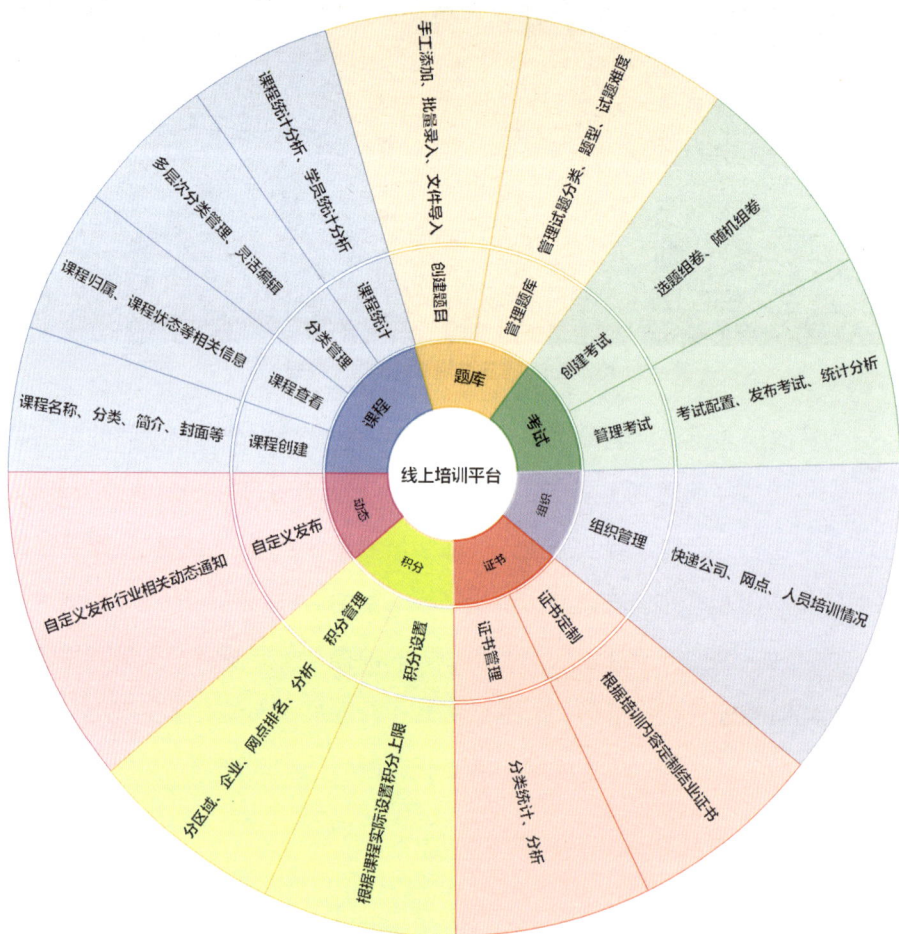

▲图 4-10　行业从业人员在线培训平台功能

　　行业从业人员在线培训平台主要面向快递从业人员，通过提供课程学习、在线考试等服务，从业人员可随时随地在线上学习并迅速提升职业技能，通过查询学习记录合理安排学习计划并参加考试，考试合格后可领取电子版结业证书。培训结业证书样例如图 4-11 所示。

▲图 4-11 培训结业证书样例

培训内容丰富，形式多样

行业管理人员可根据不同的培训主题自主设计不同的培训内容和考试内容，具有灵活度高和针对性强的特点。平台提供了丰富的题型供出题者选择，通过模拟不同的应用场景、变换题型等多种方式测试和考核参训人员，以此全方位提高从业人员安全生产的实操能力。

培训考试流程科学，成效显著

学习的成果需要通过考试来检验。在课程学习阶段，行业管理人员通过行业从业人员在线培训平台来创建课程、上传课件、发布课程，快递从业人员通过小程序即可看到课程内容，从业人员的学习情况也将被系统记录，便于后续累计积分和学习时长。同时，行业管理人员可通过培训平台随时掌握从业人员的学习情况，并对未参与重要培训的企业和人员进行有的放矢的督导。课程学完后，学员进入在线考试阶段。行业管理人员通过行业从业人员在线培训平台创建考试、从题库中选题组卷、发布考试，从业人员即可通过

线上小程序进行考试，系统将为考试通过者颁发电子结业证书，作为对行业从业人员学习成果的认可。此外，行业管理人员还可以通过后台统计功能随时掌握学员的学习、考试情况并进行评估，为后续开展培训的方向提供数据参考。在学考一体化的流程中，平台为防止学员突击刷题，专门为课程设置了每日学习时长上限，用以保障培训效果。行业从业人员在线培训平台契合行业特点，设计思路科学、严谨，平台试点推行成效显著。对于行业管理部门而言，解决了培训需求大、落地难的阻碍，为行业管理部门全程掌握从业人员培训过程与结果提供了实现路径，并实现了培训考试过程全程可追溯。同时，从制度层面完善了快递行业培训考试机制，提升了从业人员的综合素质、安全意识和培训效率，促进了行业安全生产和高质量发展。对于作为行业主体的快递企业而言，无论其自身培训资源是否充足，其企业的快递从业者均可平等地享受行业从业人员在线培训平台的培训和考试资源，同时，快递企业管理者可参考借鉴其他企业的先进培训模式，充分利用行业其他企业的培训资源对本企业员工进行培训，不仅本企业从业者的综合素质得到提升，也形成了培训资源共享、培训优势互补的行业新模式，对提升全行业从业者综合素质产生了积极的促进作用。经过培训的从业者，职业素养、职业技能、安全生产意识和劳动生产效率均得到了提升，为企业带来效益提升的同时，也减少了生产事故发生次数，有效保障了从业者的人身和财产安全。

持续丰富平台的培训内容加载更多功能，打造快递员的线上之家

无论信息化带来怎样的生产要素变迁，生产者永远是生产活动中最活跃的要素，行业从业者综合素质的提高是行业高质量发展的重要助推器。

中国快递大数据平台敏捷响应行业需求变化，适时推出的行业从业人员在线培训平台，适配行业作业特点、紧跟互联网创新步伐，是行业轻量级、全覆盖的线上培训的有益尝试，实现了线上联动、政企协同培训模式的创新，

进一步丰富了中国快递大数据平台的监管与服务方式，是一次通过科技反哺行业、反哺社会的创新实践。此外，中国快递大数据平台通过庞大的网络覆盖和先进的信息技术手段，打破了行业培训的资源壁垒，为行业培养了大批人才，为行业知识的沉淀开辟了有效渠道，为行业政策的传导提供了绿色通道。特别是在新冠肺炎疫情防控的特殊时期，中国快递大数据平台提升了一线快递从业者的安全生产意识，高效传递了行业安全生产政策，确保快递人员只做人民美好生活期待的传递者。

行业从业人员在线培训平台目前仍处在试点推行阶段，未来，中国快递大数据平台将以行业从业人员在线培训平台为起点，持续为一线快递从业人员提供更多、更实用的功能，将中国快递大数据平台打造成功能丰富的综合服务平台——快递员的线上之家。

小快递，大数据：驱动乡村振兴，赋能经济发展

在服务经济社会发展层面，快递作为连接千城百业、联系千家万户的现代服务产业，在乡村振兴的国家战略上发挥了不可替代的作用，是推进工业品下乡，特别是农特产品上行的有效渠道。中国快递大数据平台通过总结跟踪大数据规律，结合行业特点，绘制了快递服务农特产品的上行地图、服务现代农业金牌项目的包裹地图，全面助推乡村振兴战略，服务"国之大者"，多次登上中央电视台新闻直播间、朝闻天下等栏目，得到了社会各方面的广泛认可。全国农特产品包裹快递大数据如图 4-12 所示。

通过这张可视化地图，可以清楚地看到各种农特产品的基本情况和产销季节性特征，能够为相关决策支持提供有力支撑。以芒果为例，我国芒果的主要产区分布在海南、广东、广西、云南的西南部、四川的攀枝花、福建南部以及台湾地区，按照芒果的成熟季节划分，海南芒果成熟最早，属于早熟芒果，广东的芒果早中熟，广西的芒果中晚熟，云南的芒果中晚熟，四川

的芒果中晚熟和晚熟，福建的芒果晚熟。按照时间来排序，海南芒果成熟的时节是每年春夏时节，集中成熟时间是在 2～6 月。广东芒果成熟的季节是在春季末至夏季时节，集中成熟时间是在 5～6 月。广西芒果成熟的季节是夏季至秋季时节，集中成熟时间是在 6～9 月。云南芒果成熟的季节是春季末至秋季时节，集中成熟时间是在 5～11 月初。四川芒果成熟的季节是夏季至秋季时节，集中成熟时间是在 7～10 月。福建芒果成熟的季节是夏季末至秋季时节，集中成熟时间是在 8～10 月。

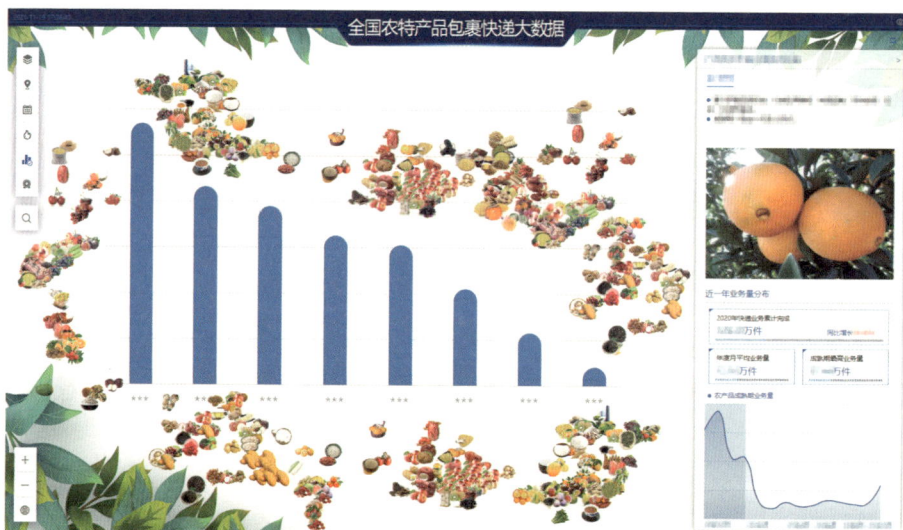

▲图 4-12　全国农特产品包裹快递大数据

　　农特产品地图上各地芒果成熟时间的多样性既体现了我国幅员辽阔，自然环境复杂多样，形成了各具特色的地理区域，也反映了农特产品具有可以深挖的潜力，快递助力农特产品上行大有可为。

　　不同地区不同成熟期芒果的特征在可视化地图上清晰可见，也将整个芒果产业的地域特色紧密联系到一起，为行业推动农特产品上行提供强有力支撑，服务国家乡村振兴战略，夯实"三农"压舱石，助力经济行稳致远，真正做到事半功倍服务经济社会发展。

快递打通了农特产品上行和工业品下乡的通道，中国快递大数据平台除了刻画出农特产品的地图外，也积极搭建了快递进村的信息化平台，支撑解决农村"最后一公里"投递障碍的"快递进村"工作，助力全体人民共享社会经济发展成果、增强全体人民的幸福感和获得感。快递进村协同平台实时数据如图 4-13 所示。

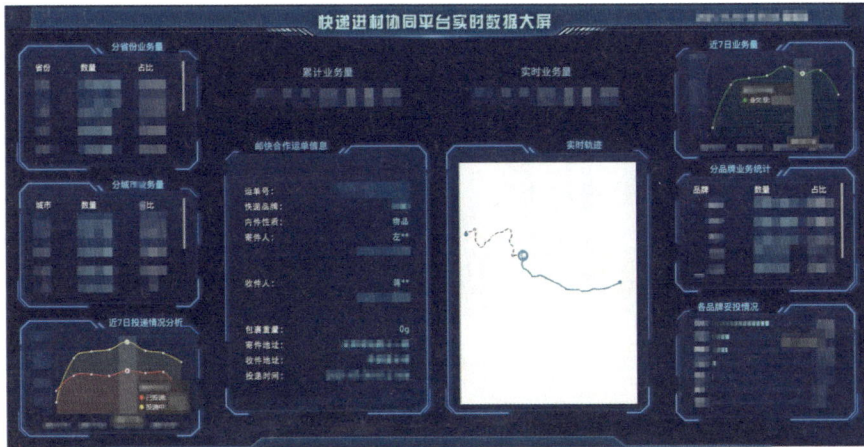

▲图 4-13　快递进村协同平台实时数据

中国快递大数据平台在服务地方经济发展层面也起到了重要的作用。浙江省义乌市一直以国际小商品而声名远扬，在传统商贸模式日渐式微、电商平台开始逐渐崛起之时，快递成为线上线下的重要连接器，义乌市也最先完成了从站上风口到找准风向的转变，借助快递行业数据为自身铺平转型道路。2016 年 10 月 21 日，在第 22 届义博会开幕之际，义乌市举办了快递数据实时分析系统上线仪式，这是全国首个快递数据分析系统在地方城市展示。义乌快递数据实时分析系统是在中国快递大数据平台基础上，根据义乌市快递的业务实际和义乌市人民政府需求定制开发的，系统建设前后历

时近半年时间，主要通过中国快递大数据平台实时计算展示义乌快递业即时数据，生动直观地展示义乌快递行业发展主要状况。义乌快递业务收入数据对比如图 4-14 所示。

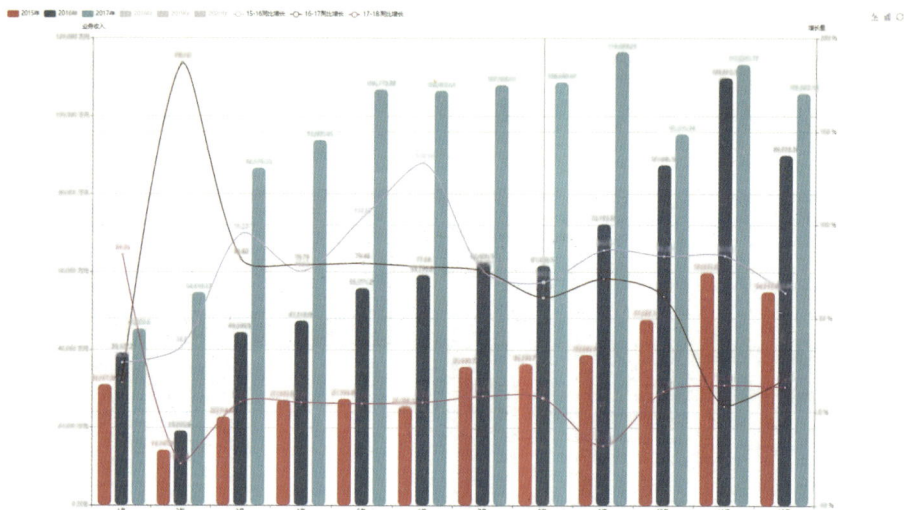

▲图 4-14　义乌快递业务收入数据对比

义乌快递数据实时分析系统功能主要包括义乌市快件业务总量实时数据、义乌市流向全国各省快件实时数据、各省流向义乌市快件量实时数据、义乌市与全国业务量最大的 50 个城市快件量实时数据等，多方位立体式反映义乌市快递的发展实况和未来趋势。

2017 年 3 月，浙江省义乌市人民政府实现了与国家邮政局邮政业安全监管信息系统实时数据的对接，并在义乌国际商贸城实时展示，有效促进了义乌市快递、电商的融合发展，开辟了行业大数据服务地方经济的先河。

得益于泉州市健全的产业结构和电商经济蓬勃发展，泉州市快递发展迅猛，泉州市成为全国首批快递示范城市，快递业务量稳居全国前十，2016 年泉州市邮政行业业务量对全国 GDP 贡献率超过 0.8%。福建省泉州市也瞄准快递数据资源这块大数据蓝海，相关部门多次前往义乌市考察快递数据实时展示系统的建设和应用效果，在此背景下，为更好地促进泉州市快递服务业发展，服务助推泉州市乃至福建省的对外贸易转型升级，泉州市与中国快递大数据平台合作，结合泉州市快递市场监管业务需求，建设具有泉州市特色的快递数据实时分析展示系统，综合监测分析泉州市辖区内快递业务运行情况，提高泉州市邮政管理部门行业监管的信息化水平和综合履职效能，更好地为履行行业监管职责提供信息化手段的支撑，为"买泉州、卖泉州"提供大数据决策依据。

泉州快递数据实时分析展示系统可实时掌握全国规模以上快递企业实时生产数据，可实现对全行业实时生产的监控和监测预警；通过该系统的数据分析研判，可为制造企业、电商商家等在调整产能、寻找商机、优化仓配方面提供实时数据支撑，对产业需求和快递行业联动发展具有重要支撑牵引作用。泉州快递数据实时分析展示系统作为城市对外展示窗口之一，有利于更好地推动泉州市快递服务业转型升级，促进上下游产业协同发展，进一步融入泉州市"互联网＋"行动，助力"智慧泉州"建设。

深度挖掘研判，服务"国之大者"

    海量寄递数据作为中国快递大数据平台的核心要素，具有连接互联网及现实生活的独特优势，近年来在疫情防控、禁毒、反恐及打击各类违法犯罪上，快递大数据发挥了越来越重要的支撑保障作用。快递数据结合自身优势将网上网下信息串联起来，实现了针对各类线索的综合分析和研判。快递大数据结合各类业务场景需求，发挥潜力、突出重点，通过深度研判分析、组建模型等方式进一步在服务国家安全、公安安全和社会治理方面持续发挥作用及效能。同时探索以用促建，针对在数据应用过程中暴露出的寄递数据质量较低等问题，推广建设快递行业可信身份认证平台，通过与公安人口库数据对接和行业可信身份认证的应用推广，力争解决虚假实名的问题，逐步去伪存真，推动补齐行业监管短板。

发挥快递大数据潜力助力疫情防控密切排查

    随着新冠肺炎疫情防控常态化，快递大数据又在疫情防控领域发挥了支撑保障作用，在排查重点人员密接、社区管控、疫情来源分析等领域实现突破。

    针对新冠肺炎的确诊病例、密接者的快速排查是控制疫情的有效手段，通过快递连接起来的独特"关系网"可以实现针对重点人员所接触人员、物品的有效排查和管控，为疫情防控提供精准支撑。同时结合快递数据，可以实现针对疫情来源的间接分析和排查，一位"涉疫人员"可能接触的包裹途径哪些省份、城市，有可能接触哪些人，流转到过哪些场所，都是疫情来源、排查管控的主要关注点，依赖于快递行业高度信息化，才能有效实现精准的排查和分析。

疫情防控已经成为各地方开展日常社会治理的重要组成部分，应用快递数据排查重点人员、重点包裹情况是信息化防控的重要步骤，为进一步服务各地政府、公安、卫健委等部门，快递大数据平台也将结合各地区疫情情况，重点分析研究高、中风险区快件流入流出情况，为提前布局、消杀、防控，寻找规律及突破点，将疫情影响降到最低。

挖掘快递大数据要素价值动态感知区域人口流动

2021 年中国快递日均服务用户接近 7 亿人次，数字惊人，快递成为居民日常生活不可或缺的部分。高频次的快递数据在补充辅助公安部门开展社会治理工作等方面发挥潜力。以寄递地址为出发点，通过寄递地址采集、自然语言处理等算法进行建模研判，再通过分析流入、流出的寄递数据开展社会治理，实现精准分析某区域内的实有人口、常住人口、外来人口数量等情况的目的。基于快递数据的鲜活性及实时性，替代原有上门核实、统计的手段，人口分析更加快速精准，是结合行业背景发挥数据潜在价值推动社会治理工作信息化建设的关键手段，也是为创新社会管理提供的新路径之一。

快递可信身份认证平台助力补齐行业实名认证短板

2016 年 6 月 1 日起，行业正式落实快递实名制管理要求，但快递服务不同于传统"柜台式"服务，市场主体众多，作业流动性强，手工登记实名信息安全性低，推动落实实名收寄制度具有较大的挑战，经过多年发展及完善，目前全行业实名率已达 99% 以上，但随着数据应用潜力的不断挖掘，数据质量不高、实名不实人、虚假实名等问题也逐步显现出来。为发挥中国快递大数据平台的创新引领作用，实现针对寄件人实名制问题的深度治理，快递大数据平台面向行业推出快递可信身份认证平台服务，平台与权威

的人口库数据对接，在行业内开展可信身份认证的应用推广。平台在快递企业揽件时对寄件人身份信息进行核验，判断其提供的身份信息的真伪性并返回至快递企业，逐步去伪存真，从寄件源头彻底解决行业虚假实名问题，推动补齐行业监管短板。

快递可信身份认证平台是中国快递大数据平台从安全监管角度建设的又一个生产型服务平台，实时连接企业生产系统，对平台的可靠性、稳定性、实时性要求极高，直接关系到行业正常生产运作。在部分企业开展试点期间，已完成了身份核验流程及运作机制的校验及探索。在实名制工作进程的持续推广道路上，可信身份认证平台将继续发挥其服务能力，逐步解决虚假实名问题，实现身份信息的实时核验。

数据研判赋能寄递渠道禁毒百日攻坚行动服务"国之大者"

快递行业的普遍性和便利性被一些不法分子利用进行跨区域走私、贩运毒品等犯罪活动，"互联网＋寄递"渠道禁毒工作面临着复杂形势和严峻挑战。中国快递大数据平台的海量数据，为深度探究行业规律、摸清行业运行状况提供了坚实的数据基础。

2021 年 9 月 1 日至 12 月 10 日，公安部、国家邮政局、国家禁毒办三部门联合开展了寄递渠道禁毒百日攻坚行动，全力打击整治寄递渠道涉毒活动。这次行动是为有效应对毒情形势，短时间内集中力量、集中攻坚开展的专项行动。快递大数据平台发挥自身优势在数据驱动、侦察打击等多方面取得了创新与突破，通过与公安禁毒部门协作配合，建立了资源共享、情况通报、线索转递、联合研判的协作机制，助力多起涉毒案件的线索排查。此次行动是快递大数据第一次主动发起参与的实战，首次变被动为战略主动，充分发挥了数据驱动、情报导查的创新作用，为后续数据研判支撑保障工作提供了样板，在情报导侦、模型研判等方面发挥了创新引领作用。

快递大数据创新应用之路征途漫漫，服务行业发展、国计民生大有可为

　　数字经济蓬勃发展，作为一种新业态、新领域，是推动经济高质量发展，实现质量变革、效率变革、动力变革的内生动力。我国大数据战略正在全面实施，数字中国建设步伐加快，全社会正全力构建以数据为关键要素的数字经济，运用大数据提升国家治理现代化水平、促进保障和改善民生。数据要素资源作为数字经济最核心的战略资源，数据应用创新之路大有可为，随着快递行业的日臻完善，新一轮信息科技革命和产业变革孕育兴起，带动了快递大数据数字技术强势崛起。中国快递大数据平台还将随着行业的发展进一步完善，优化数据结构，提升数据质量，强化大数据分析挖掘，开发更多服务行业、服务国计民生，接地气、高质量的大数据产品，更好地发挥"快递大数据＋"的社会效益，提升行业大数据的社会价值，在国家新基建建设进程中担当更多的社会责任，为国民经济高质量发展贡献更多的力量。

　　未来，快递大数据将持续走出行业，与千城百业进一步实现融合发展，既要送出更有速度、有温度和有风度的快递，也要为更多行业插上快递大数据的翅膀，助力中国经济高质量发展。中国快递大数据平台数据创新应用还有很长的路要走，还有更为广阔的空间。

第五章

"数"说快递，"快"看中国

历经高速增长的快递行业,早已不是单纯传递信物的传统产业,特别是后疫情时期,数字经济已经深度融入每一个中国人的日常生活,作为数字经济重要基础设施,快递已经成为连接千城百业,联系千家万户的民生行业。与此同时,已经基本实现全流程数字化的中国快递所积累的大数据要素已经成为观测行业运行、经济发展和社会运转的重要窗口。快递大数据与经济增长、乡村振兴、假日经济以及城市人口演变等有什么关系? 从这一个小小的包裹背后,我们试图通过大数据这个切口和全新角度来解码这其中蕴藏着的规律。

快递大数据，各地经济发展的"晴雨表"

2021 年，快递业务日均约 3 亿件。快递业务的高速增长得益于中国经济的持续向好，同时也反映了线上人群强大的购买力。从国家邮政局实时监测的快递数据中，不但能够看到我国快递市场的发展韧性、蓬勃活力和增长潜力，还彰显了邮政快递业在促进消费和畅通经济循环中的重要作用。

对于人们来说，在解决温饱问题后，只要收入持续增加，就会促进主动消费。有人消费的地方就有人提供服务，更多人消费就会有更多人提供服务，这样势必会带动当地其他产业发展。

一个地方人们消费水平持续提高，说明这里人均收入也相对较高，进而体现出当地经济在健康有序地发展。快递行业牵动制约着各个行业。在网购日渐盛行的今天，快递行业快速发展成为观察人均消费情况和当地经济发展情况的"晴雨表"。而人口不断增加又为这一情况增加了助推力，即人口增加、人民收入增加、当地经济持续向好。

2021 年，我国发布了第七次全国人口普查公报（以下简称"公报"）。根据公报显示，目前全国共有 18 座城市的人口超千万。在新时代，对城市来说，有人才有未来。人，是一座城市能否可持续发展的内生动力，而快递就是服务于未来经济发展的内生动力。快递助力生产，促进消费，服务民生，快递业是国家重要的战略性基础设施和社会组织系统，与城市发展、居民生活有着千丝万缕的联系。

（1）在哪工作，点亮的城市夜空

根据公开数据，18 座人口超千万的城市以人口数排名依次为重庆、上海、北京、成都、广州、深圳、天津、西安、苏州、郑州、武汉、杭州、临沂、石家庄、东莞、青岛、长沙、哈尔滨。根据第七次全国人口普查数据，全国共有 141178 万人，上述 18 座城市人口合计 27468 万人，占全国人口的 19.46%。近 20% 的人在占全国 3.16% 的土地上奋力拼搏，贡献了占全国超 30% 的 GDP。千万人口城市主要数据占全国比重如图 5-1 所示。

第七次人口普查/万人	城市面积/km²	2020年GDP/亿元	2020年快递业务量	2020年快递投递量	2020年快递业务收入
19.46%	3.16%	30.35%	42.92%	30.46%	55.98%

▲图 5-1　千万人口城市主要数据占全国比重

从快递大数据来看，千万人口城市在快递行业发展上也有突出表现。大数据分析，18 座城市中的快递网点数占全国快递网点数的比重超过 20%，超 30% 的快递员在这些城市辛勤耕耘，创造了邮政快递业超 40% 的快件量和超 50% 的行业收入。从整体上来看，千万人口城市主要为直辖市及部分省会城市，同时珠三角经济圈和长三角经济圈有多座城市人口超千万，其中广东的广州、深圳、东莞三地市人口均超千万。18 座千万人口城市中除哈尔滨外，其余城市快递业务量排名均在全国前 50 位，哈尔滨也是人口超千万城市中唯一一个人口出现负增长的城市。

可以说，人口聚集的城市相对来说经济较为繁荣，也是快递行业发展的主力城市。

我们可以得出这样一个结论：一座城市的经济发展会随着产业结构的调整而发生变化，尤其是互联网经济的影响使外向型城市对快递的依赖度加深。

在主要城市的经济结构中，电商快递的支撑作用较为突出。随着数字经济的发展，融合线上线下消费的场景日益丰富，使得电商经济和快递经济在地方经济的发展中扮演着越来越重要的角色。上海、广州、东莞、深圳等地高度依赖快递行业促进经济发展和商品流通，快递收入占所在地区 GDP 比重远高于全国平均水平，且该占比在 2019 年的基础上持续提升。上海提升0.3%，东莞提升 0.4%，深圳提升 0.29%。杭州近年大力发展电商业务，其快递业务收入占地区 GDP 比重为 2.28%，比 2019 年提升 0.15%。

与此同时，随着地方经济产业结构不断优化，千万人口城市大多为外向输出型城市，呈现"揽收大于投递"的外向型经济特征。

（2）在哪生活，缩短的城乡差距

过去 10 年，航空产业快速发展，高铁、高速公路路网持续完善，这为人口流动和多元化就业提供了基础条件。而随着区域中心城市不断建设，城镇化进程加快，千万人口城市数量由 2010 年的 11 个增至 2020 年的 18 个，除了我国人口基数由 2010 年的 13 亿增加至 2020 年的 14 亿的人口增量因素外，便是区域中心城市的建设对周边省市甚至全国人口形成虹吸效应。

全国范围内，除了哈尔滨人口出现负增长外，其余千万人口城市规模均有大幅增加。在千万人口城市中，除了石家庄，千万人口城市人口规模占全国比重均有提升，深圳、广州、成都的提升幅度在 0.4% 左右。省内、区域内虹吸作用更为突出，西安、武汉、成都、长沙、深圳等城市的人口占其省份总体人口规模的比重较 10 年前增加超 4%，各省内人口大量向以上城市聚集。

与人口虹吸作用明显相反的是，快递行业近年发展日趋成熟，不仅在大型城市有密集、快速的收发转运基础设施，更早已将服务触点伸向三、四线下沉市场及中部和西部的偏远地区。

千万人口城市的快递业务量、投递量占全国比重及占各自省份的比重均在下降，产业向周边卫星城市转移，快递作为衔接线上线下消费的渠道，无形中抹平了一、二线城市和下沉市场之间的消费鸿沟，快递行业发展由点及面，向全面均衡发展演进。

（3）在哪养老，已然到来的老年经济

伴随医疗及养老体系逐渐完善，我国居民人均预期寿命从 2015 年的 76.3 岁提高到 2019 年底的 77.3 岁。也就是说，4 年提高了 1 岁。随着人均寿命的延长，"人口老龄化""养老""居家养老"等问题不断涌现。

老年人出行不便，但随着互联网和网购的普及，快递成为他们购物消费的重要渠道，子女也选择通过快递方式为长辈父母选购商品，表达孝心。快递员上门投递，为老年人提供便捷的快递服务。

以哈尔滨、临沂、青岛、天津及重庆等 60 岁以上人口比重超过全国平均水平（18.7%）的城市为例，以上城市快递投递量 2020 年与 2019 年同期保持高水平增长，增长均在 30% 以上，远超其他千万人口城市。如何为老年人提供周到、暖心的服务将成为快递从业者的新机遇。

（4）新维度，快递成为城市经济发展重要衡量指标

城镇化率一直是判断城市发展程度的重要指标。高度城镇化的区域往往人口密集。深圳作为 100% 城镇化的代表城市，每平方千米生活着近 9000 人。

通过快递大数据，我们可以发现，一座城市的人均快递投递量与该城市的城镇化水平高度相关。可以说，一座城市城镇化水平越高、人口越密集，人们越倾向于通过快递实现线上线下消费。很大程度上，快递的投递、消费是一座城市公共基础设施、交通网络、服务资源及人们消费能力的集中体现，是对一座城市综合实力的侧面反映。

城市的灵魂在于人才，数字浪潮下，人们的社会经济活动加速线上化，快递作为线上、线下的重要连接器，快递大数据也从全新维度反映了一座座城市的运行规律，其背后蕴含着重要而深刻的价值。

本文节选自《快递》第 2021 年 6 月期《你所不知道的千万人口城市快递大数据》。

携手抗疫，"逆行"的中国快递

2020 年的春节，因新冠肺炎疫情而变得不同寻常。在全国人民一致抗疫时，快递行业作为经济社会"大动脉""微循环"里的"先行官"，在这一场战役中发挥了重要作用。下面，我们将从快递大数据的视角，回顾那一场惊心动魄的战斗。

第一个过程是 2020 年 2 月 7 日前，即春节假期期间，其中又以 2020 年 1 月 31 日（正月初七）为一个小分割点，呈现出不同的运行规律；第二个过程是 2 月 7 日后全行业进入复工复产的全面调整阶段。

第一个过程总体特点是春节前期快递需求增加，揽收量、投递量双升，快递行业重点企业"春节无休"协助防治疫情、递送防疫物资。2020 年 1 月 31 日（正月初七）起各行各业延迟开工，快递业发展受限，揽收量、投递量同比大幅下降。

第二个过程总体特点是全行业恢复台阶式艰难爬坡，揽收有波折，投递稳步持续提升。这与疫情在全国的扩散和分布密切相关，与确诊病例的地区和全国各地的防疫政策也高度正相关。

春节前期，随着疫情快速扩散，全社会高度紧张，快递成为最安全高效的物资流通手段。快递行业提前开工，"春节无休"，各类生活必需品及医疗物品通过快递送达市民手中。其中，2020 年 1 月 23 日（腊月二十九）至 2020 年 1 月 27 日（正月初三），全国快递量同比增长高达 89.55%，2020 年 1 月 28 日（正月初四）至 2020 年 1 月 30 日（正月初六）日均揽收同比增长 13.29%，日均投递同比增长 82.22%。

往年快递业务量在正月初四后回升，随着正月初七各行业全面复工，快递业迎来暴发式增长。受疫情影响，快递业整体恢复能力受限，2020 年 1 月 31 日（正月初七）至 2020 年 2 月 3 日（正月初十）日均揽收同比下降 72.97%，日均投递同比下降 50.41%。2020 年 2 月 4 日（正月十一）至 2020 年 2 月 7 日（正月十四）差距进一步扩大。各行业及部分快递企业延迟复工导致快递业务需求和快递揽收能力下降的情况开始出现。从分日趋势上看，2020 年每日业务发展趋势明显放缓，2020 年 2 月 4 日（正月十一）出现环比负增长的情况。虽然 2019 年同期也出现环比前日负增长的波动情况，但从总体上来看，2020 年节后快递市场业务增幅明显低于 2019 年同期。

顺丰、京邦达在春节期间承担了大部分的快递业务，顺丰快递业务量同比增长 81.53%，京邦达快递业务量同比增长 57.86%。

快递行业放弃了春节主要假期，承担起在疫情期间支撑社会正常运转中坚力量的社会责任，承担运输、传递防疫物料的任务。

顺丰和京邦达在春节假期中率先发力，揽收量同行业领先，在 2020 年 1 月 31 日（正月初七）后保持高增长态势，双双比 2019 年实现快递业务正增长，而其他快递企业受疫情影响延后开工，2020 年同期揽收量低于 2019 年。

疫情严重的省份一般为快递大省，快递业务受负面影响更加明显。快递揽收受制造业停工影响出现下跌，但人们的快递需求不减反增，希望通过快递来获取生活及防疫物资。以累计报告确认病例较多的省份为例，湖北、浙江、广东三省疫情同步影响其快递业务发展。

湖北省 2020 年春节期间揽收量同比下滑 92.44%，浙江省同比下滑 83.48%，广东省同比下滑 55.92%，其中湖北省及浙江省下滑幅度超全国平均水平，投递情况类似。通过各区域和 2019 年同期数据比较可发现，湖北省由于最先暴发疫情，最早出现相较 2019 年负增长情况。其他省份前期增长

较高，随着疫情发展和延迟开工，先后出现同比负增长。

国家邮政局 2020 年 2 月 7 日启动全行业有序复工复产计划，按照"四个确保""三个优先"和"梯度推进"工作安排，提出第一阶段恢复四成产能的复工复产目标。2020 年 2 月 21 日，国家邮政局再次下发通知，正式启动第二阶段复工复产工作，力争月底前行业产能恢复到六成以上。

根据国家邮政局监测数据显示，至 2020 年 2 月 18 日，全行业揽件量达 1.2 亿件，投递量达 8000 万件，提前实现了服务能力恢复到四成的第一阶段目标。截至 2020 年 2 月 28 日，全国快件日揽收量和投递量分别达 1.62 亿件和 1.6 亿件，复产率分别达 81% 和 80%，超额完成第二阶段复工复产目标。2020 年 2 月 29 日全行业揽收和投递同比首次出现比 2019 年同期正增长情况。

2020 年 3 月 5 日首次出现了揽收量达到日常均量水平，2020 年 3 月 9 日首次出现了投递量达到日常均量水平，这与三八妇女节前后密切相关，是全行业复工复产的一个重要转折节点。

2020 年 2 月 29 日，全国揽收恢复比例从 63% 提升至 84%，而投递则由 57% 提升至 92% 左右，比 2019 年开工后同期分别增长 7.83% 和 11.27%。2020 年 2 月 20 日，全国揽收恢复比例从不足 40% 提升至 63%，创 2 月 10 日快递业全面复工以来新高，投递量由 20% 提升至常量的 57% 左右，比复工前提升 36% 左右，快递行业整体呈快速恢复趋势。

2020 年 2 月 10 日～20 日，揽收恢复过程总体上可分为 3 个阶段。

第一过程为 2020 年 2 月 10 日至 14 日，其中 2020 年 2 月 14 日达到阶段峰值 54.04%；第二过程为 2020 年 2 月 15 日至 16 日，恰逢周末，业务量恢复比例出现短暂下滑；第三过程为 2020 年 2 月 17 日后，快递业务量在第一过程峰值的基础上逐日提升至 62.98%。复工后 3 个阶段整体递增，比复工前提升 38% 以上，投递量恢复至常量的 57.46%，整体提升速度稳定。

从应对本次新冠肺炎疫情来看，快递行业有较强大的应急能力和组织能力，虽然从恢复的时间来看比往年拉长不少，但是也并不全是行业本身的力量所能解决的，还受限于上游电商平台的恢复情况，即其及时发货的能力。

按照电商平台的作业逻辑，年前一波"年货节"后，大部分卖家和负责发货的工人回家过年，疫情来袭后大部分卖家特别是仓库的发货工人无法按时返回岗位，同时很多仓库受疫情影响也被当地政府限制开工，电商的日发货能力受到极大影响，日均发货量比 2019 年同期下滑严重，幅度接近 20%。直到 2020 年 2 月 27 日电商日均发货量才恢复到 2019 年同期水平，电商的恢复速度显然影响了快递行业的恢复速度。

2020 年 2 月 10 日以来，全网 3 天内妥投率持续处在较低水平，最高不足 40%，大部分时间在 30% 左右，比往年同期降低达 30%。2020 年 2 月 20 日全网 3 天内妥投率也仅为 34.46%，一直持续到 2020 年 2 月 25 日才恢复到 40% 以上，到 2020 年 2 月 29 日仍然没有突破 50%，投递时效恢复缓慢。快递企业在恢复正常运营过程中，主要分为以下两种情况。

（1）分企业

中国邮政、顺丰、京邦达、苏宁在第一阶段恢复常态，近期恢复速度较为稳定，稳居第一梯队。"通达系"恢复过程较为漫长，截至 2020 年 2 月 20 日恢复五成左右，处于第二梯队。中小企业恢复速度较慢，恢复过程中存在比较困难的现象，处于第三梯队。总体来看，虽然恢复正常花费的时间长了一些，但一旦上了轨道，后续恢复动力还是比较强劲的。截至 2020 年 2 月 29 日，"通达系"恢复良好，其中，中通和韵达恢复至九成以上，其他已经恢复了六至八成。截至 2020 年 3 月 5 日，中通和韵达完全恢复，其他已经恢复了八至九成。

（2）分地域

随着全国范围内疫情得到有效控制，除了湖北省所在的华中地区，其余地区累计病例占比不断降低。同时，各地区业务量恢复比例比复工前均有明显提升且不断走高。随着浙江、江苏、福建等省（自治区、直辖市）的各类企业陆续复工，华东地区业务结构占比不断增加。

截至 2020 年 2 月 20 日，西南地区、东北地区等远离疫情重灾区的区域业务量恢复较好，华东地区恢复比例为 65.27%，其业务量占全国业务量的 46.85%。华南地区恢复比例为 72.47%，其业务量占全国业务量的 27.04%。华中地区业务量恢复仅为 47.46%。

截至 2020 年 2 月 29 日，西南地区、华南地区等远离疫情重灾区或复工工厂密集区域业务量恢复较好。华东地区恢复比例为 83.3%，华南地区恢复比例为 95.44%，华中地区业务量恢复仅为 65.4%。截至 2020 年 3 月 5 日，除西北和华中地区业务量分别仅恢复九成和八成，西南、华南、东北、华东、华北地区已经恢复正常。

除了湖北、新疆、西藏，其余各省（自治区、直辖市）日均揽收量均已恢复 50% 以上，其中海南、广西、重庆、四川、云南、湖南、辽宁 7 省（自治区、直辖市）已超 2019 年同期常量，山东、广东、吉林、安徽、贵州恢复比例超 90%。根据开工以来各省（自治区、直辖市）累计确诊病例增长情况，各地整体呈现"疫情控制较好的省（自治区、直辖市）快递业务恢复比例较高"的规律。

以浙江为例，自开工以来至 2020 年 2 月 29 日，业务量恢复至常量的近八成，这与浙江当地政府在"刹车"后推出一系列包机、包车、开行专列等复工政策密切相关。截至 2020 年 3 月 5 日，共有 21 个省（自治区、直辖市）恢复甚至超越常量，湖北、新疆分别恢复至一成和三成，其余省（自治区、直辖市）都在六到九成。

　　相较于业务量，全国各省（自治区、直辖市）投递量恢复更为全面均衡。截至 2020 年 2 月 29 日，海南、青海、四川、云南、甘肃、贵州、广西、重庆、安徽、河南等省（自治区、直辖市）投递量恢复比例超 100%。随着返程人流持续增加，人口密集省（自治区、直辖市）的投递派件压力明显增加。截至 2020 年 3 月 9 日，已有 27 个省（自治区、直辖市）投递量恢复甚至超越常量，湖北、新疆、西藏和黑龙江分别恢复一成、五成、六成和八成。

本文节选自《快递》第 2020 年 4 月期《大数据复盘"逆行"的快递业》。

年业务量 833.6 亿件，中国快递化"危"为"机"

国家邮政局监测数据显示 2020 年伊始，1 月和 2 月快递业务量受春节和新冠肺炎疫情的双重影响出现同比负增长。人员流动受阻，快递成为日常物资供应最为安全高效的手段，各种生活必需品及医疗物品通过快递送达人们手中。其中，大年二十九（1 月 23 日）至初三（1 月 27 日），全国快递量同比增长 89.55%。

往年快递业务量在正月初四后才有回升，随着正月初七全面复工，快递行业迎来快速恢复。而 2020 年各行业延迟复工，快递业务需求下降，部分快递企业延迟复工在一定程度上影响快递行业整体恢复速度。

可以说，新冠肺炎疫情在一定程度上改变了广大人民群众的消费习惯，消费需求从线下加速转向线上，也由此加快了快递业的发展。

2020 年 3 月，快递业务量累计增长扭负为正，"618"迎来疫情发生以来第一个电商促销日，6 月 1 日至 18 日快递业务量 46.78 亿件，同比增长 48.66%，有效助推了消费复苏。截至 2020 年 9 月累计增长已反超 2019 年，"双 11"当日快递量 6.75 亿件，刷新了历史纪录。

400 万快递人共同努力，快递业交出了一份漂亮的成绩单——从 2020 年 9 月 10 日的 500 亿件，到 2020 年 10 月 18 日的 600 亿件，再到 2020 年 11 月 16 日的 700 亿件，更是在 2020 年 12 月 21 日突破 800 亿件。2020 年全国累计业务量及累计增长情况如图 5-2 所示。

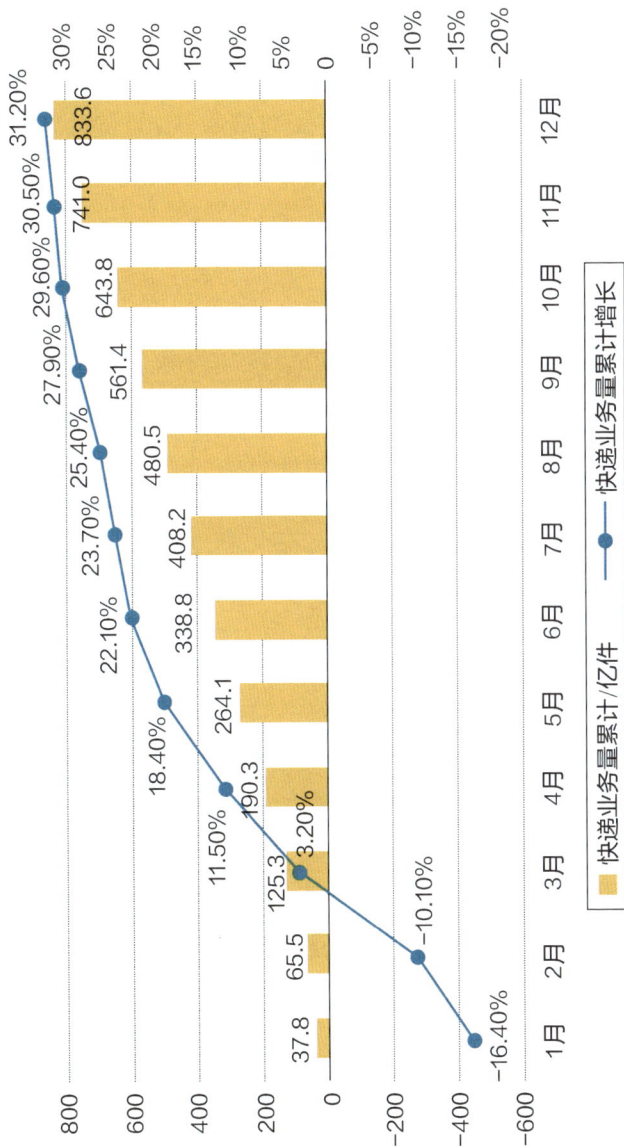

▲图 5-2　2020 年全国累计业务量及累计增长情况

经过多年的高速增长，快递行业业务量基数大，年业务量绝对值增加上百亿件，年增长比例由"超 50%"的高速增长向"25% 左右"的平稳增长区间转型。受新冠肺炎疫情影响，2020 年快递业重回高速增长区间，10 月、11 月、12 月分别比 2019 年同期增长 43.02%、36.52%、37.41%。2020 年快递业务量累计 833.6 亿件，实现跨越式发展，直接跨过 700 亿件大关。2020 年快递业务量累计增长 31.2%，创 4 年来新高。

2020 年浙江、广东、上海、北京人均快递业务量超百件。其中，浙江全年人均快递业务量 307 件，比第二名广东的 192 件超百余件。上海、北京虽人均快递业务量规模较大，但业务量同比增长不足 10%。主要城市中，深圳、广州人均快递业务量较为突出，杭州、上海、厦门等城市的人均快递业务量也超百件。2020 年部分城市人均快递业务量情况如图 5-3 所示。

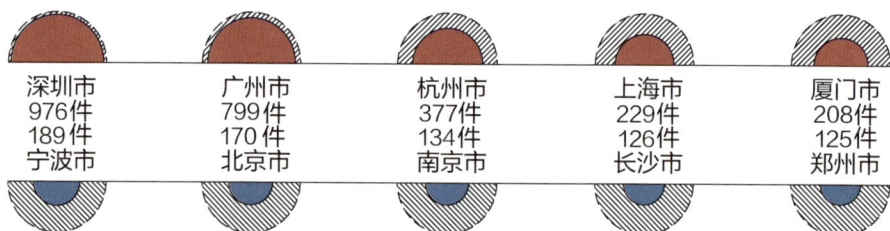

深圳市 976件	广州市 799件	杭州市 377件	上海市 229件	厦门市 208件
189件 宁波市	170件 北京市	134件 南京市	126件 长沙市	125件 郑州市

数据来源：国家邮政局

▲图 5-3　2020 年部分城市人均快递业务量情况

2020 年疫情暴发前期，顺丰、京邦达、EMS 等自营体系快递企业响应速度更快，快递行业 CR8 指数一度高达 86.4。但随着社会各行各业复工复产进程加快，快递行业 CR8 指数逐月趋稳，12 月年累计 CR8 指数收至 82.2，而 2016 年仅为 76.7，5 年来市场规模进一步向头部企业集中。

中部和西部地区特别是三、四线城市快递市场的成熟，以及电商平台流量的集中，更是不断挤压中小型快递企业的生存空间。与快递业务量同比增长出现拐点、增长提速相比，快递行业的收入增长却在放缓。量增利降是行业竞争白热化的重要标志。为用户提供物美价廉的快递服务是必然趋势，如何通过智能化、大数据实现提质增效就成为摆在各家企业甚至整个快递行业面前的重要课题。

本文节选自《快递》第 2021 年 1 月期《数望 2020 与 2021》。

从快递大数据看 2020 年中国经济复苏

后疫情时代下，网络购物成为中国人最为依赖的购物渠道之一。快递业在经历短暂的阵痛期后迅速恢复。无论是在冷链运输、航空货运，还是在内部管理机制上，行业调整迅速，积极克服短时人手不足、交通阻塞等方面的影响，服务社会经济的能力不断增强。从企业方面来说，头部企业在内部管理机制、相关科研投入、基础设施投入等方面不断完善、优化，功能性进一步增强，已经逐步成为重要的社会组织保障系统和服务网络，承担着越来越多的社会责任。

新冠肺炎疫情散点暴发，针对快递包装消毒已经成为快递企业运输过程中的常规操作，但随着各种操作升级，全网的运输时效性也受到了一定的影响。通过快递大数据分析可知，随着 2020 年年初疫情发展加上年底用工等多重因素的影响，快递妥投率受到一定影响。2020 年 12 月底以来，快递妥投率整体呈下浮趋势。

春节网上采购、网上送礼成为 2021 年春节的主流方式。除了河北省、黑龙江省，其他省（自治区、直辖市）的快件投递量同比增长基本均在 40% 以上。其中，东部、中部、西部快递投递量增长分别为 33%、35%、42%，西部增长最多。食品、服装、日用品或成为采购主流，跨省流动人员减少，取而代之的是特殊的"快递年味"，或许春节聚会的机会少了，但在快递的助力下年味及关心不降温。

2020 年，社会消费品零售总额自年初起同比负增长，之后逐月稳步趋正。相较于新冠肺炎疫情对线下实体消费的巨大冲击，线上市场在疫情之下焕发出新的活力，直播带货、短视频引流等方式层出不穷，线上经济率先吹起回暖复苏的号角。网上零售额至 3 月已经实现累计同比正增长，截至 10 月累计同比增长 10.9%。根据国家邮政局发布的数据，截至 2020 年 11 月，全国快递业务量 741.04 亿，同比增长 30.5%，规模增加 183.16 亿件。

快递早已不仅是线上消费全流程中的重要环节，更在"后疫情时代"成为人们新的生活方式。2020 年，快递业务增幅明显高于网上零售额，凸显了快递行业作为国家重要基础设施的战略地位和行业充沛的上升动力；作为社会的重要组织系统之一，中国快递在"双循环"中的"打通上下游、畅通微循环"作用开始显现。2020 年快递业务量、网上零售额、社会消费品零售总额累计增长情况如图 5-4 所示，2020 年国内生产总值、快递业务量、快递业务收入累计增长情况如图 5-5 所示。

面对 2020 年新冠肺炎疫情的巨大冲击和复杂严峻的国内外环境，全国GDP 在第一季度出现负增长，同比增长 −6.8%。邮政快递业作为服务生产生活、促进消费升级、畅通经济循环的现代化先导性产业，快递数据在很大程度上与经济发展和人民生活高度相关。2020 年第一季度快递业务收入同比增长 −0.6%，罕见出现负增长。然而，邮政快递业承担着输送日常生活及防疫物资的重担，快递业务规模同比增长虽然出现近年来最低值，但仍保持 3.2% 的正增长。

在党中央的科学领导和合理部署下，各地区、各部门统筹疫情防控和经济社会发展，有力推动生产生活秩序恢复，2020 年上半年 GDP 累计增长 −1.6%，努力弥补疫情造成的影响。截至 2020 年 9 月底，前三季度的经济增速由负转正，实现累计增长 0.7%。在此之前，快递业已先于其他行业实现快速恢复甚至快速增长。

经历了第一季度的短暂低谷，第二季度快递业务量逆势增长，同比增长 36.8%，第三季度保持高位运行，同比增长 37.9%，均创近 4 年新高。从 2020 年 9 月 10 日的 500 亿件，到 10 月 18 日的 600 亿件，再到 11 月 16 日的 700 亿件，中国快递年业务量实现了"三连跳"，是中国经济在全球率先复苏、国内消费回暖的最直接表现。近年各季度快递业务量同比增长趋势如图 5-6 所示。

月份	快递业务量累计增长	网上零售额累计增长	社会消费品零售总额累计增长
1～2	-10.10%	-3.00%	-20.50%
3	3.20%	-0.80%	-19.50%
4	11.50%	1.70%	-16.20%
5	18.40%	4.50%	-13.50%
6	22.10%	7.30%	-11.40%
7	23.70%	9.00%	-9.90%
8	25.40%	9.50%	-8.60%
9	27.90%	9.70%	-7.20%
10	29.60%	10.90	-5.90%
11	30.50%		

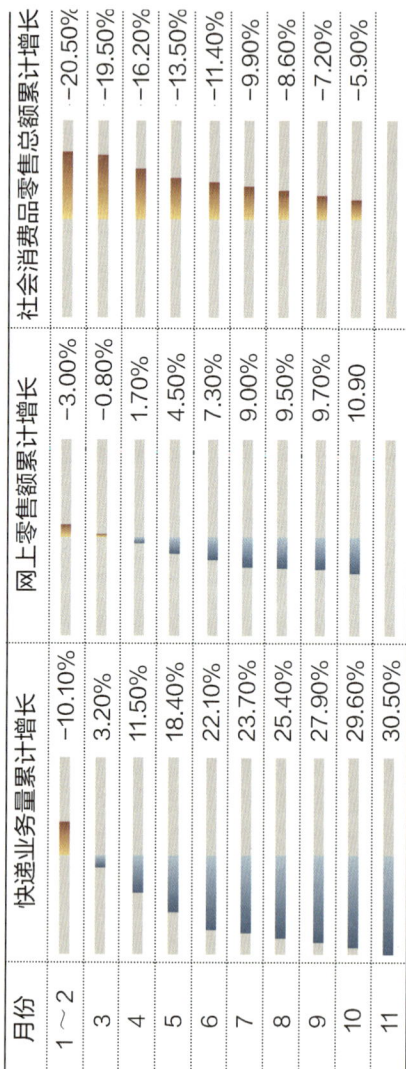

▲图 5-4　2020 年快递业务量、网上零售额、社会消费品零售总额累计增长情况

快递业务量、社会消费品零售总额、网上零售额累计增长情况

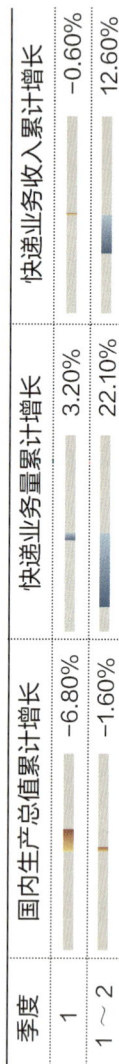

季度	国内生产总值累计增长	快递业务量累计增长	快递业务收入累计增长
1	-6.80%	3.20%	-0.60%
1～2	-1.60%	22.10%	12.60%

▲图 5-5　2020 年国内生产总值、快递业务量、快递业务收入累计增长情况

年份	第一季度		第二季度		第三季度	
2014		51.90%		55.20%		49.00%
2015		41.70%		44.60%		50.60%
2016		56.40%		56.80%		49.60%
2017		31.50%		30.00%		28.40%
2018		30.70%		25.00%		25.40%
2019		22.50%		28.40%		27.60%
2020		3.20%		36.80%		37.90%

数据来源：国家邮政局

▲图 5-6 近年各季度快递业务量同比增长趋势

2020 年 1 ~ 11 月快递业务量及与 2019 年同比增长比较如图 5-7 所示。综观 2020 年 1 ~ 11 月各月快递业务量，1 月、2 月和 4 月是 3 个关键节点：1 月同比负增长，2 月同比增长扭负为正，4 月起每月增长均反超 2019 年同期。

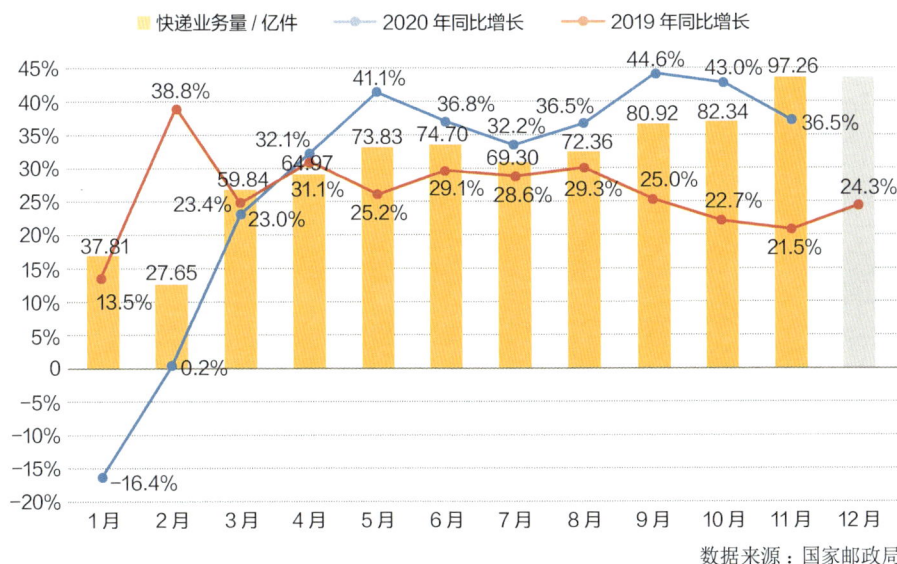

数据来源：国家邮政局

▲图 5-7 2020 年 1 ~ 11 月快递业务量及与 2019 年同比增长比较

2020 年 1 月受春节假期及新冠肺炎疫情的双重影响，快递业务量同比增长 -16.4%；2 月起各行业为抗击疫情延迟复工，社会被按下了"暂停键"，

但快递是运送防疫物资和居民生活保障必需品的重要渠道，不但没有暂停，反而被按下了"加速键"，仅 2 月快递业务量与 2019 年同期持平；3 月随着疫情得到有效控制，各行业逐步有序复工复产，消费市场线上线下融合加速，当月同比增长 23%，追平 2019 年同期。

随着社会经济全面复苏、消费市场回暖，快递单月业务量及同比增长再创新高，2020 年 4 月和 5 月快递业务量同比分别增长 32.1% 和 41.4%。随着国外疫情暴发及北京等地疫情反复，2020 年 6～7 月快递业务规模及同比增长出现短暂下滑，8 月后再次进入上升区间，11 月迎来 2020 年"双 11"两轮促销，使快递业务量达到 2020 年峰值。新冠肺炎疫情暴发，湖北的经济及快递业务恢复压力较大，1～2 月湖北基本停工抗疫，快递业务量锐减七成。疫情过后，湖北各行各业逐渐重启。3 月起降幅缩窄，4 月湖北省快递业务量 1.27 亿件，同比上升 0.7%，当月同比增长自 2020 年来首次回正。整体上湖北的快递业务量恢复比全国滞后 2 个月。

全国对湖北的支援不仅体现在疫情防控上，也体现在经济发展上。从春天荆州的莲藕，到夏天潜江的小龙虾再到秋天宜昌的柑橘、脐橙，全国人民用购买力"拼"出湖北的生产恢复。截至 2020 年 10 月，湖北省快递业务量累计 13.2 亿件，同比增长 0.6%，实现 2020 年以来湖北快递业务量累计增长首次转负为正，11 月累计增长提高至 3.3%，快递业务恢复持续向好。

受疫情反复影响，各省（自治区、直辖市）经济发展及快递业务发展呈现波段减速态势。截至 2020 年 10 月，快递业务量同比增长靠后的省（自治区、直辖市）主要集中在湖北、上海、北京、新疆等疫情严重或出现反复的区域，其地区的生产总值也受到较大影响。上海作为境外航班入境主要城市，承担了较大的境外疫情输入压力，快递业务总量 2020 年增长乏力，至 10 月累计增长首次翻正。北京受 5 月、6 月新发地疫情二次暴发的影响，6 月起增速放缓，7 月起累计增长不升反降。新疆 7 月出现疫情反复，当月业务量即出现负增长，8 月累计增长倒退至 3.5%。部分省（自治区、直辖市）生产总值及快递业务量同比增长情况如图 5-8 所示。

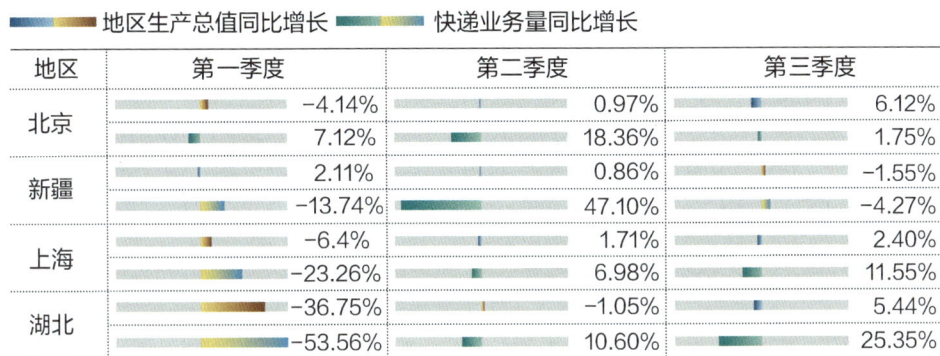

地区	第一季度		第二季度		第三季度	
	▬▬▬ 地区生产总值同比增长		▬▬▬ 快递业务量同比增长			
北京		-4.14%		0.97%		6.12%
		7.12%		18.36%		1.75%
新疆		2.11%		0.86%		-1.55%
		-13.74%		47.10%		-4.27%
上海		-6.4%		1.71%		2.40%
		-23.26%		6.98%		11.55%
湖北		-36.75%		-1.05%		5.44%
		-53.56%		10.60%		25.35%

数据来源：国家邮政局、国家统计局

▲图 5-8 部分省（自治区、直辖市）生产总值及快递业务量同比增长情况

海南抓住发展机遇期，大力发展特色农产品及离岛免税业务，快递业务高速增长。海南呈现反季节销售的特征，不仅抓住了芒果、菠萝等热带瓜果冬季销售旺季的重要发展窗口，增长超全国平均水平，还抓住了离岛免税业务这一重要经济发展契机，大力发展免税经济，前三季度快递业务持续保持高速增长。

云南、广西、四川、山东、重庆等省（自治区、直辖市）也借助中国快递的力量在 2020 年 2 月、3 月的经济复苏中表现不俗，各省（自治区、直辖市）快递业务量均实现 2 月与 1 月业务量相对持平，3 月与 2 月相比成倍增长。云南、广西、广东、山东等省（自治区）的木瓜、枇杷、樱桃等瓜果新鲜上市，四川、重庆的火锅底料等特色商品也在疫情防控期间"宅经济"的作用下通过快递发往全国。31 个省（自治区、直辖市）快递业务量累计增长情况见表 5-1。

表5-1　31个省（自治区、直辖市）快递业务量累计增长情况

区域	1月	2月	3月	4月	5月	6月	7月	8月	9月	10月	11月
山西	-5.2%	44.4%	53.4%	56.7%	61.9%	61.1%	52.1%	45.0%	52.4%	43.0%	44.8%
海南	-13.2%	42.7%	52.6%	85.2%	96.5%	59.6%	37.1%	35.9%	43.0%	44.5%	56.7%
宁夏	6.6%	38.6%	35.9%	45.5%	52.9%	53.8%	42.2%	57.2%	59.4%	55.0%	68.3%
辽宁	-9.2%	38.4%	29.9%	38.2%	44.3%	42.2%	42.3%	52.7%	53.7%	51.0%	51.5%
云南	-11.9%	36.3%	44.4%	55.9%	58.5%	68.0%	61.0%	59.2%	49.4%	30.3%	43.9%
广西	-15.2%	29.1%	28.5%	43.0%	39.8%	55.0%	35.5%	35.1%	57.1%	63.0%	30.7%
西藏	-11.7%	27.9%	14.4%	27.2%	42.2%	47.9%	39.5%	36.8%	33.0%	32.6%	45.8%
吉林	-12.0%	27.2%	53.7%	69.1%	55.0%	58.1%	52.7%	56.8%	62.3%	46.0%	37.9%
甘肃	0.6%	20.7%	39.4%	51.9%	50.0%	46.9%	42.6%	26.3%	37.9%	14.9%	33.3%
湖南	-8.0%	19.8%	48.1%	47.2%	44.9%	39.5%	34.8%	52.2%	57.7%	55.1%	49.6%
北京	-2.8%	19.3%	9.3%	13.3%	23.2%	18.6%	4.3%	-2.3%	3.3%	-6.8%	-0.7%
四川	-18.8%	15.6%	21.3%	25.4%	24.0%	24.5%	14.7%	19.9%	35.8%	25.1%	18.1%
山东	-3.4%	15.4%	47.9%	55.4%	57.1%	49.6%	45.1%	54.4%	58.8%	49.8%	40.3%
广东	-11.1%	12.8%	20.3%	24.2%	37.5%	35.0%	32.5%	36.9%	42.3%	52.2%	38.5%
福建	-9.7%	10.2%	23.8%	28.9%	35.8%	31.7%	32.6%	39.6%	45.1%	40.5%	32.7%
青海	-14.8%	7.2%	18.2%	21.5%	15.7%	25.7%	20.0%	31.1%	43.7%	34.7%	45.8%
重庆	-13.9%	0.3%	32.8%	25.0%	34.1%	42.8%	27.7%	29.9%	37.9%	47.8%	50.0%
陕西	-15.5%	-3.4%	33.2%	43.3%	40.8%	35.1%	31.5%	23.4%	31.0%	16.8%	29.9%
内蒙古	-15.5%	-3.7%	31.6%	40.4%	40.0%	44.9%	42.1%	44.2%	62.7%	52.5%	47.3%
河南	-6.2%	-4.4%	38.8%	51.3%	53.7%	56.2%	49.7%	55.1%	62.5%	56.7%	52.3%
江西	-11.4%	-5.0%	27.2%	39.0%	43.5%	49.0%	43.9%	45.3%	75.5%	43.2%	63.9%
安徽	-11.7%	-5.4%	38.6%	52.1%	56.4%	47.7%	39.0%	48.7%	61.7%	51.6%	44.9%
浙江	-19.7%	-7.5%	25.3%	37.3%	54.1%	46.3%	37.6%	35.8%	51.4%	43.6%	36.5%
河北	-6.3%	-9.7%	48.6%	68.6%	67.2%	66.7%	65.7%	72.6%	77.4%	74.6%	67.5%
天津	-9.8%	-12.7%	13.5%	36.4%	23.0%	31.5%	40.8%	58.7%	54.2%	49.3%	31.5%
贵州	-20.8%	-15.8%	9.0%	15.1%	18.8%	17.1%	10.1%	11.4%	23.8%	15.0%	28.9%
上海	-46.1%	-15.7%	-0.7%	3.9%	13.5%	3.6%	1.8%	16.8%	15.5%	26.2%	32.5%
江苏	-16.7%	-19.2%	18.6%	31.2%	31.5%	22.7%	18.9%	28.6%	32.3%	26.7%	28.9%
黑龙江	-9.2%	-33.2%	11.1%	38.6%	34.3%	37.7%	43.2%	39.6%	48.6%	42.0%	37.8%
新疆	-13.5%	-56.1%	13.5%	43.1%	50.3%	47.6%	1.3%	-72.1%	52.2%	40.0%	24.5%
湖北	-67.6%	-72.3%	-28.8%	0.7%	13.2%	16.8%	16.8%	26.2%	32.5%	28.4%	21.2%

数据来源：国家邮政局

虽然东部地区仍是全国 79.33% 的快递业务量的源头，但其占比已由早年的 82% 降低至不足 80%。随着社会经济均衡发展，产业分工和优化调整加速，中部地区在全国快递业务量中的占比逐年提升，2020 年中部地区增速高达 35.82%，不仅为 4 年来新高，更连续 3 年超过东部地区。东部、中部、西部地区近年快递业务量同比增长情况如图 5-9 所示。2017—2020 年快递业务量增长较快的城市如图 5-10 所示。

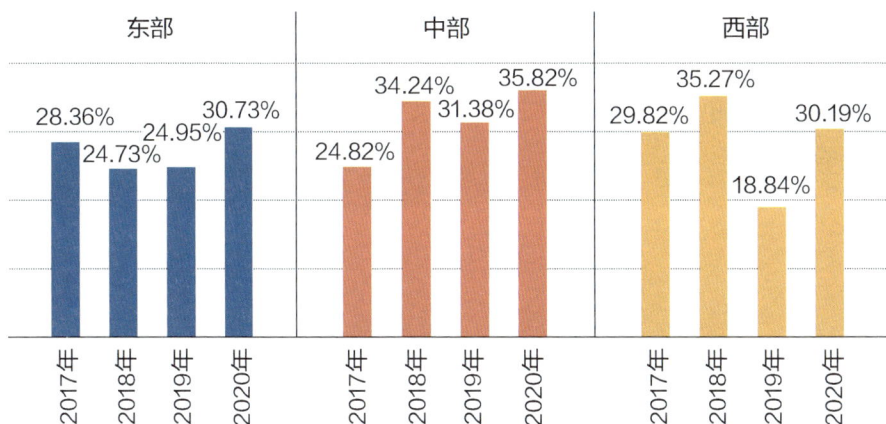

▲图 5-9 东部、中部、西部地区近年快递业务量同比增长情况

			2017 年	2018 年	2019 年	2020 年
东部三线城市	快递业务量累计增长	山东 临沂市	—	85.35%	50.55%	77.14%
		河北 廊坊市	—	55.21%	11.18%	70.57%
		广东 汕头市	—	43.77%	45.81%	69.58%
		河北 石家庄市	—	45.35%	31.13%	65.59%
		广东 揭阳市	—	64.51%	51.19%	51.76%
		河北 保定市	—	41.33%	52.67%	57.94%

数据来源：国家邮政局

▲图 5-10 2017—2020 年快递业务量增长较快的城市

一线、新一线城市高昂的仓储成本和人力成本挤压着制造业和电商有限的利润空间。如果说早期一线、新一线城市发达的物流网络为线上经济提

供了肥沃的养料，那么近年"快递进厂""快递进村"为制造业和电商的选址和发展提供了更多选择。主要城市中北京和上海同比增长分别为 4.16% 和 7.34%，排名靠后的同时比往年进一步走低，武汉、福州、无锡出现同比负增长。同比增长靠前的基本为三线城市，山东临沂、河北廊坊和保定、广东汕头和揭阳，同比增速均超 50% 的同时比 2019 年有大幅提升。三线城市快递收派网络的不断完善推动其成为快递行业新的增长点。除了迁入的制造业和电商行业，三线城市手中还有一张"农特产品"的逆袭招牌。以福建漳州为例，通过快递推动"农产品上行"将平和蜜柚、东山鲍鱼、云霄枇杷和白芽奇兰茶、芦柑等地方特产销往全国各地，2020 年快递业务量与 2019 年相比接近翻番。

本文节选自《快递》第 2020 年 12 月期《从快递大数据看中国经济复苏》。

快递大数据中的"女神节"和"她经济"

2021 年 3 月 8 日，"女神节"线上购物季在 2021 年的春天带着缤纷多彩的礼物来到了。"女神节"是表达对女性尊重、欣赏和心意的机会，更是社会对女性在经济、政治及社会领域成就的认可。女性作为不可或缺的消费群体，具有较大的消费潜力，特别是随着我国女性地位的不断提高，女性在社会生产生活中的作用也日益凸显，"她经济"开始发力，送礼物宠爱自己和关爱家人俨然已成为女性犒劳自己的一种时尚。

特别是近年来线上经济蓬勃发展，寄递礼物已成为忙碌的人们之间相互传递温暖既高效又便利的选择，小小的快递传递着浓浓的情意，在这特殊的时刻更是承载了美丽和温暖。

（1）"女神节"全国消费市场消费潜力进一步得到释放

伴随着消费市场中女性消费需求和消费能力的不断提升，女性消费群体的实力越来越不容小觑，特别是在与"她"相关的节日。2021 年，部分电商平台的"女神节"促销季从 3 月 1 日左右便拉开帷幕。特别是在全国人民凝心聚力、共克时艰地度过不平凡的 2020 年后，我们迎来了新冠肺炎疫情逐渐得到控制的 2021 年"女神节"，"补偿性消费"效应明显，全国快递行业出现一次业务小高峰。

从全国快递揽收量相关数据可以看出，由于考虑到通过快递寄送礼物存在运输时间，为准时让消费者在"女神节"收到礼物，各大电商平台的促销活动提前盛大开启。2021 年 3 月 5 日，至少 4 家主流电商平台的促销活动时

间产生了重合，形成了快递揽收的高峰，部分电商平台的促销在 3 月 8 日截止，促销的紧迫感及部分同城寄递的礼物也促成了 3 月 8 日"女神节"当天的快递揽收量小高峰。需要引起关注的是，2021 年 3 月 6 日和 7 日是周末，业务量较平时周末呈现不同特点，业务规模处于高位运行状态。2021 年"女神节"期间业务量环比如图 5-11 所示。

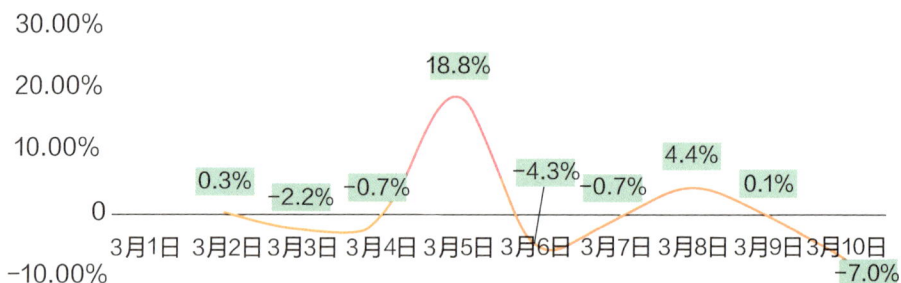

▲图 5-11　2021 年"女神节"期间业务量环比

2021 年"女神节"期间，快递揽收量的两个高峰最终促成了快递投递量在 3 月 8 日出现小高峰，并持续到 3 月 10 日前后。2021 年"女神节"期间快递投递情况如图 5-12 所示。

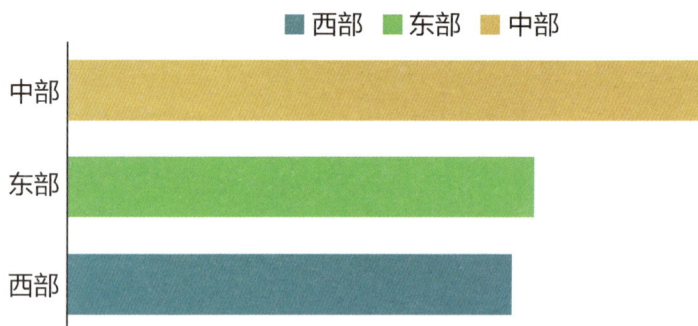

▲图 5-12　2021 年"女神节"期间快递投递情况

（2）个别区域快递揽收增长迅猛，中部增速继续领跑

主要电商平台监测的数据显示，由于"80 后""90 后"和"00 后"是线上消费的主力军，女性的美妆护肤等"悦己"型消费虽然依然旺盛，但也出现了倾向于对家庭和孩子的投入。随着线上经济的蓬勃发展，"她经济"的消费力直接体现在快递投递量上，一个个穿梭在大街小巷的快递员，像勤劳的小蜜蜂，传递着一个个美好的期盼，用实际行动实现着"女神"和她关爱的人"所见即所得"的愿望。

2021年"女神节"期间，31个省（自治区、直辖市）的快递揽收量较2020年同期增长幅度均在16%以上，其中同比增速最快的湖北由于2020年受新冠肺炎疫情影响较为严重，2021年的快递揽收量较2020年同期增长了1040%。2021年"女神节"期间，快递揽收量较2020年同期增长排名前十的省（自治区、直辖市）分别为湖北、海南、新疆、黑龙江、青海、天津、河南、浙江、广东和辽宁，遍布中部、东部、西部，总体看来消费潜力增长势头全国分布较为平均。其中排名前四的湖北、海南、新疆、黑龙江快递揽收量同比增长超100%，经济发展高潜力省（自治区、直辖市）里中部、东部、西部均有代表出现。而广东、浙江、河南和湖北的快递揽收量和同比增长率均排在全国前十，经济发展潜力较大。

从区域角度来看，2021年"女神节"期间东部地区的快递揽收量较2020年同期增长60.6%，中部地区较2020年同期增长较大，增长率在90.5%，反超东部和西部地区，成为2021年"女神节"期间发展最快的地区。2021年"女神节"期间，中部、东部、西部快递揽收量同比如图5-13所示。

2021年"女神节"期间，中部、东部、西部地区中快递投递量同比增长最快的区域仍是中部地区，较2020年同期增长79.9%，中部地区快递揽收量和投递量呈现双轨并进的良好态势，互联网经济为中部地区的发展注入了新鲜的活力。2021年"女神节"期间，中部、东部、西部快递投递量同比如图5-14所示。

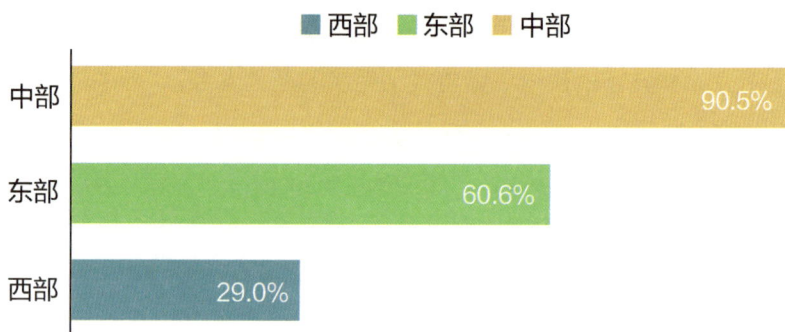

▲图 5-13 2021 年"女神节"期间，中部、东部、西部快递揽收量同比

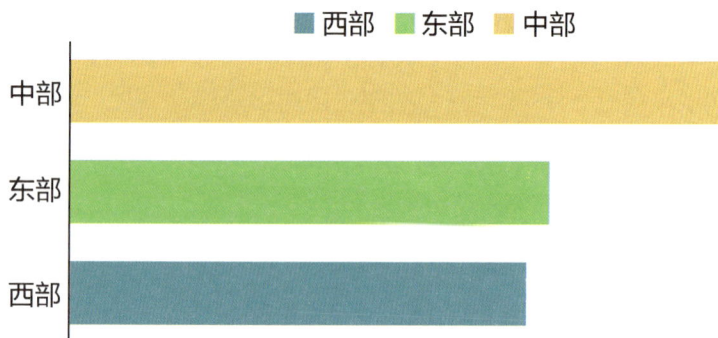

▲图 5-14 2021 年"女神节"期间，中部、东部、西部快递投递量同比

按城市来看，快递揽收量排名前五十的城市中，除武汉由于 2020 年新冠肺炎疫情的影响，增长达超 10 倍以外，总体较 2020 年同期平均增长在 72.1%。2021 年"女神节"期间，快递揽收量前五十的城市业务量同比如图 5-15 所示。

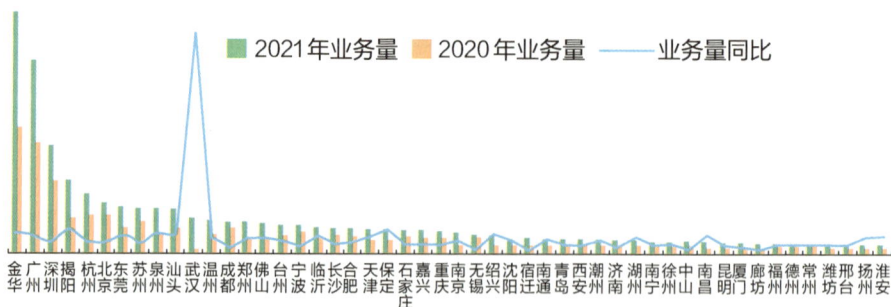

▲图 5-15 2021 年"女神节"期间，快递揽收量前五十的城市业务量同比

投递量排名前五十的城市中,与 2020 年同期相比,除武汉以超 10 倍的增幅遥遥领先外,总体较 2020 年同期平均增幅在 84.3%。2021 年"女神节"期间,投递量前五十的城市业务量同比如图 5-16 所示。

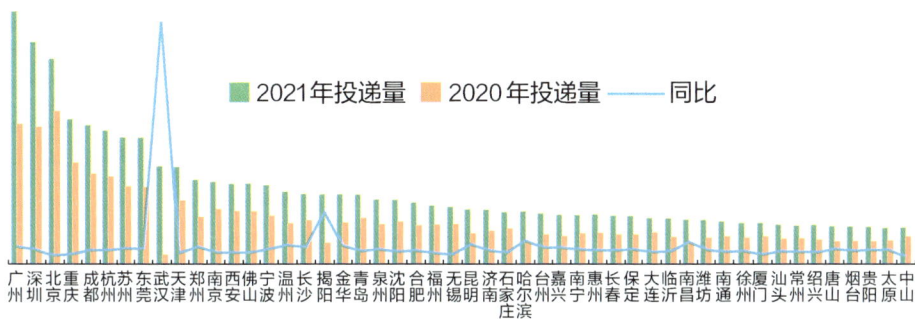

图例:■ 2021年投递量 ■ 2020年投递量 —— 同比

横轴城市:广州 深圳 北京 重庆 成都 杭州 苏州 东莞 武汉 天津 郑州 南京 西安 佛山 宁波 温州 长沙 揭阳 金华 青岛 泉州 沈阳 合肥 福州 无锡 昆明 济南 石家庄 哈尔滨 台州 嘉兴 南宁 惠州 长春 保定 大连 临沂 南昌 潍坊 南通 徐州 厦门 汕头 常州 绍兴 唐山 烟台 贵阳 太原 中山

▲图 5-16 2021年"女神节"期间,投递量前五十的城市业务量同比

(3)快递让生活更美好,"女神"们收获美丽和温暖

动动手指就可以下单,不需要其他操作,快递员就会将包裹送到人们的手中,快递正在悄然改变着我们的生活。特别是随着手机和互联网的发展及快递网点网路布局的密集,线上购物已不再是一线城市"女神"们的专属,非一线城市生活的"女神"们也平等享有线上购物的便利。在 2021 年"女神节"期间,仅快递投递量前五十的城市中,非一线城市的快递投递量较 2020 年同期平均增长率就达到 67.9%,其中揭阳和哈尔滨的快递投递量较 2020 年同期增长率甚至超过了 100%,前三名中占了两个席位,反映出非一线城市"女神"们强大的消费能力。

据某新兴电商平台的统计,2021 年"女神节"成交额最高的品类前三名分别为女装、珠宝和化妆品,仅男性购买鲜花的数量就比平时增加了 3 倍。而云南省昆明市和广东省广州市,占据了鲜花市场的超半壁江山,虽然经营批发业务、快件揽收量增加幅度尚未翻倍,但是仍比以往增加了三成以上,达到 36.3%。而广州市不仅是鲜花的主要产区,同时兼具女装和化妆品等女

性消费品的生产，在"女神节"期间，各类产品销量较 2020 年同期增长较快，达到 74.6%。

随着"女神节"的落幕，快递业的运行也逐渐恢复常态，但是行业关爱女性的热情并没有降温，除了保障"女神"们在节日里收到礼物，还帮助"女神"们创业增加收入，提供更多"悦己"和"爱家"的基础。据统计，全国快递物流行业女性占比已达三成以上，解决了至少数十万女性从业者的就业问题，她们大多从事着智能分拣、客服等"幕后"工作。

同时，由于邮政快递行业寄递物流的行业特性，为众多从事自由职业的女性通过电商平台、直播平台等进行创业提供了保障，2021 年某直播带货平台的报告显示，非遗技术传承人、家庭主妇、电视主持人等各领域的女性群体，通过直播带货平台实现创业和就业，并带动了更多女性获得收入，而快递行业正在为"女神"们的创业保驾护航。

本文节选自《快递》第 2021 年 3 月期《快递大数据中的"女神节"和"她经济"》。

快递数据揭秘"假日经济"，行业寄递近 26 亿件

2021 年"五一"，全国景区"人从众"的热闹景象重新回到新冠肺炎疫情发生以前。返乡探亲、观光出游、休闲度假等需求全面释放，旅游市场复苏蕴藏的是消费市场的巨大潜力。2021 年"五一"期间，全国邮政快递业揽收投递近 26 亿件，揽收量、投递量连续 2 年实现高增长。邮政快递业务量、投递量的特殊异动间接反映了国内人口流动的方向，返乡探亲和出游人群将"懒人经济"彻底释放，人们倾向于将行李等大包裹提前寄回家，或者把给家人的礼物直接快递到家，快递物流也因此成为重要渠道。

快递大数据显示，在"乡村游""红色旅游"的带动下，下沉市场和"红色城市"的业务量比重明显提升，主要特点如下。

（1）人出行，货流动，"五一"小长假成绩亮眼

随着国内新冠疫苗接种工作平稳有序推进，疫苗接种率逐渐提升。在常态化疫情防控的大背景下，全国人民迎来为期 5 天的"五一"小长假。2021年春节期间，人们为了巩固疫情防控成果纷纷就地过年，这个"五一"成为 2021 年以来最适合出游、返乡的"悠长假期"。

公开数据显示，2021 年"五一"期间全国国内出游 2.3 亿人次，按可比口径超过了疫情前同期水平。2021 年 5 月 1 日至 5 日，铁路发送旅客 7850.4万人次，比 2019 年同期日均增长 5.5%，比 2020 年同期日均增长 177.4%；民航发送旅客 866.3 万人次，比 2019 年同期日均增长 0.1%，比 2020 年同期日均增长 173.9%。

2021 年"五一"期间，不但人的流动明显增加，货物的流动更是连续两年大幅增长。快递大数据显示，2021 年"五一"期间全国邮政快递业保持总体安全平稳、高位有序运行态势，快递揽投量接近 26 亿件。其中，揽收快递 13.4 亿件，与 2019 年同期相比增长 97.13%，与 2020 年同期相比增长 22.95%；投递快递 12.5 亿件，与 2019 年同期相比增长 91.77%，与 2020 年同期相比增长 22.28%。这也反映了快递作为经济活动大动脉、经济发展"晴雨表"的直观作用。2021 年"五一"期间，民航、铁路运输情况及邮政快递业发展情况如图 5-17 所示。

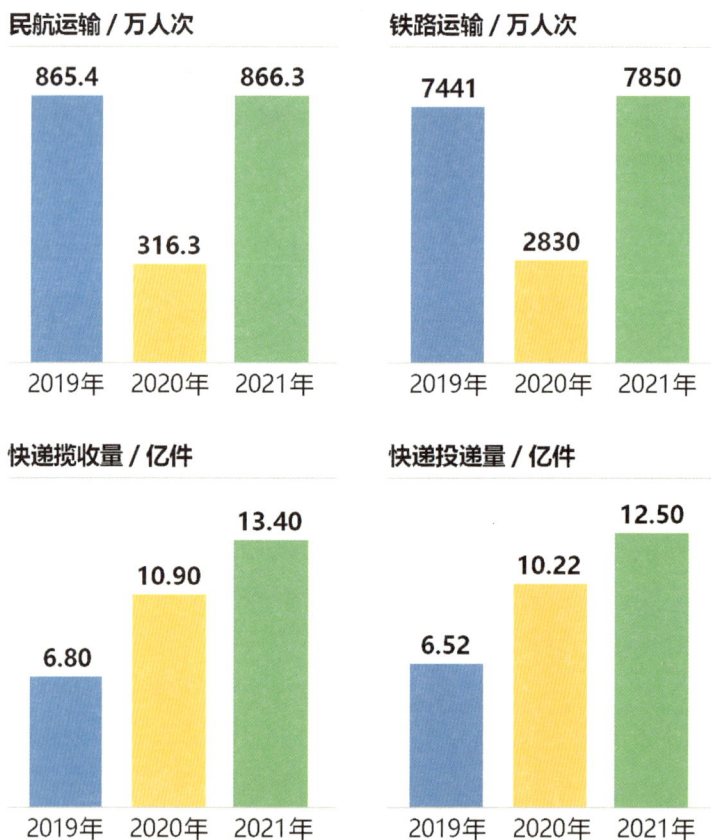

民航运输 / 万人次

865.4   316.3   866.3
2019年   2020年   2021年

铁路运输 / 万人次

7441   2830   7850
2019年   2020年   2021年

快递揽收量 / 亿件

6.80   10.90   13.40
2019年   2020年   2021年

快递投递量 / 亿件

6.52   10.22   12.50
2019年   2020年   2021年

▲图 5-17 2021 年"五一"期间，民航、铁路运输情况及邮政快递业发展情况

(2)"返乡＋出游",快递投递量变化凸显人潮动向

快递助力出行"备货",行业发展平稳有序。2021年的"五一"在某种意义上替代春节完成了一年一度的"人口大迁徙",城乡居民出游和返乡意愿明显。这不仅体现在加开的民航航班和铁路班次上,更体现在快递投递量的变化上。2020年"五一",各行各业将复工复产放在首位,使"五一"前邮政快递业务量稳步走高。随着常态化疫情防控的开展,人们的生活回归常态,2021年"五一"的"休闲娱乐"特征更为明显。总体来看,2021年"五一"前后邮政快递业务的发展规律与2019年趋同,在邮政快递业务量整体高于往年的基础上,"五一"前业务量稳中微降,制造业迎来休息。"五一"假期结束后,邮政快递业务量迅速赶超节前平均水平,这也显示出行业业务需求和快递揽投弹性取得长足进步。

从全行业快递投递量来看,总体在"五一"前维持高位,这是因为人们有着提前置办出游装备、采买返乡伴手礼的快递物流需求。"五一"前一周,天猫31%的白酒销量为异地收货,"人未到酒先到"也成了"五一"回乡探亲的方式之一。"睡在风景里"的房车游、露营等新型旅游形式持续走红。飞猪房车预订量同比涨超540%,超200万人在天猫搜索露营相关商品。邮政快递业正是衔接线上、线下不可或缺的环节,大量出游装备通过快递送到人们手中。

与此同时,从快递大数据也可以看到2021年"五一"期间省际流动突出,人们选择跨省出游、返乡的情况火爆。

根据不同省(自治区、直辖市)的投递比重变化呈现不同的特征,投递量变化反映人口流动:中国旅游研究院专项调查显示,接近三成的游客选择跨省游,而具体的行动路线从各省(自治区、直辖市)投递量比重变化中可窥一斑。将各省(自治区、直辖市)"五一"前、"五一"假期和"五一"后

3 个时间段日均投递量在全国投递量中的比重进行分析发现，沿海省份及北京、天津等城市出现"五一"假期投递量占全国比重比"五一"前萎缩的情况。与之相对应，中部、北部省份投递量占比增加。而"五一"后该比重再次回调，中部、北部省份"五一"后投递量占全国比重较"五一"假期有所降低。

北京市、广东省、江苏省、上海市、浙江省等作为沿海及经济大省（直辖市），常住人口随着"五一"假期返乡、出游而流出，假期中投递量比重比节前降低。随着节后收假，返乡、出游人群回归各自工作生活，投递量比重迅速回升。

安徽省、河北省、河南省、黑龙江省、湖北省、湖南省、四川省等人口大省的投递量比重的变化特征则相反，假期中投递量比重大幅增加，节后迅速回落，河北省、河南省、黑龙江省 3 省人口流入、流出起伏明显。这一方面是假期返乡探亲人口流入，另一方面中国旅游研究院大数据监测显示，上述省份游客接待量也位居前列。

（3）各类主题游带动二、三线城市发力

随着高速公路、高铁打通了非一线城市的交通"毛细血管"，2021 年"周边游"备受青睐，一线城市市民更偏向到周边二、三线城市游玩。到二、三线城市的游客将超两成的花费用于购物，考虑大包小包影响旅游体验，快递就成为运输土特产最好的方式。"五一"快递市场中二线城市及三线城市的比重有明显提高，一线、新一线城市的"五一"投递量比节前降幅明显，三线城市投递量比节前微降但比重却比节前有所提升，侧面反映了大量人流从一线、新一线城市涌入三线城市。

除了"周边游"，乡村旅游也回暖提速，小镇青年、农村居民成为出游新势力。同时，乡村市场要素活跃，飞猪乡村民宿预订量同比上涨 220%，增速超过飞猪酒店订单。

2021年"五一"假期，农产品网络销售继续保持快速增长态势，自邮政快递业启动"快递进村"工程以来，农村服务能力明显增强，全国农村地区揽收快递2.2亿件，投递快递3.6亿件，同比增长均达三成，超过城市地区同比增速10个百分点左右。

与此类似，国内风景名胜、热门目的地人头攒动，一派热闹景象。飞猪、同程等线上旅行平台的景区门票订单比2020年同期增长4倍，酒店间夜预订量翻2倍。

北京市、杭州市、上海市、成都市、西安市高居各大线上旅行平台热门目的地前十名，这些地区居民的出游热情也是最高的。旅游人群的到来和本地人外出旅游和返乡探亲比起来规模尚小。各地假期快递业务量、投递量比"五一"节前负增长均高于全国平均水平，假期业务量、投递量比重萎缩。而大理、黄山、桂林等风景优美的城市成为旅游热门地，飞猪上这些地市的乡村民宿表现抢眼，马蜂窝上这些地市的攻略阅读量均上涨超一倍。人流的涌入也为这些地市带来了假期投递量比重的增长。

以"红色旅游"为主题，学党史、重温"红色记忆"成为"五一"出行的重要选择。尤其是在庆祝中国共产党成立100周年之际，对比2019年，2021年同程上以"红色旅游"为主的名人故居类景点门票订单上涨859%，携程"红色旅游景区"订单实现约375%的增长。

从快递大数据来看，遵义市、长沙市、湘潭市等城市成为"红色旅游"等热门目的地，假日快递投递量降幅低于全国平均水平，投递量比重增加，"红色文化"的辐射效应不断延伸。长沙市在"红色传统"和"潮流网红"的双重加持下，实现假期快递业务量、投递量比重双双正增长。长沙橘子洲等户外"红色旅游景点"也在2021年"五一"期间出现预约客满的情况，"红色"和"茶色"对年轻人的吸引力可见一斑。

2021年"五一"前后各类城市日均投递量及占比变化情况如图5-18所示。

城市层级	投递量环比			投递量比重		
	"五一"前	"五一"中	"五一"后	"五一"前	"五一"中	"五一"后
一线城市	−26.52%	24.91%		13.01%	11.98%	12.84%
新一线城市	−24.06%	21.96%		20.02%	19.05%	19.94%
二线城市	−22.39%	17.50%		20.36%	19.80%	19.96%
三线城市	−17.53%	12.32%		21.39%	22.10%	21.30%
四线城市	−13.76%	11.97%		15.63%	16.89%	16.23%
五线城市	−15.30%	11.35%		9.59%	10.18%	9.73%

▲图 5-18　2021 年"五一"前后各类城市日均投递量及占比变化情况

2021 年"五一"假期，全国 2.3 亿人次的出游没有引发疫情通过文化和旅游系统传播的事件，旅游业作为受疫情影响最大的行业迎来了疫情防控和全面复苏的战略转折点。这不仅是旅游市场强势复苏的表现，更凸显了我国消费市场的澎湃动力。邮政快递业作为促进线上线下消费场景融合的重要桥梁，行业的"节日效应"更为突出，在接下来的"520"、端午节、"618"等节日和电商促销中都将有更加突出的表现。

本文节选自《快递》第 2021 年 5 月期《快递大数据看"五一"假期经济》。

从 500 亿件的快递业务量，推演快递"下一站"

2021 年上半年快递业务量逼近 500 亿件，几乎相当于 2018 年全年业务量，每个百亿达成的时间不断缩短。分析快递大数据，可以明显感知到中部地区快递业务量增长迅猛，农村和下沉市场成为新的增长点。这个成绩得益于我国抗击新冠肺炎疫情斗争取得重大战略成果带动的国内生产消费快速复苏。目前，国内大循环正在加速形成，城乡之间的生产消费联系更趋紧密。

（1）市场切换，转型的锚抛向中部地区

从 2020 年开始，全球新冠病毒变异加速，国际疫情形势扑朔迷离，"蝴蝶效应"不断发酵，国际航班减少，跨境贸易及海关通关严重受阻，集装箱运价大涨，物价持续上涨，大宗商品价格短时期内大幅上涨，原料、零部件短缺，运能骤降等问题频现……国际商品流通显然受到疫情的影响。

反观我国，同样受到疫情影响，但因为疫情防控常态化防控效果明显，生产消费潜力持续释放。根据相关数据，1000 多个细分行业中 90% 的销售额呈增长态势。快递是促进线上线下消费融合的重要渠道，持续高增长的业务量便是我国消费市场活力的缩影。

截至 2021 年 6 月，我国快递业务量接近 500 亿件，较 2020 年上半年增长近五成，与 2018 年全年快递业务量相当。2021 年快递行业发展势头强劲，几乎"一个月 100 亿件"，由此可见，全国快递行业的发展韧性、成长活力和增长潜力可见一斑。

2015—2021 年各年上半年快递业务量情况如图 5-19 所示。

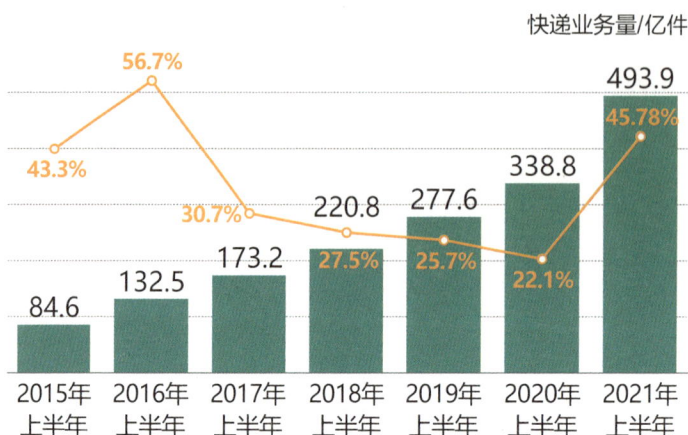

快递业务量/亿件

▲图 5-19　2015—2021 年各年上半年快递业务量情况

从 2021 年上半年快递业务发展情况来看，中部地区快递业务量占全国比重持续增长，由往年的 11.68% 提升至 2021 年的 14.42%。中部地区 2021 年上半年快递业务量比 2020 年同比增长 63.72%，远超东部地区的 43.12% 和西部地区的 43.33%。传统认知中经济较发达的东部地区的快递业务量占比降至 80% 以下，国内制造业及零售业分布不断均衡，中部地区持续激活生产活力。

2015—2020 年各年和 2021 年上半年快递业务量情况如图 5-20 所示。

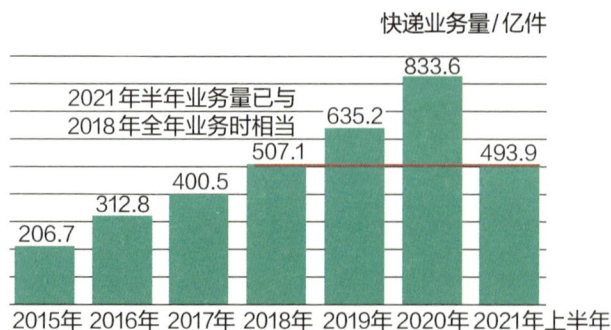

快递业务量/亿件

▲图 5-20　2015—2020 年各年和 2021 年上半年快递业务量情况

与此同时，中部地区消费潜力不俗，2021年上半年快递投递量同比增长57.95%，同样高于东部和西部地区。综合来看，中部地区的快递业务量同比增长高于投递量同比增长近10%，在保持生产消费均高增长的背景下，中部地区的区域经济结构正逐步由"消费"向"生产"转型，快递行业市场潜力巨大。2021年业务量每个百亿达成时间线如图5-21所示。

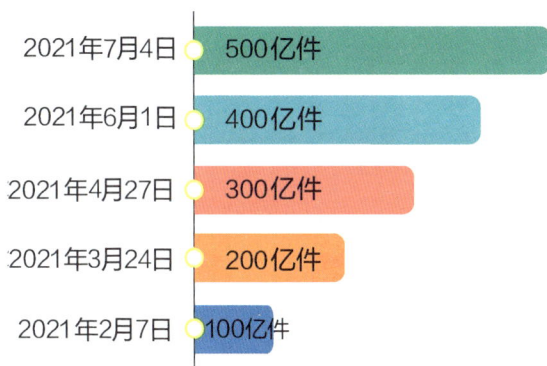

▲图5-21　2021年业务量每个百亿达成时间线

中部地区的业务规模增量不仅来自中部地区自身的产能激活，也来自东部地区的产业转移。这种转移并不是均衡分流东部所有省市快递业务导致的，而是在东部地区内部出现发展极化现象。广东省、浙江省的快递业务量占全国比重不断上升，聚集效应突出，可谓"强者恒强"。

而北京、上海、江苏、海南等省（直辖市）的快递业务量占全国比重走低，同比增长低于全国平均水平。东部地区部分省份相关产业正向中部地区转移，中部地区各省份快递业务量占全国比重呈上升趋势，同比增长均高于或趋近全国平均水平。湖北省快递业务量因受2020年疫情影响同比增长翻一番，江西省、河南省、山西省的快递业务量同比增长超六成。

东部、中部、西部地区上半年业务量占比变化如图5-22所示。部分省（自治区、直辖市）业务量同比增长情况如图5-23所示。

■ 东部　■ 中部　■ 西部

81.59%　81.13%　80.98%　80.33%　81.10%　80.06%　78.59%
11.68%　12.17%　12.01%　12.31%　12.81%　12.84%　14.42%
6.73%　6.70%　7.01%　7.36%　7.09%　7.10%　6.98%

2015年 2016年 2017年 2018年 2019年 2020年 2021上半年

▲图 5-22　东部、中部、西部地区上半年业务量占比变化

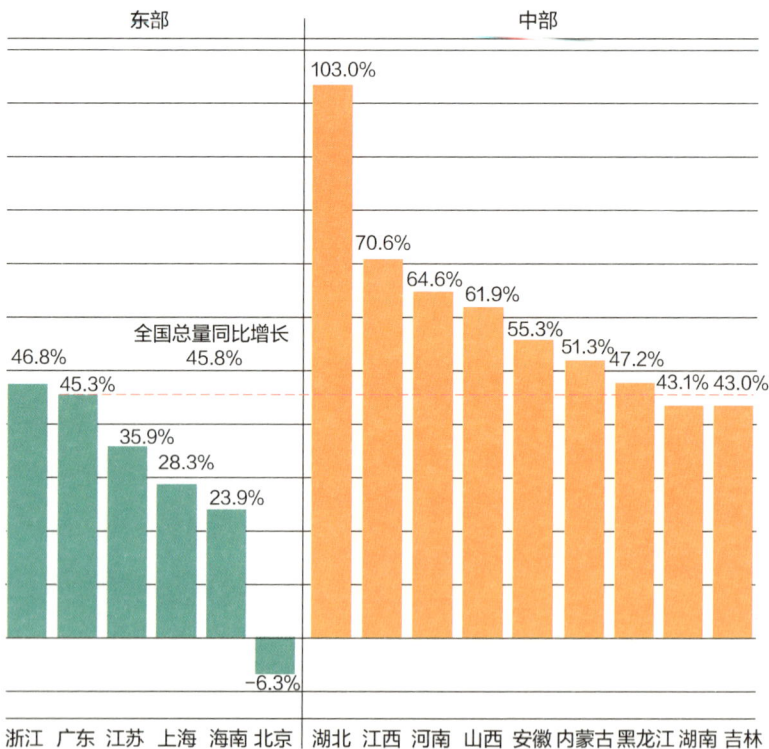

东部　　　　　　　　　　中部

103.0%

70.6%
64.6%
61.9%
55.3%
51.3%
47.2%
43.1% 43.0%

全国总量同比增长
46.8%　　45.8%
45.3%
35.9%
28.3%
23.9%

-6.3%

浙江 广东 江苏 上海 海南 北京　湖北 江西 河南 山西 安徽 内蒙古 黑龙江 湖南 吉林

▲图 5-23　部分省（自治区、直辖市）业务量同比增长情况

（2）赛道切换，快递的下半场已然开启

一、二线城市在 2021 年第一季度的业务量投递量比 2020 年同期翻番，是我国疫情防控常态化防控下劳动力返城、产业复苏、经济回暖的表征。2021 年第二季度下沉市场的快递业务量同比反超一、二线城市，彰显了我国下沉市场的巨大潜力。

2021 年年初正式印发的中央一号文件《中共中央　国务院关于全面推进乡村振兴加快农业农村现代化的意见》，提出要完善农村电商物流、农产品供应链、金融服务等领域。

以拼多多为例，其 2020 年全部品类中，农产品及农副产品成为平台增长最快的品类，农（副）产品的商品交易总额（Gross Merchandise Volume，GMV）为 2700 亿元，规模比 2019 年翻番，占全年 GMV 的 16.2%。从 2021 年第一季度财报可以看出，拼多多 2021 年第一季度的农产品订单同比暴增超过 300%，直接参与的农业生产者已超过 1200 万人。拼多多正在不断深耕农村市场。

与此同时，直播电商规模持续增长。2021 年 "618" 活动中，头部主播所属直播机构单日带货销售过亿元成为常态。除了头部主播选品直播带货外，各大品牌也开始着力培养自有品牌直播频道。

除了常见的直播外，李子柒等内容博主也开始尝试 IP 变现，"李子柒"牌螺蛳粉在各大电商平台的销售成绩亮眼，这些成绩都离不开快递业的支撑。目前快递业正在全力推进 "快递进村" 工程，农产品正在进入规模化新消费阶段，市场蕴含巨大潜力。

农村电商和 "快递进村" 的发展不仅有效缩短了农产品供应链，更极大丰富了全国消费者的农产品选择空间。拼团、直播等线上购物新业态对 "农

货"消费刺激作用明显。

邮政快递业新技术快速迭代助力医药电商成长。以近几年的行业发展势头来看，随着快递技术的不断升级，投递时效将大幅缩短，冷链运输更为成熟，这也有效拓展了快递企业的业务场景，丰富了消费者的寄递需求。互联网医疗发挥了重要作用，顺丰医药正与赛生药业战略合作，打造 B2C 的供应链服务方案。大量医药 B2B、B2C、O2O 平台发展迅猛，而药品运输对温度、时效、运输条件的高要求使医药电商的发展在很大程度上依赖快递技术的发展，"快递 + 医药电商"让消费者足不出户就能享受到智能、便捷的医药服务。

2021 年 7 月 14 日召开的国务院常务会议确定完善农村寄递物流体系的措施，更好地满足农民的生产生活需要。在这一政策利好的推动下，快递进村将加速推进，城乡之间的循环将加速，特别是行业已经进入日均 3 亿件常态，行业的发展动能将得到不断助力。

本文节选自《快递》第 2021 年 7 月期《从半年大数据推演快递下一站》。

用快递大数据，看四大城市群发展

从目前的行业发展来看，随着全国主要城市群基础设施一体化程度的大幅提高，梯次形成若干空间结构清晰、城市功能互补、要素流动有序、产业分工协调、交通往来顺畅、公共服务均衡、环境和谐宜居的现代化都市圈。到 2035 年，全国现代化都市圈格局将更加成熟，将形成若干具有全球影响力的都市圈。在这样的愿景之下，身处其中的快递业发挥了什么作用？

依照快递大数据视角，我们可以看到长江三角洲城市群、粤港澳大湾区、京津冀城市群和成渝城市群四大城市群的演变和发展情况发生了以下变化。

（1）提振消费新动能

长江三角洲城市群、粤港澳大湾区、京津冀城市群和成渝城市群四大城市群占我国国土面积 8% 左右，却容纳着超 4 亿人口。四大城市群内 61 座城市的 GDP 占全国 GDP 比重近五成。

长江三角洲城市群的 26 座城市 2020 年 GDP 破 20 万亿元，占全国 GDP 比重超二成。除了京津冀城市群，另外三大城市群的 2020 年 GDP 同比增长均超全国整体水平，其中成渝城市群同比增长 4.87%，增速超过其他城市群，凸显了我国西部地区蓬勃的发展活力和成长潜力。可以说，这四大城市群是我国经济发展的稳定器、加速器。

各大城市群 GDP 发展情况如图 5-24 所示。

177

205106 亿元	**89524** 亿元	**78523** 亿元	**68230** 亿元	**567399** 亿元
占比 20.33%	占比 8.87%	占比 7.78%	占比 6.76%	占比 56.25%
同比增长 4.04%	同比增长 3.02%	同比增长 2.19%	同比增长 4.87%	同比增长 1.72%
长江三角洲城市群	粤港澳大湾区	京津冀城市群	成渝城市群	其他城市群

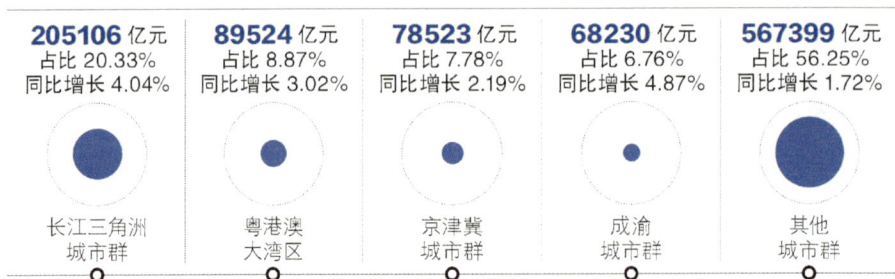

▲图 5-24　各大城市群 GDP 发展情况

数据来源：国家邮政局官网（图中粤港澳地区数据暂不包含香港、澳门）

作为线上线下融合的重要载体，快递行业的主要数据与四大城市群的经济指标同频共振。2020 年，四大城市群的快递业务量占全国的六成，特别是长江三角洲城市群快递业务量占全国比重超三成，粤港澳大湾区占比接近两成，二者总和已超全国总量的一半。与生产力（快递业务量）在四大城市群集聚不同的是，快递投递量在我国分布更为均衡，京津冀城市群和成渝城市群的投递量比重与人口比重基本相当。

粤港澳大湾区劳动力回流带动了快递揽收和投递提速，2021 年月均业务量同比增长 21.8%，月均投递量同比增长 25.68%，均位列城市群第一。而成渝城市群则继续释放消费购买力，2021 年月均投递量同比增长 21.16%。这也直观反映了人口流动与快递投递指标的高度相关性。

各大城市群业务量、投递量及人口比重如图 5-25 所示。

不同城市群的经济发展结构和地区支撑产业存在不均衡性，在快递行业的发展上也略有差异。长江三角洲城市群所辖的 26 座城市，不仅有"通达系"快递企业的集团所在地上海，也有全球最大的小商品集散中心所在地金华（义乌），还有电商企业和"网红经济"齐集的杭州。这使得长江三角洲城市群不仅快递业务量规模大，快递揽投比更是达到 1 : 0.54。粤港澳大湾区也大致相同，广州、深圳、东莞的支柱产业覆盖电子产品、纺织服装、家

具玩具、食品等多个行业，其快递揽投比也达到 1∶0.58。长江三角洲城市
群和粤港澳大湾区都是鲜明的外向型经济的发展特征。

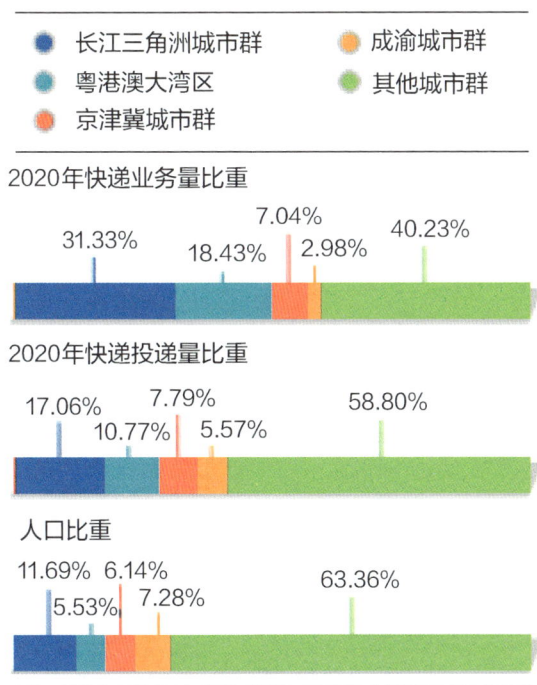

图例：
- 长江三角洲城市群
- 粤港澳大湾区
- 京津冀城市群
- 成渝城市群
- 其他城市群

2020年快递业务量比重
31.33%　18.43%　7.04%　2.98%　40.23%

2020年快递投递量比重
17.06%　10.77%　7.79%　5.57%　58.80%

人口比重
11.69%　5.53%　6.14%　7.28%　63.36%

▲图 5-25　各大城市群业务量、投递量及人口比重

各大城市群核心城市和非核心城市揽投比情况如图 5-26 所示。

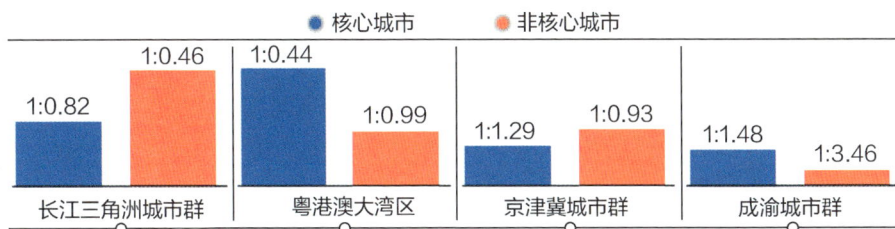

核心城市　非核心城市

长江三角洲城市群	粤港澳大湾区	京津冀城市群	成渝城市群
1:0.82 / 1:0.46	1:0.44 / 1:0.99	1:1.29 / 1:0.93	1:1.48 / 1:3.46

▲图 5-26　各大城市群核心城市和非核心城市揽投比情况

不过不同城市群在大同之下略有小异，城市群间核心城市和非核心城市
的产业分工也各有不同。粤港澳大湾区的快递产业发展集中在广州和深圳两

179

大核心城市，核心城市揽投比为 1∶0.44。而长江三角洲城市群则相反，虽然上海、南京、杭州三大核心城市的揽投比为 1∶0.82，仍然是揽收大于投递，但非核心城市的经济结构更具代表性，1∶0.46 的揽投比远超核心城市。核心城市吸引资源和劳动力，带动周边地区经济协同发展。这是城市群健康发展的必然路径，也契合都市圈政策的导向——推动中心城市产业高端化，加大经济密度，同时夯实周边城市制造业基础，承接中心城市产业转移，推动超大、特大城市非核心功能向周边城镇疏解。

再看京津冀城市群，其揽投比为 1∶1.11，快递行业关联产业的生产和地区居民的快递消费整体平衡。成渝城市群作为西部地区最主要的城市群，整个区域揽投比为 1∶1.87，有着更明显的消费型特征。虽然快递业务量占全国不足 3%，但投递量占全国超 5%，投递量同比增长 34.77%，超过其他城市群和全国平均水平。以成渝城市群为缩影，我国西部地区和下沉市场的消费潜力可见一斑。

从 2020 年各城市群每月业务量和投递量与当年平均值比较可以发现，整体上快递行业揽收的淡旺季波动性强于投递的淡旺季波动。长江三角洲城市群等以快递业务为主要商品输出渠道的区域，快递业务的淡旺季波动更为剧烈。而以居民消费、生活为主的成渝城市群，业务量的淡旺季波动幅度明显小于其他城市群和全国平均水平。

（2）连接城市区域

大数据与科技缩短了人与人之间的距离，也让人们对家乡之外的城市有了更多的好奇和探索的勇气。随着航空、高铁、高速公路网络日趋成熟，都市区 1 小时通勤、城市群 2 小时通达、全国主要城市 3 小时覆盖的交通圈建设为推动城市群升级创造了有利的条件。

城市人口的持续增长能够有效带动城市资源升级和规模拓展，为城市输送源源不断的活力，大城市的高速发展对人口特别是年轻人有着巨大的吸引力。与 10 年前相比，我国人口增加近 8000 万，年均增长率 0.59%，而四大城市群的年平均人口增速高于我国其他城市，特别是城市群的核心城市。北京、上海等高校云集的城市更容易吸引并留下高学历的人群，京津冀、长江三角洲地区大学（大专）及以上学历人群占比超三成。

中国民营快递大多起步于浙江桐庐，这也使得长江三角洲有着中国起步最早、发展最成熟、分布最密集的快递网络，"江沪浙包邮"也让居住于此的人最早也最习惯于享受快递带来的便捷。长江三角洲城市群的居民平均每人一年要发出 150 多个快递，收到快递超 80 件。"最年轻"的粤港澳大湾区人均对快递的使用量最大，平均一人要发出近 200 件，收到快件超 100 件。

长江三角洲城市群的 26 座城市中，3 座核心城市上海、杭州、南京人口占城市群人口的近三成，非核心城市人口占七成。成熟高效的城际交通网络将散落在长江中下游平原的大小城市串联起来，多中心的发展格局促进各城市均衡发展。杭州、金华、合肥、宁波、苏州人口高增长，年均增长率超 2%，其中杭州、金华增长率接近 4%。与其他城市群相比，长江三角洲城市群不论是快递业务还是整体经济均可谓"全面开花"。

除了上海、杭州、金华这些快递物流和电商产业发达的城市，苏州、南京、台州、宁波、嘉兴、安庆、滁州、南通、绍兴、常州、舟山等城市，也成为该区域经济和快递行业发展的新增长极。

粤港澳大湾区中主要的快递业务量集中在广州、深圳两地，其中广州业务量占区域业务量近一半。广州与深圳两座核心城市的快递业务量占粤港澳大湾区八成。整体来说，粤港澳大湾区的核心城市对周边非核心城市的带动作用日益凸显，东莞、中山、惠州、江门等城市无论是快递业务量还是人口的增长、GDP 增速均有建树。

粤港澳大湾区整体人口的年均增速高达 3.88%，核心城市年均增速更高至 5.68%，大量人口特别是年轻人涌入大湾区。这不仅得益于区域内更为宽松的落户政策和人才引进、企业落户补贴，还得益于这些城市更为开放包容的文化氛围。

东莞、佛山、珠海、中山、惠州等城市，不断吸收着从广州、深圳溢出的人口、产业等资源，域内快递行业也得到进一步发展。

京津冀城市群中，快递业务量的增长潜力更多在石家庄、保定、沧州、廊坊等地得到体现。石家庄及保定快递业务规模已超过天津。同时，石家庄、保定、沧州等地的快递业务增长量已高于北京、天津，产业的调整与转移有效激活了河北省的生产潜力。廊坊的人口年均增长率高达 2.53%，远高于其他城市。河北承德、张家口、秦皇岛、唐山、保定等城市的 GDP 增长均在 4% 以上，经济发展焕发活力。

与前面三大城市群相比，成渝城市群算是"后起之秀"，其发展潜力不容小觑。成渝城市群的发展动力集中于成都、重庆两大核心城市，极核效应明显。两大城市快递业务量占该区域快递业务量超八成，快递行业的发展不均衡是该区域内部经济发展不均衡、不充分的缩影。两大核心城市 GDP 占城市群 GDP 超六成，也是该区域中"唯二"人口年均增长率超 1% 的城市。高铁的开通和高速公路的建设给城市带来便捷和资源，也隐藏着"人口流出"的风险。成渝城市群的非核心城市整体呈现劳动力流出的态势，除了区域核心城市对非核心城市的人口虹吸效应，也有大量劳动力离开成渝城市群，向其他城市群或西北重要城市流动。

在区域经济一体化的大背景下，各大城市群的后续发展依然值得期待，快递物流也必将在其中发挥更加重要的作用。

本文节选自《快递》第 2021 年 8 月期《快递大数据里的四大城市群》。

高校"开学快递潮"，开学季变成"开学寄"

对于学生来说，每年 9 月代表着重归校园，特别是大一新生，9 月代表一个新阶段的开启。虽然"家之大，行李箱装不下"，但是随着我国快递行业愈发成熟，"大包小包返校"已成为过去式，快递才是高校的"开学装备"，开学季也演变为"开学寄"。

生活在数字经济时代的大学生，上学方式更多选择"空手到校"，除了平时通过快递采购生活用品，还可以寄送行李。通过我国"211""985"等高校集中城市的快递数据，可以发现快递在开学季有以下突出的特点。

（1）"场间休息"

从往年每月的快递业务量趋势中可以看出，快递行业在整体持续上涨的趋势中有两个小波谷，一个是每年春节前后，另一个则是每年 7 ～ 8 月的暑期。

2021 年 7 ～ 8 月同样出现业务量微降的情况。7 月全国快递业务量为 89.3 亿件，比 6 月负增长 8.3%；8 月全国快递业务量为 89.9 亿件，比 7 月有所回正。7 月和 8 月整体比 2020 年保持较高涨幅，同比分别增长 28.8% 和 24.3%。

海南、北京、辽宁、上海、浙江等 11 省（自治区、直辖市）的 7 月快递业务量环比降幅超 10%。大部分省份 8 月环比回正，仅福建、广西、河南、江苏、广东、辽宁 6 省（自治区）不同程度地受疫情反复、超大暴雨及洪水、台风等自然灾害的影响，仍为环比负增长。

（2）包裹替代行李箱

我国大部分高校主要集中于北京、上海等 40 个城市。这里我们对高校集中的 40 个城市的快递数据进行分析，可以看到，虽然大部分高校往往 9 月才开学，但学生们总是"人未至，件先至"。自 9 月前一周起，快递业务量开始稳步增长，此后一路走高。

快递业务量在开学季后攀升，一方面，学生在学期伊始有较大的消费需求；另一方面，学生往往在返校前提前采购，容易出现快递到校却无人签收的情况。疫情反复下，部分高校仍封闭管理或限制出入，这也让快递成为学生不可缺少的生活助力。

大到被褥、收纳柜，小到电子产品、零食，快递让高校学生轻松完成开学的"采购"和"囤货"。比起过去肩背手扛、大包小包进校报到，现在的高校新生已经习惯了背个双肩包到快递站点提快递和行李再去报到。

"开学快递潮"有着与平常不同的特点，开学期间快递集中且量大，大件行李占比高。为了应对"开学快递潮"，各大高校纷纷通过各种渠道制作"快递攻略"和"快递地图"，新生指南里也纷纷增加"快递"板块，告知新生本校各品牌快递网点在哪里，如何提取快件最便捷。西安交通大学等高校甚至在开学期间设置临时快递点，针对大件行李和小件快递区分提取。

高校集中城市在开学前一周的日均快件投递量比暑期增长 11.29%。至开学第一周，该比例进一步增长至 13.39%，均远高于其他非高校集中的城市。暑假期间，非高校集中的城市每百人平均每天接收 1.7 件快件，高校集中的城市人均每日收件量明显增长，暑期每日平均每百人收取 2.7 件，至开学前后日均收件增加 3 件，该差距随着学生到校后购买力的持续释放而不断扩大。

2021 年快递业务量月趋势及同比情况如图 5-27 所示。

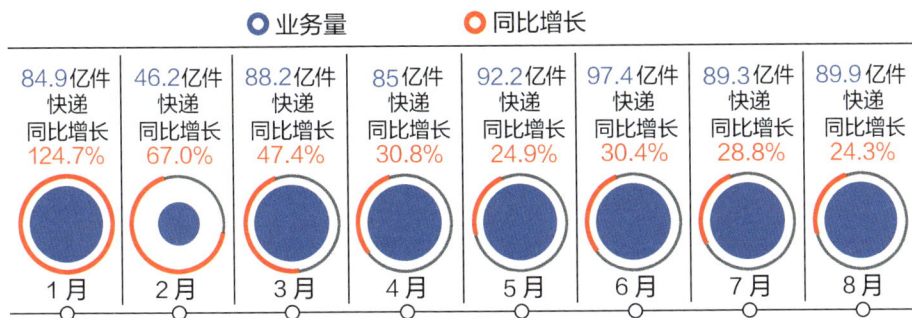

▲图 5-27　2021 年快递业务量月趋势及同比情况

与 2020 年相比，2021 年高校人群的消费力进一步释放。高校集中的城市开学前一周的日均投递量比 2020 年同期增长 25.44%，比非高校集中城市多近 4%。高校集中城市的快递投递量日趋势如图 5-28 所示。

（3）教师节前投递再增长

如果说开学前一周高校集中城市的快递投递迎来第一波小高峰，那么开学一周后到教师节期间则是高校集中城市快件投递的第二波高峰。

一方面，新生需要在到校后确认收件地址等信息，这使寄出的行李包裹延迟到校；另一方面，教师节和电商平台在 9 月的促销也叠加了 9 月 8 日至 10 日的快件投递压力。高校集中城市在教师节及教师节前两天日均投递快件比暑期增长超两成，非高校集中城市快件投递比暑期也增长 12.25%。越是高校密集的城市，这种情况越突出。拥有 5 所及以上高校的城市，开学第一周日均快件投递量比暑期增长 14.98%，教师节及前两天日均快件投递量比暑期增长 21.9%，均高于高校数量为 1 所或 2～4 所的城市。

开学前后日均投递量情况如图 5-29 所示。开学前后日均投递量与暑期相比情况如图 5-30 所示。

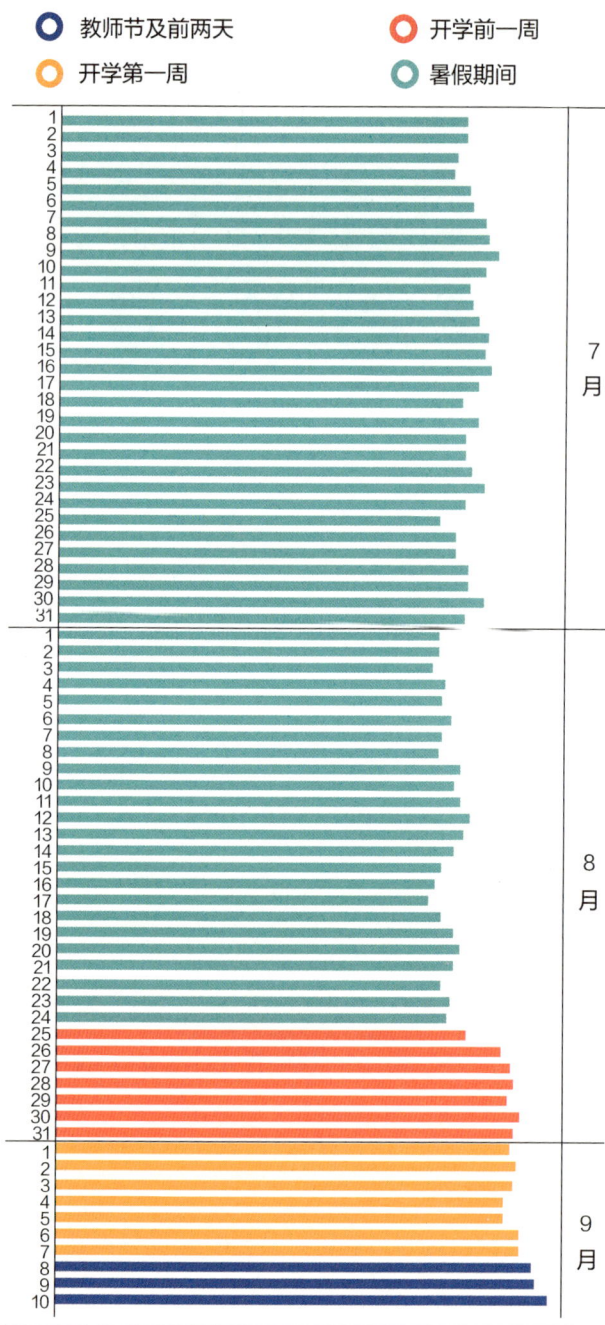

▲图 5-28 高校集中城市的快递投递量日趋势

○ 开学第一周 ○ 开学前一周

| 8.17% | 7.90% | 11.29% | 13.39% |

非高校集中城市 高校集中城市

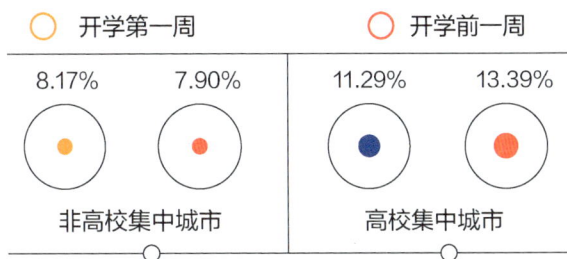

▲图 5-29 开学前后日均投递量情况

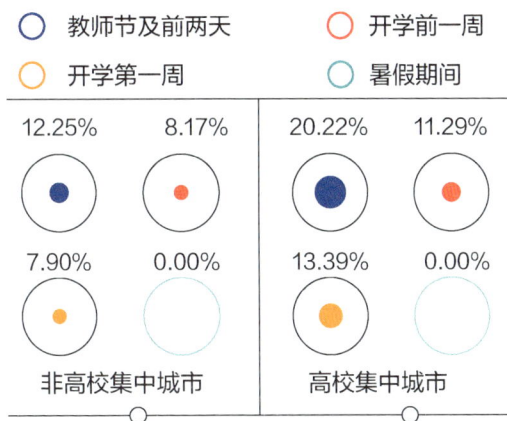

○ 教师节及前两天 ○ 开学前一周
○ 开学第一周 ○ 暑假期间

| 12.25% | 8.17% | 20.22% | 11.29% |
| 7.90% | 0.00% | 13.39% | 0.00% |

非高校集中城市 高校集中城市

▲图 5-30 开学前后日均投递量与暑期相比情况

随着大学开学、学生返校,人流带着物流向这些高校集中城市倾斜。以西安市和武汉市这两座坐拥 7 所"985""211"高校的城市为例,西安市暑假期间快递投递量占陕西省的 44%,而到了开学前后,投递量占陕西省的比重提高至 46% 左右;武汉市暑期投递量约占湖北省的 35%,开学后占比超过 38%。哈尔滨市、南京市等城市的投递量比重也提升 2% 以上。

高校集中城市的快递投递量占各自省份比重如图 5-31 所示。

(4)人才是动力

近年来,高校建设及城市户籍政策的调整,使高校密集的城市有了更多新鲜血液。除了北京市、上海市等高校密集但户籍政策相对缩紧的城市,

大部分高校密集城市都在近 10 年留住了人才。西安市有西安交通大学、西北工业大学等 7 所"985""211"高校，吸引了全国特别是陕西省内大量人才涌入西安。2020 年西安人口比 10 年前增长 52.97%，占陕西省总人口的 32.77%，占比比 10 年前增长 10%。人口的流入也给当地带来了大量的购买力，2001 年 7 月，西安市快递投递量比 2020 年同期增长 25% 左右。

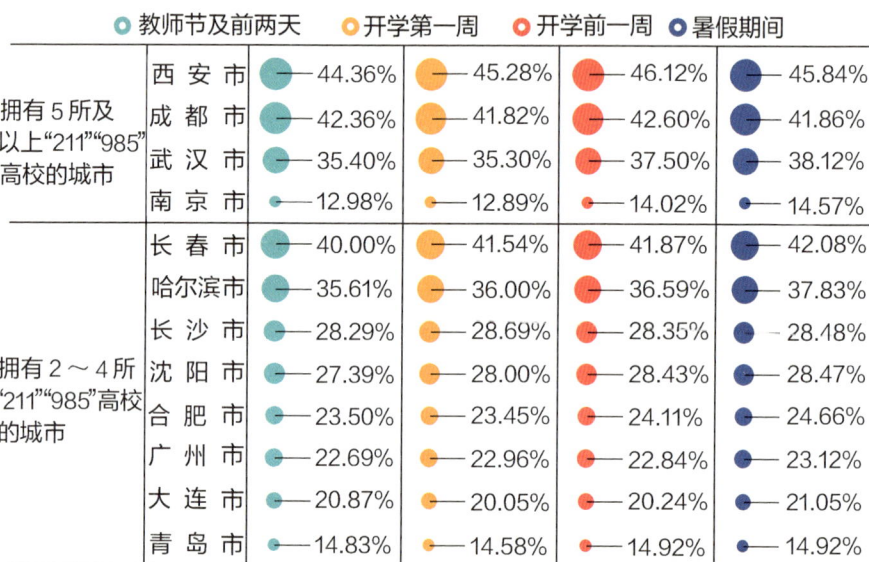

		● 教师节及前两天	● 开学第一周	● 开学前一周	● 暑假期间
拥有 5 所及以上"211""985"高校的城市	西 安 市	44.36%	45.28%	46.12%	45.84%
	成 都 市	42.36%	41.82%	42.60%	41.86%
	武 汉 市	35.40%	35.30%	37.50%	38.12%
	南 京 市	12.98%	12.89%	14.02%	14.57%
拥有 2～4 所"211""985"高校的城市	长 春 市	40.00%	41.54%	41.87%	42.08%
	哈尔滨市	35.61%	36.00%	36.59%	37.83%
	长 沙 市	28.29%	28.69%	28.35%	28.18%
	沈 阳 市	27.39%	28.00%	28.43%	28.47%
	合 肥 市	23.50%	23.45%	24.11%	24.66%
	广 州 市	22.69%	22.96%	22.84%	23.12%
	大 连 市	20.87%	20.05%	20.24%	21.05%
	青 岛 市	14.83%	14.58%	14.92%	14.92%

▲图 5-31　高校集中城市的快递投递量占各自省份比重

黑龙江省 2020 年的人口比 10 年前负增长 16.87%，劳动力自东北三省流出。但哈尔滨市人口比 2010 年仅负增长 5.89%，远低于黑龙江省的整体水平。哈尔滨市占黑龙江省的人口比重更是增长了 3.67%，达 31.43%。哈尔滨市的 4 所高校功不可没。人才的保有也让哈尔滨市 7 月的快递业务量同比增长近五成，投递量同比增长仅三成。

这种高校对人才的吸引在相对偏远的省份更为明显。银川市、拉萨市虽然只各有一所"985""211"高校，但近 10 年都实现了人口增长超四成，占各自省（自治区）人口的比重扩大。其中，银川市人口占宁夏回族自治区总人口近四成，该占比比 10 年前增长 8%。银川市 7 月以来快递业务量同比增长近六成，投递量增长近四成。

在每年 7～8 月的酷暑天气下，行业短暂的业务淡季对于全年无休的快递行业来说，在一定程度上也是休养生息、养精蓄锐的机会。进入 9 月后，全行业就迎来了开学季、教师节、中秋、国庆等拉动增长的重要时段，也是"双 11""双 12"行业业务旺季的冲刺准备期。截至 2021 年 8 月，2021 年全年快递业务量达 673.2 亿件，已超 2019 年全年总数。"金九银十"下行业日均业务量一直保持在 3 亿件以上。

本文节选自《快递》第 2021 年 9 月期《从快递大数据看"开学快递潮"》。

假期怎么过？快递数据破解"月饼去了哪儿"

金秋十月，中秋节和国庆节是人们最为期待的假期。在这个长假组合中，快递大数据是如何记录消费者的出行路径和消费选择的？亲人朋友之间牵挂着彼此，是通过"寄递传情"多一些，还是见面一起消费多一些？月饼、柚子和大闸蟹在此时的寄递市场又有何表现？诸如此类情况都可以从快递数据中一探究竟。

（1）礼先到，量先提

数据显示，2021 年中秋假期（9 月 19 日至 21 日）全国邮政快递业共揽收投递快递包裹近 18 亿件。其中，揽收快递包裹 8.5 亿件，日均揽收量与 2020 年中秋国庆假期相比增长 47.33%；投递快递包裹 9.3 亿件，日均投递量与 2020 年中秋国庆假期相比增长 48.63%。而国庆假期（10 月 1 日至 7 日）全国邮政快递业共揽收快递包裹 19.91 亿件，与 2020 年同期相比增长 28.31%；投递快递包裹 19.17 亿件，与 2020 年同期相比增长 25.71%。

在"双节"前后，快递行业揽收和投递环节呈现不同特征。中秋节是中国传统节日中极具代表意义的节日。"人月两团圆"的中秋节寄托着人们思念故乡、思念亲人之情。快递行业作为新时代的"鸿雁"与"锦鲤"，更是在中秋和国庆"双节"来临之际，传递着对家人好友的浓浓情谊。从快递大数据来看，快递揽收端假日效应明显：假日期间，快递揽收缩量，在节日当天达到低点。

中秋节当日的快递业务量是一个多月以来的最低点，在这一天，电商卖家们或许给自己放了个假，快递员们也可在完成一天的揽收投递任务后早早收工，回家与家人团圆，一同欣赏圆月、品尝月饼。

第二个快递业务量低点则出现在国庆节当天。但假日的业务量收紧对行业的整体发展并未造成任何影响，快递行业业务量不仅在中秋假期后开工的第一天就回升至节前平均水平，更是在国庆 7 天长假中就实现了"一天一个台阶"的稳步回升，行业整体响应迅速。快递投递则出现了节前投递量明显上升的情况，或因探亲访友，或因外出游玩，长假期间，消费者为准备长假出行而将购物和寄递需求前置，出现了投递量能在节前提前释放的情况。快递行业整体寄递网络稳定、组织结构成熟，调度机制灵活保障了节假日投递任务平稳开展，未出现派件紧张等情况，节假日期间整体投递量稳中微降。

（2）短途游，连需求

随着寄递服务稳定化、常态化，假日和非假日的寄递量差距正在缩小。在快递业务量方面，越来越多的消费者选择在出游中"解放双手"，快递是他们"携带"特产和伴手礼的重要渠道。另外，也有更多的电商卖家和农户加入假日经营的行列，通过快递带动旅游纪念品、民俗文创、农家乐及近郊游特产增收等，助推假日经济。

综合各地文化和旅游部门、通信运营商、线上旅行服务商数据，经文化和旅游部数据中心测算，10 月 1 日至 7 日，全国国内出游 5.15 亿人次，按可比口径同比减少 1.5%，按可比口径恢复至疫前同期的 70.1%。实现国内旅游收入 3890.61 亿元，同比减少 4.7%，恢复至疫前同期的 59.9%。

从快递大数据来看，"双节"期间日均快递业务量和投递量与非假日相差无几，假日日均业务量及投递量环比非假日分别缩小 −14.97% 和 −9.78%。

中秋和国庆假期中，周边短途游市场焕发活力，人们选择地势开阔、人

流不易聚集的公园、草场、湖畔旅游，通过露营、野炊、钓鱼等方式度过假期。而露营装备属于相对小众的消费市场，要在线下实体店采购露营设备并不容易，线上电商平台和快递则充分发挥了作用，消费者通过"电商 + 快递"便捷采购小众的露营装备，充分享受假期。

各类主题乐园度假区也成为消费者的热门选择之一。国庆前夕，北京环球度假区隆重开业，消费者的期待加上经营者的宣传攻势带火了主题公园游。大数据显示，游客往往将采购的游乐园周边礼品通过快递寄给亲友，未能前来游玩的"粉丝"也通过旗舰店、代购等方式采购游乐园主题周边产品，助推"主题乐园"经济再上新台阶。

（3）下沉市场的假日经济

随着全国寄递网络日趋成熟，中西部地区快递业务量和投递量占全国比重持续提高。值得注意的是，受益于中部地区和西部地区寄递网络下沉，中西部地区假日投递能力日渐提升，假日日均投递量环比非假日降幅小于东部地区，2021 年中西部地区假期日均投递量几乎与非假日持平。

从快递大数据中可知，我国快递业务量和投递量正逐渐向下沉市场倾斜。从 2021 年 9 月至现在的全国各类城市快递业务量和投递量占比变化可以看出，一线及新一线城市无论是快递业务量还是占全国的比重正逐年降低，三、四线城市快递业务量及投递量比重正稳步提升。通过快递，三、四线城市下沉市场的生产力和消费市场正不断被激活。

与往年同期相比，不论是假期还是非假期的快递揽收与投递，下沉市场都以远超一、二线城市的速度在发展和追赶。

通过各种尝试不断自我突破，传统月饼企业与博物馆、潮牌、轻奢品牌做联名款跨界合作，而许多著名品牌的咖啡、奶茶、冰激凌也开始涉足月饼市场。月饼的"文化元素植入"特征越来越明显，不断扩大中华传统文化的影响，广式月饼、苏式月饼和滇式月饼均有不俗表现。

根据公开数据，早在 2020 年，月饼消费者的年轻化趋势就已十分明显。在年龄分布上，"90 后"占 47.83%，"80 后"和"00 后"的占比分别为 23.44% 和 17.62%。电商、快递、月饼三者联动更将月饼消费推向高潮。淘宝天猫大湾区购物节中粤港澳月饼销量超 900 万件，随着湾区融合加速，三地商家产业协作愈发密切，大湾区特色月饼 10 天销售超 600 万单。快递企业为了更好地承接月饼寄递需求，不仅在月饼经销商处和大型超市设立了快递点，方便市民寄递，还深入月饼制造产业链，积极响应"快递进厂"，助推月饼经济再创佳绩。

各城市快递假日日均业务量和投递量环比非假日情况如图 5–32 所示。

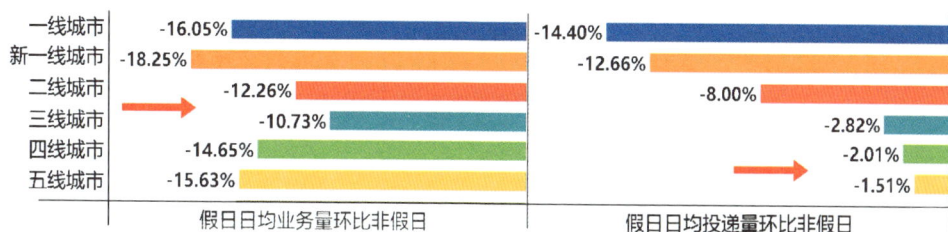

一线城市 -16.05%   -14.40%
新一线城市 -18.25%   -12.66%
二线城市 -12.26%   -8.00%
三线城市 -10.73%   -2.82%
四线城市 -14.65%   -2.01%
五线城市 -15.63%   -1.51%

假日日均业务量环比非假日   假日日均投递量环比非假日

▲图 5–32 各城市快递假日日均业务量和投递量环比非假日情况

"秋风起，蟹脚痒；菊花开，闻蟹来。"随着 9 月下旬阳澄湖大闸蟹正式开捕，长江流域多个湖区的大闸蟹也迎来了销售旺季。拼多多数据显示，国庆假期，平台大闸蟹的销量比去年同期大涨 107%。江苏省的苏州市、南京市、淮安市、宿迁市等大闸蟹产区的假日快递业务量比往年同期均有较强增长，淮安市假日快递业务量比 2020 年同期增长近六成。

与此同时，大闸蟹、石榴、柚子纷纷上市，山西运城的苹果、山东沾化的冬枣、四川会理的石榴、福建漳州的柚子、陕西周至的猕猴桃、海南的菠

萝蜜及江苏固城湖、洪泽湖的大闸蟹等全国各地的标志性农特产品大受欢迎。

（4）人与货的"迁徙"

快递投递量的变化充分体现了人口的流动，在假日与非假日的投递量比较中，一线城市环比降低 14.4%，新一线城市环比降低 12.66%，二线城市环比降低 8%。即使考虑了消费者假日会有意识地减少快递投递的情况，也可以看出大量人口在假期中离开一、二线城市。

他们去了哪里？

从快递大数据中可以发现一些规律：三、四、五线城市假日投递量与非假日相比仅有微小差距。大量从一、二线城市流出的人口在假期中以回乡探亲、外出访友、游玩出行等方式流向下沉市场。

在假日快递业务量与非假日的比较中，三线城市是环比降幅最低的，充分体现了三线城市在假日经济中活跃的生产潜力。

两个节日的快递揽投特征也稍有不同。中秋节饱含"团圆""思念"之意，更多上游企业选择短暂停工、共度佳节。2021 年中秋假期日均快递业务量同比非假日减少约 17.85%，高于国庆假期的 −13.73%。3 天中秋小长假则让消费者不用顾虑收货问题，日均投递量与非假日几乎持平，仅负增长 2.87%。而在国庆节假期，更多消费者选择合理安排收货时间，避免无人收、验货造成快件损坏丢失、产生额外存储费用及影响线上电商平台退换货等问题，因此国庆假期日均投递量环比非假日减少 12.74%。

从古至今，人们在中秋佳节表达思念的方式有很多种，月圆时跟亲人朋友打开一盒皮薄馅靓的月饼共赏月，或是开一瓶醇馥幽郁的美酒浅饮对话，又或是泡一杯齿颊留香的茗茶……这一缕缕思念都通过快递员的手手相传寄给远在家乡的亲人。下沉市场的投递情况在中秋与国庆假期的表现也略有差异。三、四、五线城市中秋假期日均投递量比往日出现了正增长，除了人口返乡带动的投递增量，也有大量留在城市过节的游子通过快递寄托思念。

如果把各类城市假日日均投递量与非假日比较，那么一线、新一线及二线城市国庆假期的降幅远大于中秋，这种情况则体现了更多"城里人"选择在假期更长的国庆假期外出旅游和探亲。

本文节选自《快递》第 2021 年 10 月期《月饼去了哪儿 你又去了哪儿》。

迎战"双 11"，中国快递的一场大考

2020 年 11 月 1 日至 11 日，快递行业累计揽收量近 40 亿件，比 2019 年同期增长 73.85%，疫情期间，快递业仍能保持良好的发展趋势，呈现逆势增长态势，说明疫情并没有对人们的生活需求释放造成实质性影响。随着经济的复苏回稳，我国经济将重回高位，快递业将迎来新的发展高潮。

特别是在购物旺季的"双 11"，电商推出各种降价、打折的优惠活动，会激发百姓的购物热情，引发新一轮的购物狂潮，快递从业者要做好迎接这场大考的准备。

2020 年的"双 11 购物狂欢节"是"双 11"开启的第 12 个年头。受新冠肺炎疫情、"开门红促销"、电商平台多元化、用户习惯等多重因素影响，2020 年快递业"双 11"的各项数据呈现了与往年不一样的特点。快递作为连接电商平台和用户之间最主要的载体，直观又客观地反映着行业"双 11"的运行特点和规律。

2020 年的"双 11"旺季是从 11 月 1 日开始的，主要电商平台通过"提前预热"的促销噱头将"双 11 购物狂欢节"变成了"双 11 购物狂欢周"。史上最长"双 11"提交了一份亮眼的成绩单：快递行业 11 月 1 日至 11 日累计揽收量近 40 亿件，比 2019 年同期增长 73.85%，总体快递业务量大幅增长，接近翻番。

虽然整个"双 11"周期的快递揽收量接近翻番，但"双 11"当天的揽收量却是增速放缓。根据监测数据，11 月 11 日当天快递企业处理快件 6.75

亿件，增幅比 2019 年降低 2.43%。增幅降低，也许是受电商促销模式的影响，也许是快递量总体体量太大、绝对值增长压力较大导致的。"双 11"分为以下几个阶段。

（1）三段接力跑，双峰效应明显

2020 年的"双 11"整体分为 3 个阶段。11 月 1 日至 3 日为电商第一轮促销期，这一阶段的快递企业日均揽收量超 4 亿件，累计揽收量近 13 亿件，同比增长 141%，成绩斐然。4 日至 10 日是介于电商两波促销之间的第二阶段，进入"中场休息"后，快递揽收量未见断崖式下跌，而是平稳过渡。数据显示，这一阶段的快递企业日均揽收量近 3 亿件，累计揽收量约 21 亿件，同比增长 66.13%，增速高于往年"非旺季"同期。

11 月 11 日第二轮促销启动，快递企业当日快件揽收量为 6.75 亿件，比 2019 年的 5.35 亿件提升 26.16%。2020 年的"双 11"呈"双峰"形态，与 2019 年的"双 11"当天揽收量暴增形成鲜明对比。2020 年"双 11"三段式运营特点如图 5-33 所示。

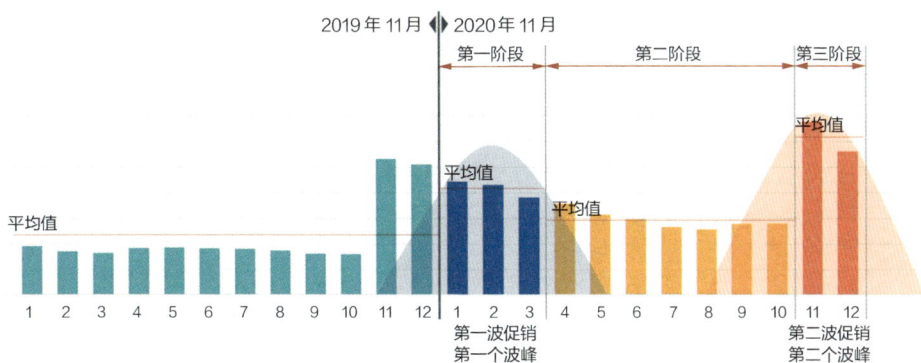

▲图 5-33 2020 年的"双 11"三段式运营特点

自 11 月 12 日起，部分省市出现同比负增长，主要集中在上海、北京、江苏、天津等地，浙江、广东也出现同比增长走低的情况。一方面，由于

2020 年"双 11"周期提前，这些省市作为沿海口岸省市和经济强省（市），有大量超大型、集团型零售商和跨境卖家参加第一轮促销活动，他们在第一阶段就大量分流了第三阶段的快递量；另一方面，省市区域内的快递网络发展成熟，组织能力强，相较于其他省市在更短时间内完成了快件揽收。

2020 年 11 月 13 日的快递投递能力提前超过 2019 年 11 月 15 日的投递峰值。快递企业已从往年的"等包裹"转向"要包裹""抢包裹"。这表明快递行业服务能力显著增强：早年每逢"双 11"，"快递爆仓"必成"热搜"，快件延误投递更是常见。而近年随着快递网络布局的成熟、行业黑科技投入实际生产，以及快递员业务操作规范化和社会地位、职业认可度不断提升，快递"爆仓"鲜有耳闻，"618""双 11"的快递更多以"还没来得及选择退款，快递就送到了"来体现它的快。关于快递的"中国速度"出现在新闻里，揽收、分拣、运输、派送等环节的智能化和数据化让大众惊叹，智能快件箱普遍落地，快递无人车、无人机普遍测试运行，在不久的将来，它们或将成为新锐的派件模式。

（2）东部"产粮区"，中部新崛起

快递作为商品流通的桥梁和线上经济的落脚点，发货端连接着生产端，投递端连着消费者，发货和投递这两端有着鲜明的区域分布特点。

揽收量集中于东部地区，中部地区迈向高增长：2020 年"双 11"当天的快件量 77.7% 来自于东部地区揽收，占比比 2019 年"双 11"降低 0.9%。可以说国内零售品主要产地仍然集中在东部地区，但占比在下降，特别是浙江、江苏、上海、山东等省（直辖市）。相比之下，中部地区呈现持续较快增长态势，其增速为 20.67%，高于东部地区的 12.64%。以中部地区的代表省份河南为例，"双 11"当天，河南快递揽收量占全国的 3.96%，比 2019 年提高 0.36%，同比增长 25.37%。

广东、浙江、江苏、上海、山东、福建、河北 7 个省(直辖市)的快递业务量约占全国业务量的七成。2020 年"双 11"当天,广东快递揽收量占全国的 22.65%,比 2019 年提高 0.42%,同比增长 16.12%;浙江快递揽收量占全国的 21.33%,比 2019 年减少 0.65%,同比增长 10.57%;江苏快递揽收量占全国的 9.82%,比 2019 年减少 0.8%,同比增长 5.29%;上海快递揽收量占全国的 5.14%,比 2019 年减少 0.63%,同比增长 1.67%;山东快递揽收量占全国的 4.47%,比 2019 年减少 0.21%,同比增长 8.82%;福建快递揽收量占全国的 4.34%,比 2019 年提高 0.49%,同比增长 28.41%;河北快递揽收量占全国的 4.19%,比 2019 年提高 0.54%,同比增长 30.51%。除广东、福建、河北,其他各省(自治区、直辖市)的揽收量占比均呈下降趋势,同比增长低于全国平均水平。2020 年"双 11"东部、中部、西部揽收量和投递量占比如图 5-34 所示。

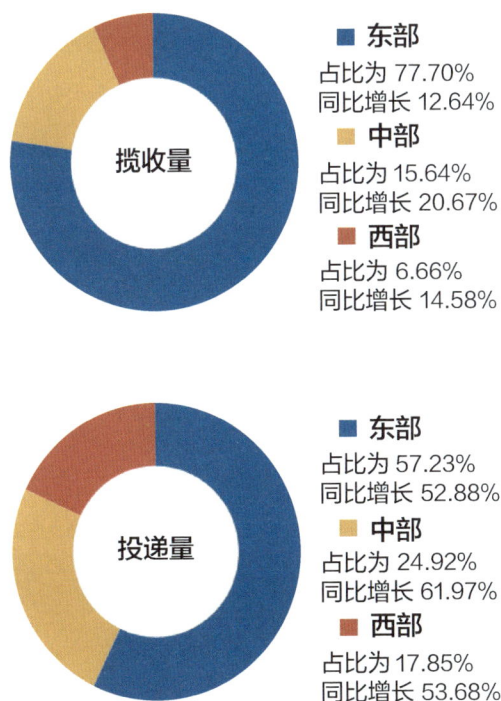

东部 占比为 77.70% 同比增长 12.64%
中部 占比为 15.64% 同比增长 20.67%
西部 占比为 6.66% 同比增长 14.58%

揽收量

东部 占比为 57.23% 同比增长 52.88%
中部 占比为 24.92% 同比增长 61.97%
西部 占比为 17.85% 同比增长 53.68%

投递量

▲图 5-34 2020 年"双 11"东部、中部、西部揽收量和投递量占比

消费市场全面开花，中部地区将成为主要增量市场：与生产端不同的是，快递投递量的分布更为均衡，中部不论是整体消费还是人均消费增速均超过东部地区，未来将成为消费市场的主要增量来源。

浙江人均发出快递 2.26 件，排名全国第一：在 2020 年"双 11"期间，虽然广东省快递揽收量超过浙江省，排名第一，但"双 11"当天其人均业务量（1.22 件）仅为浙江省的一半。浙江省以金华（义乌）为中心，通过快递向全国输出各式商品，"双 11"当天几乎每 10 件商品中就有 1 件是从金华（义乌）寄出的。

目前，北京、上海每天平均每 1.5 人就会收到 1 个包裹：从"双 11"期间投递峰值数据来看，北京、上海等一线城市及浙江、广东、江苏等东部沿海省份居民在 2020 年"双 11"期间表现出了超强购买力，其中北京、上海每天平均每 1.5 人就会收到 1 个包裹。黑龙江、西藏、青海、吉林、内蒙古、甘肃等省（自治区、直辖市）人均快递量同比增长超 60%。

本文节选自《快递》第 2020 年 11 月期《快递大数据视角下的"双 11"》。

市场新变化,"快"看新趋势

国家邮政局快递大数据平台实时监测数据显示,2021 年第二季度以来,每月业务量近百亿件,而发往农村地区的快递业务量增长迅速,占三成。这个数据,再一次创造了中国快递发展史的新纪录,不但证明了国内快递市场的发展潜力,而且让我们看到了我国强大的消费能力和中国经济的蓬勃朝气,同时也说明下沉市场具有巨大的潜力。这得益于我国消费市场加快线上线下融合发展、市场向二、三线城市及农村下沉,才使邮件增量加快,让快递市场获得了新的规模扩张机遇。

随着网上购物的普及,以及国家邮政快递业对"快递进村"的强烈推动,农村市场会成为快递行业待开发的新蓝海。目前,寄递企业已经通过邮快、交快、快快合作等模式加速推进快递进村,农村地区成为快递业务增量的重要渠道。通过"快递进村"畅通城乡经济循环、服务乡村振兴,国家为实现快递业高质量发展提供了绿色通道,这将成为快递业发展的一座新里程碑。

(1)支撑作用明显,上下游生态日益多元化

近年来,我国社会零售品消费总额增速平稳放缓,规模稳步提升。数据显示,2021 年 1 ~ 2 月,社会消费品零售总额 69736.8 亿元,月度同比增长 33.8%。与此同时,网上零售额中实物商品占比由 2018 年年初的 75.59% 逐渐提升,现在稳定在 80% 以上,2020 年 11 月一度飙升至 92.23%。网上零售额的绝大部分是实体商品带动的,而快递依然是线上经济的"最后一公里",

支撑着线上线下融合。近年网上零售额中实物商品比重变化趋势如图 5-35
所示。

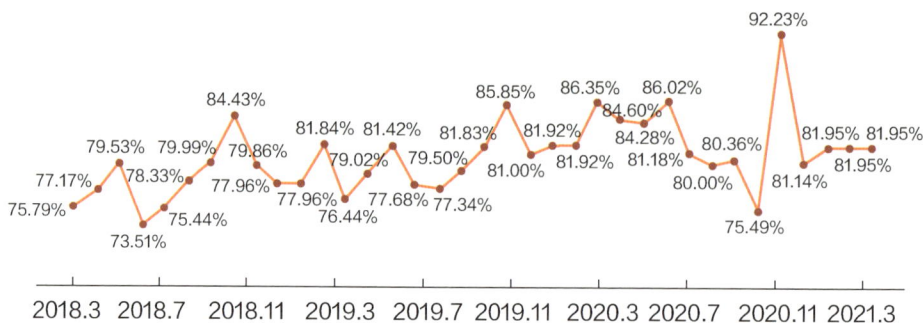

▲图 5-35　近年网上零售额中实物商品比重变化趋势

　　在三大电商平台 2020 年公开的财报中可以看到, 拼多多营收近 600 亿元,
较 2019 年几乎翻倍, GMV 超 1.6 万亿元, 同比增长 66%, 年活跃买家数近
8 亿元, 较 2019 年年底同比长超三成。阿里巴巴营收约 5000 亿元, 同比增
长七成, 年度活跃消费者近 8 亿。京东过去 12 个月的活跃购买用户数达到
近 5 亿, 新增的 1 亿多活跃用户超过 80% 来自下沉市场。2020 年三大电商
平台财报数据见表 5-2。

表5-2　2020年三大电商平台财报数据

	阿里巴巴	京东	拼多多
营收 / 亿元	5298.94	7458.02	594.92
同比增长	71.59%	29.28%	97%
活跃用户 / 亿	7.79	4.72	7.88
同比增长	2.92%	30.4%	34.77%

　　从数据来看, 拼多多用户规模最多, 营收低但增速快, 上升空间巨大。
阿里巴巴商业模式较为成熟稳定, 京东策略主攻下沉市场, 三足鼎立格局推
动快递行业竞争加剧。

（2）抓住"促销节点"，快递业一季度增长超七成

2020 年第一季度，全国快递服务企业业务量超 200 亿件，超过 2015 年全年快递量，同比 2019 年增长超七成，刷新第一季度同比增长纪录。其中在"年货节"和"就地过年"双重作用下，1 月全国快递业务量同比增长 124.66%，较 2020 年 1 月翻番，2 月快递行业在"春节不打烊"的号召下继续保持上升势头，2 月、3 月均较 2019 年增长五成以上。近 8 年快递行业第一季度业务量及同比增长情况如图 5-36 所示。

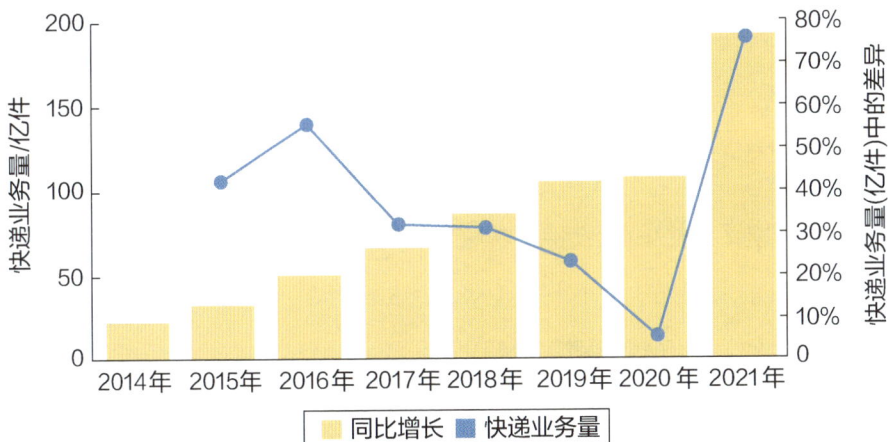

▲图 5-36 近 8 年快递行业第一季度业务量及同比增长情况

从快递量分日曲线上看，首季度快递行业借助多个营销节点起量，"春节不打烊"保障了行业快速响应，促进了线上线下消费场景融合，推动了线上经济落地。各大电商平台往往在每年腊月初八启动年货节，"年货经济"直接体现在快递业务量上：2021 年 1 月 20 日（腊月初八）当日快递业务量突破 3 亿，成为整个春节大周期的业务量峰值，2021 年年货节启动后日均快递业务量同比 2020 年同期增长约三成。2021 年第一季度快递业务量趋势如图 5-37 所示。

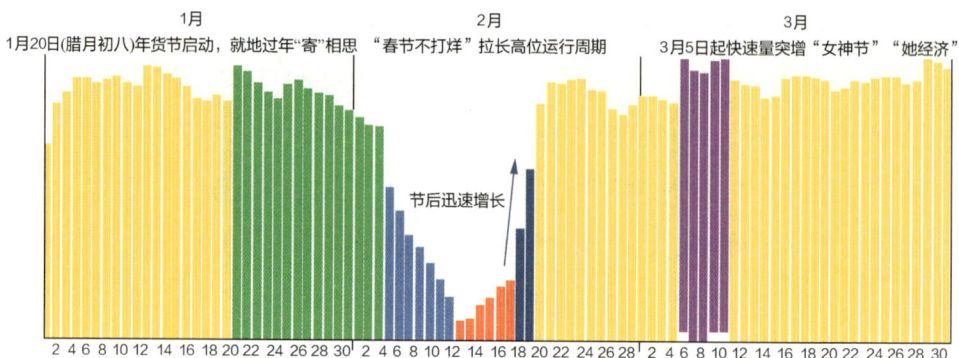

▲图 5-37　2021 年第一季度快递业务量趋势

快递为"就地过年"的游子给家乡的亲友寄去年货和思念，也扮演了"月老"的角色，为分隔两地的有情人传递爱意，2 月 13 日当天快递业务量环比前一日增长约七成。

随着"她经济"时代女性消费崛起，"女神节"的线上促销也让快递量在 3 月 5 日前后迎来一波小高峰，从 3 月 5 日至 3 月 9 日，连续 5 天单日快递量超 3 亿件，同比增长保持 50% 以上。

（3）一线分流，"产业回流"

随着中西部地区快递基础能力建设及经济产业结构不断优化均衡，快递业务市场规模逐渐向中西部地区倾斜，中部地区快递业务量比重逐年增加。2021 年第一季度中部地区快递业务量占比约 15%，创历史新高，较 2020 年同期翻一番，增长幅度远超东部地区和西部地区。从业务规模上看，广东、浙江两省占据全国快递业务量的半壁江山，第一季度快递业务量占全国的比重分别约为 25%、21% 左右，排名前两位。从同比增长上看，除了湖北，江西、河南、安徽三省同比增长翻番，增长幅度排名全国前三的同时，其规模排名全国前十五，实现"规模与增长"并重。

需要注意的是，北京、上海等一线城市及江苏省的快递业务量占全国的比重持续走低，或是高昂的建设成本、运营成本和人力成本导致制造业及电子商务向周边省份产业转移，周边省份日趋完善的快递基础网络及路网、航空网络分流了北京、上海市、江苏省等区域的快递业务量，推动了区域分工调整。北京市的快递业务量占全国比重下降的同时，周边河南省、河北省快递业务量比重逐年攀升；江苏省快递业务量比重下降的同时，周边山东省、安徽省业务量比重逐年攀升；上海市快递业务量比重下降的同时，浙江省快递业务量比重攀升；广东省快递业务量比重下降的同时，江西省快递业务量比重攀升。

（4）新主体入局，行业风云再起

快递行业竞争环境激烈，行业长久以来直营、加盟系群雄割据，行业主体优胜劣汰、持续代谢，经过多年的发展，快递与包裹服务品牌集中度指数CR8一度在 2016 年达到最低值 76.7。之后，快递格局稳定，马太效应凸显，快递业务量逐渐向头部快递企业集中，一度呈现"强者恒强"态势，但以2020 年起，市场格局陡然变化。

一方面是为抗击新型冠状病毒，社会各行各业按下"暂停键"，快递企业承担起疫情骤起时作为重要战略资源的社会责任，各类生活必需品及医疗物品通过快递送至市民手中。直营系快递企业得益于更为有效的组织管理体系和运输网络，率先对突发事件做出反应。2020 年 1 ～ 2 月，快递与包裹服务品牌集中度指数 CR8 一度飙升至 86.4。但随着 3 月全国范围内疫情得到有效控制，快递行业全面复工复产，快递业务量开始向腰部快递企业均衡。同时，随着行业新入局者极兔的出现，快递企业格局再起风云，逐渐沉寂的价格战再起硝烟，至 2021 年 3 月，CR8 降至近年低位 80.5。近期行业 CR8变化情况如图 5-38 所示。

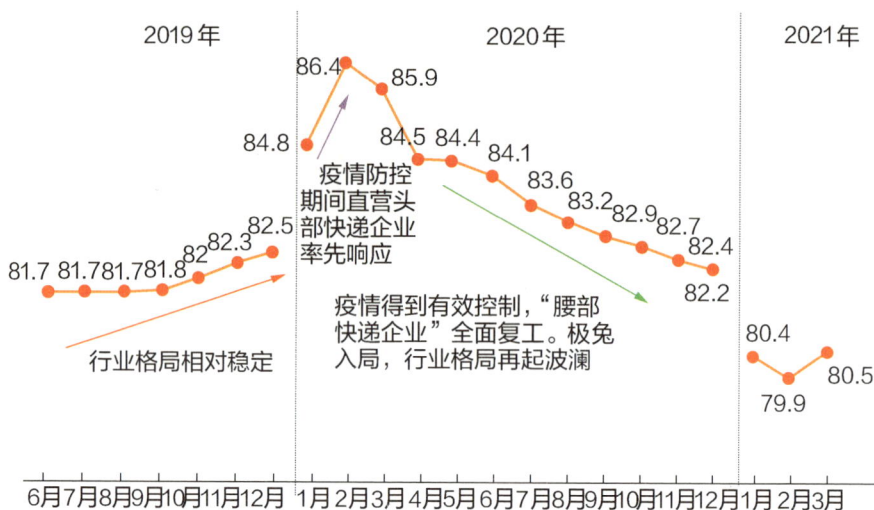

▲图 5-38　近期行业 CR8 变化情况

（5）把握新趋势，迎接新变局

　　截至 2020 年 12 月，我国网络视频（含短视频）用户规模达 9.27 亿，占网民整体的 93.7%；其中，短视频用户规模达 8.73 亿，占网民整体的 83%。同时，我国网络直播用户规模达 6.17 亿，即 44% 的中国人、62.4% 的网民是直播用户。其中，电商直播用户规模为 3.88 亿，占网民整体的 39.2%。

　　2020 年对直播行业的发展至关重要，一方面疫情对实体零售冲击颇大，也催生了直播的崛起。直播成为加快线上线下融合发展的重要途径，也成为线下商家接触消费者的新渠道。无论是淘宝等电商平台，还是抖音、快手等短视频平台，抑或是微信等社交平台，小红书等社交电商平台，都在全方位地推动直播行业和直播电商的发展，在这个"人人皆主播，万物皆可播"的时代，以淘宝为例，每周有 1.5 万场新零售直播。

　　公开数据显示，银泰直播中 90% 是新客。银泰百货借助直播突破实体门店限制，获取新客、挖掘潜客。银泰百货原本是线下实体百货，其借助直播强化了实体门店所在城市的品牌知名度，将线下顾客转化为线上商家直播间粉丝，推动成交。但更重要的是，银泰通过直播打开了未进驻银泰百货的城市的消费市场，吸引了相当一部分的异地直播用户，这部分增量用户原本不会在银泰实体百货消费，但直播＋快递的形式让线上线下消费融合成为可能。

（6）下沉市场成快递增量"蓝海"

截至 2020 年 12 月，我国农村网民规模达 3.09 亿，占网民整体的 31.3%，较 2020 年 3 月增长 5471 万，增长量超过城镇网民同期增加值。我国城镇地区互联网普及率为 79.8%，而农村地区互联网普及率为 55.9%，农村无论是电商市场还是消费市场都还有极大的发展空间。

前期快递网点主要集中在城镇，随着"快递下乡"工程持续推进，快递行业和电商平台纷纷响应国家精准扶贫、乡村振兴的号召，各类助农工程提高了农村电商的规模。3G 网络普及、4G 网络加速、5G 网络启动，移动设备的渗透，抖音、快手等短视频平台和直播电商的兴起，都加速了下沉市场的争夺。

在通达系陷入"内卷"、抢夺市场份额时，顺丰和京邦达正在加速"下沉"。顺丰的"下沉"通过经济件"顺丰特惠专配"产品实现，而京邦达的"下沉"则通过"京喜"的社交电商抢占"五环外"市场。

本文节选自《快递》第 2021 年 4 月期《大数据看快递新趋势》。

央视新闻：2022年邮政快递业创新发展

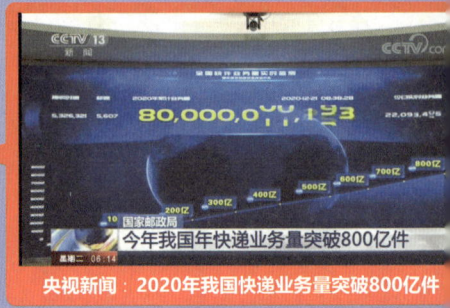

央视新闻：2020年我国快递业务量突破800亿件

新闻联播：2021年春节消费"开门红"

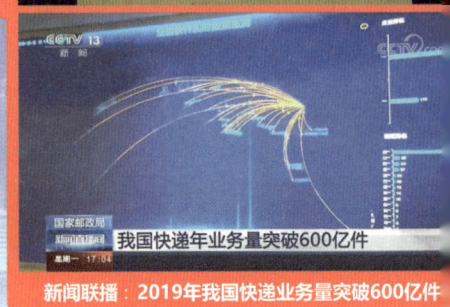

新闻联播：2019年我国快递业务量突破600亿件

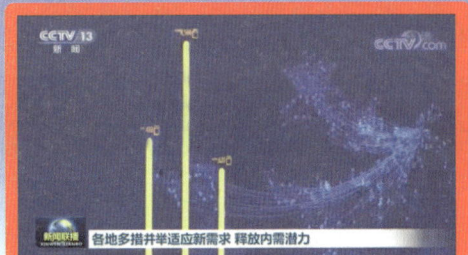

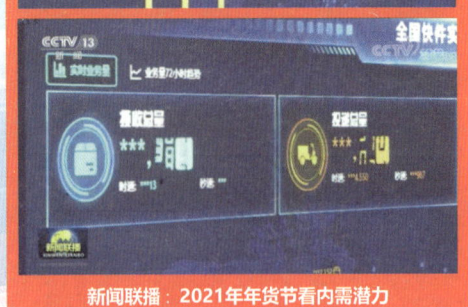

新闻联播：2021年年货节看内需潜力

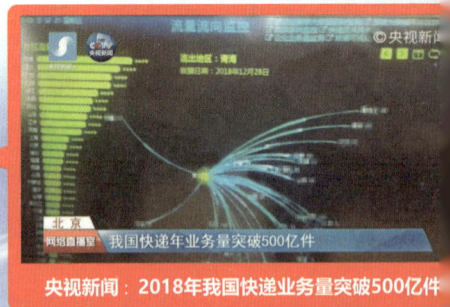

央视新闻：2018年我国快递业务量突破500亿件

第六章

多措并举，守护中国快递大数据安全发展

没有网络安全就没有国家安全,同样,没有快递大数据安全就没有中国快递的未来。当前全国每天会新产生3亿多快件在大街小巷、广袤乡村穿梭流转,海量包裹流动的同时伴随着巨量的信息流,在大数据时代,如何保护广大用户的个人隐私信息,是行业不得不严肃对待的课题。除了通过立法给数据定规矩,也需要监管机构、企业等多方形成合力,多维度构建防控体系,为行业高质量发展营造良好的数据安全环境,共同守护全行业大数据的安全发展,携手开创中国快递大数据的未来!

国际国内行业内外，数据安全形势严峻

人类已经大踏步进入了数字化时代，近年来不可挽回的数据泄露事件在国际国内各行各业频繁爆出，受影响用户不断扩大，造成了企业声誉损失和经济损失，数据泄露问题引发广泛关注。国家、政府、公民、企业，都有可能被卷入数据泄露事件，在大数据的应用过程中，也确实出现了很多的恶性事件，当我们一边享受着数据带来便利的同时，也冒着被"窥视"的风险，无论我们是否愿意与大数据牵扯在一起，数据都会关系到你我他。

数字化时代迎来新发展机遇的同时，数据安全形势却不容乐观。据公开报道，2021 年 7 月 28 日，IBM Security 发布了一项年度全球研究结果，该研究发现，每单个数据泄露事件令受访公司所承担的平均成本高达 424 万美元，创该报告发布 17 年以来的最高纪录。数据泄露成本中有 38% 是业务损失，占数据泄露成本的份额最大，平均为 159 万美元；个人可识别信息的泄露成本为 180 美元，是最常见的数据泄露类型，占 44% 的数据泄露事件。

美国最大燃油运输管道商科洛尼尔（Colonial Pipeline）公司也曾遭受勒索软件攻击，攻击者窃取这家公司重要的数据文件，导致 5500 英里（8851.392千米）输油管系统被迫停运。由于这次网络攻击，美国东海岸燃油供应受到严重影响，美国国内汽油价格达到 7 年来的最高水平，此次事件对美国的政治、经济及民生都产生了不小的影响，引发了一系列冲击。由此可见，即使是在网络安全实力很强的美国，如果网络安全出现问题，社会运转也会被打乱，国家安全也会受到严重挑战。

2020 年新冠肺炎疫情迅速在全球蔓延，加速了各行业的数字化进程，数据的价值进一步凸显，随着抗疫数据的不断展开，大量的个人信息被收集和整理，数据泄露事件也在持续高频发生。巴西一名医院员工因操作不当导致超 1600 万患者的个人信息包括患者姓名、地址、ID 信息和医疗记录等被泄露；成都赵女士在确诊新冠后被披露个人信息，引来网友们的谩骂和人身攻击，这让我们不得不重新思考，数据是一把"双刃剑"，在带来巨大价值潜力的同时，也带来了前所未有的挑战。

近年来，我国快递行业规模持续扩大，行业数据也呈爆发式增长，一件快递从下单到签收，看似两点一线，实则经历了众多的环节，包括仓库备货、产品出库、揽收、分拣、发送、运输、到达、分拣、派送、签收，事实上从网上购物开始，我们的隐私就已经面临泄露的风险，从商家到快递物流再到废弃纸箱的丢弃，在其中任何一个环节中，不法分子都有可能非法获取个人隐私信息，造成数据泄露。快递服务生命周期如图 6-1 所示。

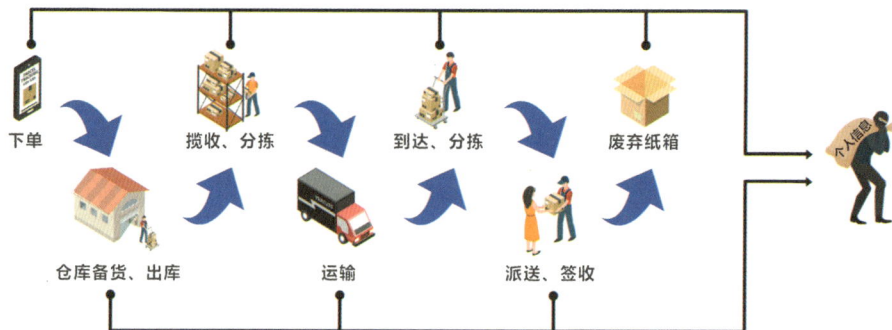

▲图 6-1　快递服务生命周期

据报道，不法分子与某快递企业多名"内鬼"勾结，泄露 40 万条个人信息的事件，曾引发社会的持续关注。诈骗分子在获取个人快递信息后，一般会冒充"电商客服"或"快递员"进行精准营销、精准诈骗，使用的诈骗手法包括"发送退货链接""快递遗失，商家理赔""商品有问题，联系退款"

等，试图绑定其银行卡等操作，盗取银行卡资金。

曾经一位视频博主分享过一条视频，据受害者自述，她接到一个自称"快递员"的电话，对方称"其快递已丢失，可以帮助其进行双倍理赔"，在电话中，"快递员"准确地报出了她在快递单上留的姓名和快递单号，因为信息核实无误，她放松了警惕，并在"快递员"一步步的"指导"下，先后进行了转账、下载借贷软件、与支付宝"客服"联系等一系列操作，30 分钟内陆续被骗 16 万元。

根据数世咨询发布的《2020 网络安全大事记》统计，"2020 年全球信息泄露用户凭证数达 8.27 亿个，泄露信息记录达 352.79 亿条，涉及人数约 21.2 亿人。"用户信息泄露事件频发，引发网络诈骗案等诸多安全隐患，相关案件严重侵犯了公众的合法权益，造成了较大的社会负面影响。在实现快递行业大数据集中后，如何对行业数据进行监管、保护和应用已成为核心问题，需要从管理层面和技术层面两方面进行提升，才能让数据在法律框架内有序运行，确保快递行业健康可持续发展。

国家强化立法保障，织密织牢安全之网

大数据等技术的快速发展不断催生新的产业形态，正成为经济社会发展的新引擎。与之相伴的是，数据安全风险日益成为影响行业发展、网络安全甚至国家安全的重要因素。数据安全成为政府、企业和个人信息安全中的重中之重。要发展数字经济、加快培育发展数据要素市场，必须加强数据安全治理，把保障数据安全放在突出位置。

为保障数据安全，维护国家安全及公众利益，我国相继出台了《中华人民共和国网络安全法》《中华人民共和国数据安全法》《中华人民共和国个人信息保护法》等法律法规完善国家安全领域法律体系。相关法律法规如图6-2所示。

2017年6月1日，《中华人民共和国网络安全法》正式施行。作为我国首部网络领域的基础性立法，该法将保障公民的网络空间合法权益不受侵犯，作为立法的基础，是为促进经济社会信息化健康发展而制定的法律。《中华人民共和国网络安全法》明确了政府、企业、社会组织、技术群体和公民等网络利益相关者的权利和义务。

网络安全法实施后的第二个月，北京市网信办、天津市网信办联合约谈了某招聘网站的法定代表人，要求其整改网站招聘信息。据悉，经相关部门调查，该招聘网站在为用户提供信息发布服务过程中，违规为未提供真实身份信息的用户提供服务，并且未采取有效措施对用户发布传输的信息进行严格管理，导致违法违规信息扩散。针对此类网络安全事件存在的突出问题，

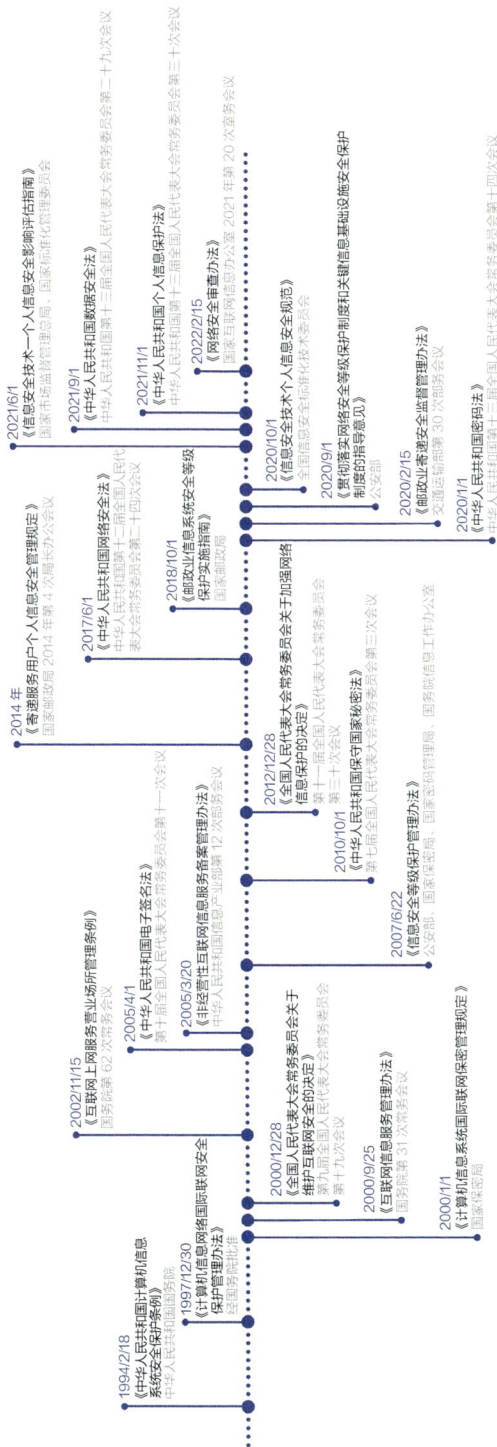

▲图 6-2 相关法律法规

《中华人民共和国网络安全法》为其提供了判定及处理依据，保护了公民、法人和其他组织网络空间的合法权益不受侵害，维护了国家安全、社会公共利益，保障了网络信息依法有序自由流动，促进了网络技术创新和信息化持续健康发展，充分体现了保护各类网络主体合法权利的立法原则。

2021 年 9 月 1 日，《中华人民共和国数据安全法》正式施行，作为我国首部数据安全领域的基础性立法，其对"数据"提出了明确的定义。《中华人民共和国数据安全法》第三条规定："本法所称数据，是指任何以电子或者其他方式对信息的记录。"按照这个定义，我们使用各种应用而产生的痕迹及记录都属于数据的范畴，任何组织、个人通过窃取或其他不正当手段获取数据都属于非法行为。

近年来，数据安全热点事件频频出现，数据泄露、勒索病毒、个人信息滥用层出不穷，数据保护的需求越发迫切，数据安全法的出台，实现了数据监管有法可依，提升了国家数据安全保障能力，促进了数字经济发展创新，扩大了数据保护范围。该部法律体现了总体国家安全观的立法目标，聚焦数据安全领域的突出问题，确立了数据分类分级管理体系，建立了数据安全风险评估、监测预警、应急处置、数据安全审查等基本制度，并明确了相关主体的数据安全保护义务，是国家安全领域的一部重要法律。

2021 年 11 月 1 日，《中华人民共和国个人信息保护法》正式施行，这是我国第一部个人信息保护方面的专门法律。本法旨在保护个人信息权益，规范个人信息处理活动，促进个人信息合理利用。在具体条目中，法律对于数据处理者获取、收集、保存、使用个人信息都做出了十分严格和具有针对性的法律规定。任何组织、个人不得非法收集、使用、加工、传输他人个人信息，不得非法买卖、提供或者公开他人个人信息。同时，还明确了罚则：处理个人信息未履行本法规定的个人信息保护义务的，由履行个人信息保护职责的部门责令改正，给予警告，没收违法所得。

在大数据时代，用户信息等数据无疑是最有价值的资产之一。特别是在最近几年，信息技术的快速发展和广泛应用，使得用户信息的收集、使用更为便利，成本显著降低，成为数字经济发展的重要推动力。与此同时，用户信息既关系到公民的人身和财产安全，又承载着公民的隐私和利益，也关乎企业的发展命脉，更关系到国计民生。

一系列法律法规的密集出台，进一步体现了国家对数据安全治理的高度重视，明确了国家严格限制敏感用户信息处理的态度，加强了国家打击违法犯罪活动的力度。在大数据时代背景下，政务、社会、城市数字化快速发展，进一步为我国数字化转型和健康发展提供法制保障，相关监管部门还须依据法律法规进一步健全数据安全管理配套制度，明确数据责任主体，结合当前社会需求全面优化管理体制。

行业完善制度设计，持续打造安全寄递环境

2021 年，快递行业已经进入单日"3 亿件时代"，成为关乎人们日常生活消费的重要行业。业务量的快速增长产生了海量的收寄信息、快递流量流向信息等数据，这些数据可直接体现全国各区域购买力分布、商业布局、人口关系、货物流动等特征，可直观反映出我国的整体经济运行情况，一旦被不法分子窃取用于违法犯罪活动，将会对整个社会、行业造成重大影响和危害，对国家安全构成重大威胁。推动大数据技术产业创新发展、运用大数据提升快递行业治理水平现代化，促进保障和改善民生，切实保障国家数据安全，已成为大势所趋。

随着我国安全领域法律体系逐渐完善和健全，国家邮政局作为快递行业的监管部门，为不断强化企业对寄递用户个人信息安全防护力度，维护邮政通信与信息安全，促进邮政业持续健康发展，陆续发布了一系列的规章制度，这对于加强上下游数据管控规制和保护个人信息安全起到了关键作用。

2014 年，国家邮政局发布了《寄递服务用户个人信息安全管理规定》，从制度上对寄递服务用户个人信息流转涉及的各方主体、各个环节进行规范，设计了比较完整的寄递用户个人信息安全保护框架体系，明确界定了寄递服务用户个人信息的含义，明确了寄递用户个人信息保护的各级监管机构，针对快递企业不同经营体制、管理和内部处理方式，明确了与其合作各方对寄递用户信息安全责任的划分，鼓励企业优化流程并采用技术手段来减少用户信息泄露风险。同时，《寄递服务用户个人信息安全管理规定》还对快递企业的信息安全防护提出了信息系统的基础性要求。

2018 年 10 月 1 日，《邮政业信息系统安全等级保护实施指南》正式施行，规定了邮政业信息系统安全等级保护定级的基本原则、安全保护等级划分、定级方法和等级变更要求，为行业开展信息系统安全等级保护工作提供科学指导，对于提高邮政业信息系统的安全防范能力，落实安全责任，加强安全监管具有重要意义。

2020 年 2 月 15 日，《邮政业寄递安全监督管理办法》正式施行，该办法加强了邮政业寄递安全管理，维护邮政通信与信息安全，保障从业人员、用户人身和财产安全，促进邮政业持续健康发展，对邮政企业、快递企业明确提出要按照国家网络安全等级保护制度的要求，履行安全保护义务，保障其网络免受干扰、破坏或者未经授权的访问，防止网络数据泄露或者被窃取、篡改，办法的施行为邮政业持续健康发展提供了有力的规章制度保障，有利于企业在业务量高速增长的背景下坚守安全底线，规范操作，预防寄递安全事故的发生。

一系列快递行业信息安全规章制度的出台，为快递行业提供了更加细致且可操作的行为依据，同时标志着我国快递业信息数据安全保护迈入了新阶段。

信息时代将快递数据安全提到了前所未有的高度，政府、企业、个人已然成为一个有机整体，防范信息安全风险也成为全行业刻不容缓的任务。加强信息安全的理论研究与应对措施，做好信息数据安全防护，对于维护企业形象、保护人民群众合法权益、维护社会稳定和国家安全都具有重要意义。

中国快递业正处于转变发展方式、优化发展结构、转换增长动力的攻坚期，不仅要保持行业平稳运行，还需要不断提高对数据安全防护的重视程度，持续加大在制度建设、技术防护、安全管理等方面的投入，依托强大的信息安全防护体系，守护行业大数据的安全发展。

构建立体安全防护体系，守护行业关键要素

数字化发展势不可挡，中国快递作为高度数字化的产业之一，每件快递都实现了全生命周期数字化追踪和定位，但全面数字化管理也意味着面临更多、更复杂的风险场景。

我国在网络安全和数据治理方面的立法体系不断完善，快递行业的信息安全意识也逐步加强，大多数企业都在积极完善各自的管理制度体系和软硬件设施，加强内控体系建设，从多维度升级安全防控体系，将显性的安全隐患排除于寄递渠道之外。

加强基础环境建设，保障核心数据安全

基础环境建设是数据安全保障的核心，核心信息系统更要加强对基础环境的安全保障。针对不同区域中的网络边界进行相对应的安全管理，制订科学的安全防护措施，用科技来统筹安全管控。

2018 年，国家邮政局对主要品牌快递企业开展了"邮件快件实名收寄信息数据安全防护评估"工作，通过对快递企业涉及实名信息的系统进行评估，大多数快递企业在机房物理防护、网络和通信保障、安全运维和管理、关键设备加固防护、系统账号管理和信息系统安全检测方面基本符合等保三级的要求；企业实名收寄系统均使用了防火墙、入侵检测系统、漏洞扫描系统、虚拟网关 VPN 等防护措施，部分企业还使用了堡垒机、安全路由器、安全隔离网闸等设备加强数据安全防护。通过此次专项评估帮助企业认识到实名信息数据安全管理中的薄弱环节，有针对性地提出防范对策和改进措施，提升

了快递行业实名收寄信息数据安全管理水平。

各快递企业对数据安全保护的重视程度也在不断提升。顺丰在 2015 年就开始着重加强自身的数据安全能力建设，强大的安全环境支撑海量数据的安全防护，成功保障3个数据中心、超过500个业务系统、1.3万个数据库系统、1.2 万个网络节点和超 30 万个网络终端安全运转。2019 年，圆通投入近 4 亿元支持科技创新和研发支出，用于基础设施和科创平台的搭建、人才团队及信息化系统的构建，其中网络安全方面投资占比达 30% 以上。中通也始终将客户的数据安全放在首位，通过长期的信息安全管理建设，已经搭建起一整套的信息安全管理基础、制度与人才体系，网络数据安全建设持续升级。

快递企业的基础环境建设和信息安全保障取得了一定的成效，已建设一批信息安全基础设施，在加强信息内容安全管理、保障和促进快递行业信息化发展方面发挥了一定的作用。未来将进一步推动建立行业大数据安全评估体系，切实加强基础环境安全防护，做好可靠性及安全性评测、应用安全评测、监测预警和风险评估。同时采用安全可信的产品和服务，强化安全支撑，提升基础设施关键设备安全可靠水平，为快递大数据发展保驾护航。

培树数据安全专职团队，专业的人干专注的事

在互联网快速发展的大背景下，衍生出的信息安全问题层出不穷，形势变得异常复杂，快递企业更要注重对信息安全管理团队的组建，引进专业型人才，把专业的问题交给专业的人员才会产生最佳的效果。也许有人认为，企业发展初期并不存在这种问题，其实只是问题未被发现，或未成为攻击者的目标而已。随着企业的发展壮大，问题会随之暴露，需要解决的安全问题也会逐渐增多，成立信息安全团队可以说是企业发展的必由之路。

在以数据为中心的安全保护中，七分是管理，三分是技术，管理本身就成为数据安全保护的重要前提。我国快递行业信息安全管理起步较晚，目前，虽然很多企业已经意识到信息安全的重要性，在信息安全管理团队的组建方面投入了大量的资金，但仍然有一部分企业由于运营成本和系统性能等因素，缺乏专业化安全专职团队，导致信息化安全防护手段相对滞后，影响了行业整体信息安全防护能力。

监管部门也鼓励快递企业定期举办信息安全教育和专项技能培训，提升数据安全专职团队的整体防范能力，使其具备对应的专业化防控手段，并通过聘请信息安全和网络技术等方面的专家作为企业信息安全顾问，帮助企业提升信息安全管理水平。

强化内部管控，提高防范意识

企业往往担心来自外部的攻击和窃取，却忽略了本身存在的内部威胁，美国网络安全软件公司 Code42 与阿伯丁研究公司合作发布的最新研究显示，"内部泄密"占比远高于"外部窃密"，而且大多数"内部泄密"并非恶意行为，因此在防护外部风险的同时更应该注重内部成员造成的数据安全风险。快递业务流程中具有信息泄露隐患的环节有很多，例如，快递员在外可随时复印面单，存放面单的办公区域人员随意进出，快递公司对面单大多采取自己销毁的方法，面单上的个人信息很容易被窃取。

为强化内部管控，应定期结合不同的岗位开展有针对性的数据安全管理培训，注重行业内部自我规范，提高成员的数据风险防范安全意识，将显性的安全隐患排除于寄递渠道之外。

要做好企业从业人员的管控问题，就要在快递行业建立有效的信用体系，将内部的管理模式进行升级改造，提升从业人员整体素质水平，进而保证整个工作有序发展。对于内部人员要进行有效的考核，核心岗位限制外包服务，实行强制性和常态化安全培训，提升从业人员的安全素质与意识，通过建立有效的奖惩措施和管理制度促进企业内部诚信体系的完善，最大限度地避免用户信息泄露。对快递企业加盟网点数据泄露风险应加以警惕，由于加盟商和快递人员在投递过程中操作随意性大，行业规范对其约束力有限，所以无论是在人员准入考核、隐私保护意识，还是日常警示教育等方面，都要形成以客户服务、用户信息保护为导向的服务理念。

加强企业信息安全文化建设，通过宣传教育、组织培训、制定标准等多种手段助力数据安全保护，也可以通过信息安全意识手册让员工能够学习到企业的信息安全相关规定，了解当今常见的信息泄露可能存在的途径，规范自己的操作，通过张贴海报等方式让员工在闲暇之余就能够感受到信息安全防护的必要性，营造全体人员主动提升安全意识的氛围。

通过制定快递行业的服务安全标准、推进内部安全管理制度的建设和完善企业人员信息保护意识等举措，建立快递运单全生命周期管理制度，妥善保管用户信息数据，加强员工对快递详情单的使用、收回、销毁等工作环节的管理，做到对每个环节的有效管控，才能有效降低人为泄露风险。

以练筑防以练备战

网络安全日益成为国家安全的重要组成部分，已经成为信息时代国家安全的重要战略。安全防护是一项长期性、系统性工程，需要行业从业者长期坚持常态化演练，既能提高安全管理人员的应急响应能力，也可对应急预案实战检验。以练筑防、以练备战，不断提升网络安全防护和应急处置水平，构建攻防相长的网络安全综合防御体系。

（1）常态组织科学有效的应急演练，提升应急能力

在整个网络安全应急体系中，最难做到位的环节就是应急演练。应急

演练将全盘模拟网络安全事件发生时的应对处置流程，一方面可以检查应急预案的有效性，另一方面能让参与者提高对突发事件风险源的警惕性和预防性，在突发事件发生前消除隐患。一旦突发事件来临，也能做到镇静自若地协调指挥，避免出现严重后果。只有进行科学有效的应急演练，才能发现应急体系和工作机制存在的问题，同时检测应急策略的合理性和应急预案的落地性，进一步明确应急人员各自的岗位职责，针对演练中发现的问题和不足之处进行持续优化，不断提高各级预案之间的协调性，提高整体应急处置能力。科学有效的应急演练，既锻炼了队伍，又提升了全环节防御能力，一举两得。

（2）定期开展实战化的攻防演练，锤炼防御攻击能力

网络空间不存在百分之百的安全，防御永远比攻击更难，网络安全实战攻防演练必将成为提升既有防御等级的重要手段，"以攻促防"战略意义重大。

近些年无论是政府部门、企事业单位还是网络安全服务商，都在不定期地开展网络安全演练活动，实战化已经成为检验安全队伍专业能力最好的方式之一，行业企业应组建自己的红蓝队伍，定期开展攻防演练，在攻防演练中，除优化攻防对抗技巧外，及时查漏补缺也同样重要。实战化攻防演习的最终目的是提升网络安全防御水平，以确保在突发事件中可经受网络攻击的考验。企业应正面看待在演习活动中暴露出的网络安全问题，对问题进行科学分析、研判，闭环整改尤为重要，需要在日常的安全培训和攻防实战演练中不断积累经验，同时以安全团队为核心，提升团队技战术水平，构筑行业坚强网络安全屏障。

全行业推行隐私面单，保护个人信息

快递面单涵盖了个人敏感信息，包括姓名、电话号码及家庭住址，通过快递面单，可以查询到收寄件人的相关信息。从快递行业诞生起，快递企业一直都在使用传统的多联复写面单，2012年后电子面单逐步在行业中推广应用，电子面单推动了中国快递业进入数字化时代，随着快递业务高速发展，如何有效保护面单上的个人信息，隐私面单成为预防泄露的第一把锁。

2017年，各大快递企业曾大力推行过隐私面单服务，在快递面单上用"星号数字"或"笑脸数字"来代替中间几位手机号码和用户的姓名，以此保护用户个人隐私信息。但推行几年以来，隐私面单仍未在全行业大面积普及，技术、投入、派件效率等成了影响"隐私面单"全面普及的重要因素。

为保护公民信息安全，提高快递服务质量，避免寄递过程中寄件用户的隐私信息泄露，行业监管部门推出了高效隐私面单服务，大大降低了企业推广隐私面单的技术门槛和资金成本。该服务通过快递安全虚拟号服务平台配备百亿级快递虚拟号码资源，面单上手机号信息通过该平台进行加密，为快递的收寄双方分配快递虚拟号，替代原有收寄人真实手机号码，打印在快递面单上。快递员通过拨打快递虚拟号联系收寄件用户，当所寄送的快递包裹被安全送达之后，这个安全号码会被系统自动回收。目前快递虚拟号已应用于多家品牌快递企业，下一步也将持续通过技术手段改善消费者信息安全保护服务体验，持续在全行业加快推广应用免费快递虚拟号服务，保障广大消费者在使用快递服务的同时个人信息也能得到保护，运用科技手段和大数据力量驱动行业高速安全发展。隐私面单服务如图6-3所示。

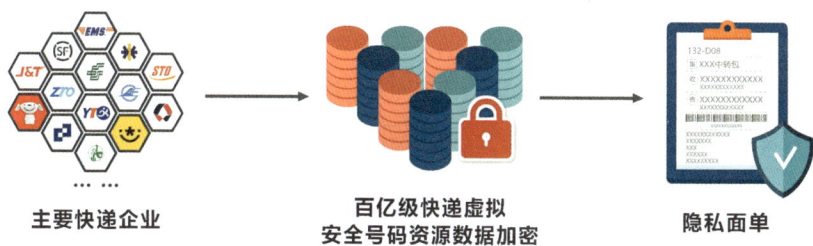

主要快递企业　　　百亿级快递虚拟　　　隐私面单
　　　　　　　安全号码资源数据加密

▲图6-3　隐私面单服务

审慎适度开发，维护快递大数据生态

快递行业信息化建设和应用已历经十余年探索，逐步积累了海量的业务数据信息，并且还在不断地快速增长，这些积累的行业数据有着巨大的社会效益和经济效益。

快递行业存在着超强链接的属性，使得快递数据不仅关乎快递行业本身，更能直观体现着制造业、零售业等行业的发展及各地区居民的消费能力和消费习惯，同时在社会治理现代化发展进程中承担着重要角色。在国家安全、公共安全、社会安全等方面，快递大数据在多个领域应用中均取得了丰硕的成果。可以说，数据就是效率，数据就是效益，快递大数据合理的开发和利用，将产生越来越多的社会效益。

快递大数据的开发利用和个人信息保护本质上应该是一个相辅相成的过程，二者应该达到某种程度的平衡。如果对大数据保护过度，或者保护范围过大，那可能会限制这些数据的有效开发和利用，但如果不加任何保护地过度开发，就容易陷入个人信息被滥用的境地，反过来也会使数据的开发利用陷入窘境。

快递大数据开发要把握好开发利用的尺度，明确数据采集、传输、存储、使用、开放等环节，保障数据安全的范围边界、责任主体和具体要求，切实加强对涉及国家利益、公共安全、商业秘密、个人隐私等信息的保护。妥善处理发展创新与保障安全的关系，审慎监管，保护创新，探索完善安全保密管理规范措施，切实保障数据安全。

筑牢安全防线，引领行业高质量发展

网络安全不仅关乎公共安全，更关系国家安全，也与每个人的生活密切相关。作为国民经济和社会发展的风向标，"十四五"规划里对建设数字中国和打造网络安全强国做出了重要部署。"安全"成为继"发展"之后又一个重要的关键词，是国民经济和社会发展不可忽视的命题。

近年来，我国网络安全工作进入快车道，国家网络安全保障体系日益完善，网络安全防护能力显著提升，网络安全工作取得瞩目成就，广大人民群众在网络空间收获了越来越多的获得感、幸福感、安全感。应处理好安全和发展的关系，坚持以安全保障发展、以发展促进安全。应对数据安全风险，需要凝聚国家力量，共商应对数据安全保护之策，共谋数据安全发展之道，共创快递大数据发展的美好未来。

没有网络安全就没有国家安全，同样，没有快递大数据安全就没有中国快递高质量发展。快递业是因"网"而起的，步入高质量增长的行业应集聚全行业的资源和集聚全体中国快递人的智慧，全面加强数据安全保障体系和能力建设，从提升人员技能、夯实基础防护、强化技术保障等方面不断提升行业信息安全水平，真正激发行业大数据的社会价值，在国家新基建中承担更多的社会担当。在守住数据安全这条底线的同时，中国快递未来将与千城百业进一步实现快递大数据融合发展，为更多行业插上快递大数据的翅膀，助力中国经济高质量发展。

第七章

数智驱动中国快递赋能未来

2021 年，中国快递跨越千亿件的门槛，"十四五"迎来"开门红"。展望未来，快递行业将如何迎来新的发展机遇？

　　经过多年发展和培育，快递行业的内涵、功能、边界和影响正在日益扩展，从"无人不知"到"无处不在"，再到今天的"无所不能"。在互联网时代迎来第一次惊艳绽放的中国快递将在数字时代奉献怎样的表现？快递行业正经历从"汗水快递"到"数据快递"的华丽转身，必将迎来数智时代，必定服务更宽领域。希冀中国快递胸怀"国之大者"，穿新鞋走大道，勇立数字时代潮头，携手千城百业开启数字产业化大时代！

中国快递将肩负光荣使命，助力构建更广阔市场

2021 年是"十四五"的开局之年，也是中国快递发展历史上具有里程碑意义的一年，这一年，全国快递服务企业业务量累计完成 1083.0 亿件，同比增长 29.9%；业务收入累计完成 10332.3 亿元，同比增长 17.5%。在疫情防控常态化、国际形势严峻等时代大背景下，全行业有效应对，更加深度融入经济社会发展，在畅通"双循环"、服务乡村振兴中发挥了更为重要的作用。

"十四五"期间，快递行业在国计民生中的重要性将越发凸显，不断加载更多的社会使命与社会责任，但机遇与挑战并存，"千亿万亿"规模下，新业态、新形势、新格局为快递行业高质量发展提出了全新课题。上游电商平台格局巨变，呈现多元化发展。随着快递企业供应链网络、数字化服务等能力需求增强，多元化的电商平台时刻倒逼快递企业"主动适应"。快递服务与百姓预期还有一定的差距，生活快递化的大背景下，人们对快递服务的要求越来越高，越来越精细化，单日数亿级的快件量如何延续高速增长并实现高质量服务是行业发展进程中不可回避的课题。

在数字时代的大大背景下，快递行业作为国家战略性基础设施和社会组织系统之一，与经济社会的发展融合度还将持续加强，行业的数字化发展离不开互联网、大数据、云计算、人工智能、区块链等技术创新应用，无人机、无人车、无人仓及更多的新鲜血液将不断武装到行业的每一个作业环节。行业监管也将顺应时代，与行业发展有机结合，互相促进，完成从监管到服务的转变，助力行业在服务民生、推动运输结构变化、推动行业服务精细化、服务社会治理、服务乡村振兴、拓宽国际市场等方面开辟更为广阔的空间。

"生活快递化，快递生活化"趋势不可逆转

数字化、数据化将在未来很长的一段时间深刻影响后疫情时代的世界经济和社会发展，中国快递的公共属性作用也将伴随数据时代的深刻影响而更加凸显。快递行业作为线上线下融合的关键节点，是激活经济活力和畅通"双循环"的关键要素。中国快递堪称是线上经济的新基建，已经深度渗透到人们日常工作、生活的每个角落。中国快递已成为国脉所系、发展所需、民生所依，社会责任日趋重大。

数字化时代的到来特别是后疫情时期，我国社会经济活动将加速向线上转移。得益于近年来科技与互联网的蓬勃发展，我国已成为全球最大的数字社会。中国互联网络信息中心发布的数字显示，截至 2021 年 6 月，我国网民规模达 10.11 亿，手机网民规模达 10.07 亿，互联网普及率达 71.6%。即时通信用户规模达 9.83 亿，网络购物用户规模达 8.12 亿，短视频用户规模达 8.88 亿。自 2013 年以来，我国连续 8 年成为全球最大的网络零售市场，而支撑网络零售发展的重要基础设施就是中国快递。我国网民规模和互联网普及率变化趋势如图 7-1 所示。

线上经济作为数字经济的重要组成部分，线上购物已成为不可或缺的生活方式，在经济发展中一直扮演并将持续扮演重要角色，伴随而来的实物质量和安全是未来快递行业的另一个机会，快递作为逆向物流也将为商品售后和后续服务提供有效保障，可以说快递作为"线上"和"线下"的天然连接器，正在为人们日常生活提供无处不在的服务。

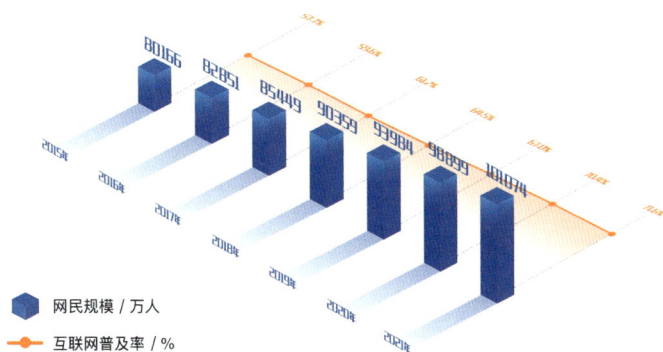

数据标签(柱形): 80166　82851　85449　90359　93984　98899　101074

▲图 7-1　我国网民规模和互联网普及率变化趋势

在不久的将来，中国快递服务的覆盖率将不断提高，服务的频次将更趋高频，"一日一递"向"一日多递"转变，从"吃穿住行"到"开门第一件事"，"生活快递化，快递生活化"趋势更加明显。

直播与网红：快递行业新领域新风口

传统电商跨越了日新月异的 PC 互联网时代和移动互联网时代，4G、5G 催生的以社交短视频为主的新经济、新模式，让传统电商头部企业难以在第一时间赶上这突变的风口，互联网正向多中心化演进，自媒体和新媒体成为新流量入口，新技术正在重构互联网新型消费生态圈。短视频、社交电商所催生的非传统电商与中国快递可谓是相互成就，网红经济为快递企业打开了流量新风口，头部快递企业也应抓住这一历史机遇，借助线上经济和网红风口，赋能传统产业，在服务中不断壮大寄递网络及基础设施，为"人人皆网红"提供必不可少的线下基础设施。

服务小众：更具个性化定制或催生更多快递服务场景

传统标准化商品是供给相对匮乏的产物，在线上经济、电商和快递成熟之前，一些小众的消费者和消费需求往往被忽略。线下有限的销售资源往往铺设主流的热门商品，小众消费者独特的审美和诉求却无法找到对应的小众

商品；没有社交平台，他们无法找到小众审美同好，个人消费品位和消费倾向无处分享；没有电商和快递，制造者不敢轻易制造小众商品，生怕造成大量库存积压、找不到受众。但多样化、个性化是成熟市场发展的必然方向，线上经济的发展改变了这一切，"电商＋快递""社交＋快递"的新型模式让小众需求走到大众面前，激活了小众市场。

快递将生产和消费紧密联系在一起，让大众看到热门商品之外的更多消费场景。"汉服""手工""定制""vintage[1]""奢侈品""模型手办""极限运动设备"等新词在过去几年逐渐被人们熟悉。快递解决了小众消费的触达问题，在营销传播碎片化的助推下，小众文化由线上消费逐步向线下实体发展，成为线上线下融合的新样本。快递作为供应链革命中重要的力量，推动了中小型企业、生产者与数字化网络的紧密结合，个性化定制也将是未来快递行业的重要增长点。

闲置经济市场：二手市场与再消费呼唤快递新需求

中国快递激活的不仅有小众市场，还有二手闲置市场。几年前，二手物品的交易往往还局限于校园内部或同城见面交易。但近几年闲置物品交易成为一种新的消费方式，催生了闲鱼、转转、拍拍、爱回收等各类二手交易平台。既有综合性的二手物品交易平台，主要依托于 B2C 或 C2C 电商平台的流量进行二次交易，又有关注细分消费市场的专业二手物品交易平台，从高价值的 3C 产品到二手书都能找到各自适配的闲置物品交易平台。

二手闲置物品再消费，一方面当今时代下"90 后""00 后"开始成为消费的主力，但收入水平限制了炫耀性消费、享乐性消费，同时社交平台发展下的网红经济让消费者"理智与激情"并存，进而二手闲置物品转卖成为"回血"最快的方式之一。另一方面，快递行业便捷的网络让二手商品的频繁流

1　vintage 中文为"古着"，指在二手市场淘来的顶级服装品牌的经典款式。

动成为可能。其催生的交易平台或鉴定平台提供的"鉴定"服务也以快递为基础。

快递养老："银发族"深度触网，快递走进老年生活

有关调查显示，在近 10 亿网民中，40 岁以下网民超过 50%，新冠肺炎疫情又在无形中加快了"银发族"触网的节奏。"网购""健康码"让更多老年人加入"网民"队伍，目前 50 岁以上的"银发族"网民约 2.6 亿，"银发族"不仅通过网购买到了物美价廉的"老花镜"，还可以通过快递为晚辈传递隔代亲情。

更多老年人开始使用互联网，移动互联网和智能终端与老年人适配问题正在逐步得到解决，中国老年人也在享受数字经济带来的红利。老龄化社会的到来和"银发族"触网率的提高，让"快递养老"可以作为老年人生活的一种新模式，老年人通过快递采购生活物品、医药瓜果，收到子女寄送关爱的快递，从而得到更多的生活便利。中国老龄化社会发展趋势为生活快递化提供更多场景和市场空间。"银发经济"将是未来中国快递的机会，更是神圣的社会使命。

当前线上经济正在重构人们的生产生活，中国快递的作用不仅局限于传统的货物交付，其承担的数字时代分工更加广泛和细致，也将催生更多商业模式、孵化更多消费场景，而养老、直播、带货、个性市场、二手闲置交易只是"快"连接的热门场景之一，未来快递还将引领更多的新商业模式。

"两进一出"工程，快递行业高质量发展必由之路

2021 年 7 月 30 日召开的中共中央政治局会议提出："加快贯通县乡村电子商务体系和快递物流配送体系。" 2021 年 8 月 20 日国务院办公厅正式印发《关于加快农村寄递物流体系建设的意见》。当前快递行业发展还面临不平衡、不协调等一系列短板问题，亟须在促进城乡区域、生产消费、国内国际、总部末端、高端低端等方面协同发展，"两进一出"工程将是未来很长一段时间补齐行业短板，激发高质量发展的新动能。

快递进村：从千家万户到田间地头

小包裹，大民生。2021 年 8 月，国务院办公厅印发的《关于加快农村寄递物流体系建设的意见》提出："到 2025 年，基本形成开放惠民、集约共享、安全高效、双向畅通的农村寄递物流体系，实现乡乡有网点、村村有服务。"

农村寄递网络是农产品出村进城、消费品下乡进村的重要渠道之一，对满足农村群众生产生活需要、释放农村消费潜力、促进乡村振兴具有重要意义。快递进村将进一步带动消费下沉，让农村地区消费者更好地享受网购服务。快递进村在解决农村网购问题的同时也给农村带来了生机活力，越来越多的年轻人愿意返乡创业，他们顺应时代潮流，拿起手机，通过直播平台和电商平台将家乡的农特产品通过快递销往全国。

根据 2020 年开展第七次全国人口普查，我国有超 5 亿人生活在乡村，占比 35.11%，农村快递、电商及消费市场发展前景广阔。中国互联网络信息中心近日发布的第 48 次《中国互联网络发展状况统计报告》显示，城乡的网民规模比是 7:3，城镇网民是 6.8 亿，占 68.7%；农村网民 3.09 亿，占 31.3%，而农村地区互联网普及率为 55.9%。其中，中西部的网民数量增长更快。2021 年农村地区快递收投量已经超过 370 亿件，带动农产品进城和工业品下乡近万亿元。目前，全国建制村已经全部实现了直接通邮，全国乡镇快递网点覆盖率达到 98%，乡村电商快递服务站点达 14.6 万个，已经有效打通农村消费升级和农产品上行的末梢循环，促进了农产品供需两旺。

农村快递寄递的产品除了传统手工艺品、地方特色产品、加工农产品外，还有瓜果生鲜类农产品、水产品等，对运输时效、运输条件有更高要求的产品。但目前农村往往缺少冷链基础设施，加上我国农村地区特别是中西部地区部分农村地区自然村落分散，导致农村快递物流成本高、快递价格与成本普遍倒挂，存在快递企业网点建设成本高、信息共享难、资源难以互补等问题。农村电商业务需求持续增长，行业正在鼓励企业通过驻点或班车的形式提供上门服务，直接从田间地头批量揽收，提高高峰期产地直发比例，通过产销对接实现产地直发直运，减少中转，缩短农村供应链。同时，鼓励建设产地仓，统筹冷链车辆，加强仓储、运输、配送等环节衔接，缩短产品运输和配送时间。因地制宜发展直配直送、集约配送、协同共配等多种配送模式。对于可储存的加工产品，可以通过云仓的形式前置——当快递企业收到农户提交的订单后，直接从云仓发货，缩短从田间到餐桌的寄递链条。

服务快递进村，多种方式协同成为主要模式，"邮快合作""快交合作""快快合作""快商合作"等多方合作方式成为"进村"服务新方式，充分发挥邮政企业和交通运输企业在乡间的网络优势，鼓励共配和多业态合作，推动行业间的协作和资源共享。整合不同品牌快递公司资源，建立共享共建机制，结合农村具体的业态布局快递网点，在下沉快递服务的同时降低农村末端寄递成本，实现多产业融合共赢，在这方面，行业使命光荣，但任重道远。

农产品寄递冷链运输流程如图 7-2 所示。

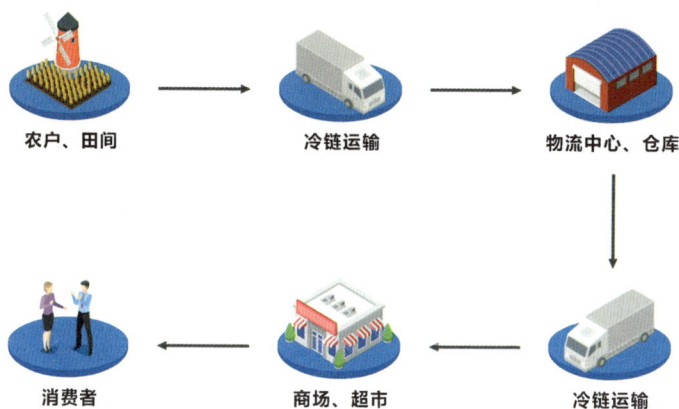

▲图 7-2　农产品寄递冷链运输流程

快递进厂：深度融入制造业产业链

2020 年 2 月，国家邮政局、工业和信息化部联合印发《关于促进快递业与制造业深度融合发展的意见》，其中提出，到 2025 年，快递业服务制造业范围持续拓展，深度融入汽车、消费品、电子信息、生物医药等制造领域，形成覆盖采购、生产、销售和售后等环节的供应链服务能力，培育出仓配一体化、入厂物流、国际供应链、海外协同等融合发展的成熟模式。

目前我国大约有 2000 多个产业带，近 700 万家制造业工厂。"快递进厂"可以提高流通效率，推动制造业提质增效，提高整个产业链条的竞争力，支持制造强国战略的实施。特别是伴随制造业分工细化、制造业全球供应链逐步形成，制造业的寄递需求将不断增加。

制造业是国民经济的主体，是快递业发展的重要基础，是中国实体经济的基本盘。快递业是现代服务业的重要组成部分，为制造业发展提供了重要的服务保障。促进快递业与制造业深度融合发展，对推动制造业提质增效和快递业转型升级，建设制造强国和邮政强国，实现经济高质量发展具有重要意义。

近年来，快递行业持续大力推进"快递进厂"工程，2021年"快递进厂"实现新突破，已打造出1908个业务收入超百万元的快递服务制造业项目。"快递进厂"不仅提供了产品寄递的功能，而且将服务延伸至制造企业的生产、销售等环节，成为制造业产品生产流通不可分割的一部分。部分邮政、快递企业进入食品、鞋服、卫生用品等制造企业生产、销售环节，形成了订单末端配送、仓配一体化、嵌入式电商等若干有效经营模式，生产企业的货品直接进入快递企业的仓库，线上销售的货品、流通环节均由快递企业负责。也就是说，生产企业只需要专注于产品的设计、研发和生产等核心环节，后端由快递企业"一条龙"解决，这种方式降低了制造企业快递成本，提升了生产、流通效率。

我国快递业服务制造业项目不断增加，年支撑制造业产值超万亿元。各地和主要快递企业都在不断尝试，积累"快递进厂"的服务案例和实践经验，但成熟的、完善的"快递进厂"服务模式尚未成型。总体来看，快递业服务制造业仍处于起步阶段，还存在规模效益不明显、融合发展不深入、服务能力不适应和配套支持政策不到位等问题。未来"快递进厂"需要形成规模，快递行业可鼓励快递企业在工业园区、高新技术产业园区等制造业集聚区，建设集约共享、智能高效的快递物流基础设施，提供专业化快递物流服务；聚焦重点区域重点领域，推动重点突破。例如，在医药行业，快递企业加速构建覆盖全国的全流程、可追溯、高时效的冷链医药物流网络；在汽车行业提供物流入厂全环节服务能力；在消费品行业，提供高效的仓配一体化服务，通过消费数据为制造企业产品设计和销售提供支撑。

下一步，快递行业应抓住"快递进厂"这个战略机遇，探索效率更高、成本更低的"快递进厂"服务新模式，将服务延伸至制造企业的生产、销售

等环节，更好地赋能制造业提高核心竞争力，为促进经济社会发展贡献行业力量。

快递出海：服务"买全球，卖全球"

快递小包裹服务大战略。当前，我国正在实施"一带一路"重大国家战略，中国快递行业对于支撑、服务国家战略，使命光荣、大有可为，但道阻且长。

相对于国内快递，国际快递往往存在运程长、耗时久、效率低的问题。除了伦敦等人口密集的城市，大部分城市的快递服务只将快递派送到当地邮政网点，居民往往需要额外支付费用，才能享受"送上门"的快递服务。国内快递市场不断成熟，主要企业间竞争加剧，同时头部快递企业自身综合实力不断提升，我国越来越多的快递企业开始将目标转向国际市场。

历经多年的发展，我国快递市场规模已连续八年世界第一，快递量占全球 60% 以上，超过美、日、欧等发达经济体总和。2020 年，中国跨境电商交易规模超 12 万亿元，作为与电商深度耦合发展的快递业，国际市场大有可为。但目前我国进出口贸易中，通过中国快递的跨境通道实现"出海"的比例偏低。2021 年全年国际快件仅为 20 亿件左右，与国内千亿件规模相比，占比极低。目前国际快递的国际段仍主要由 DHL、TNT Express、FedEx、UPS 等公司承运。

我国快递行业近年来实现飞速赶超，自动化设备、智能设备、快递行业大数据、信息化技术、智能调度、路由跟踪查询等设备和技术均国际领先，快递行业已经具备参与国际竞争的实力与底气。与此同时，面临的风险挑战与短板也越发明显。突出矛盾主要体现在国际货运航线能力不足，全货机规模不大、航线稀缺、资源置换难等方面；并且，在国外基础设施建设成本高、周期长，人才资源、法律支撑都制约着中国快递"走出去"。

在国际新冠肺炎疫情影响下，国际航线削减造成运力不足，全球物流和供应链均受到影响，危机与机遇并存，中国快递加快全球化布局。截至2021年，我国品牌快递企业累计建成海外仓240个、面积近200万平方米。除了通过设立海外仓和建设境外地面服务网络的方式扩展海外市场，我国品牌快递企业还通过业务合作或收购当地快递物流公司等方式，快速搭建当地快递运输服务网络，完成基础网络建设和市场拓展。通过与航空公司国际航线深度合作等形式，提升跨境航空运能。

从FedEx的孟菲斯到UPS的路易斯·维尔，世界级的物流集团都战略性地选择一座城市作为集团运输网络的核心枢纽，并以此为基点，布局全球。我国快递企业也在加强各自核心枢纽建设，顺丰选择了鄂州，邮政速递选择了南京，圆通选择了嘉兴，上述企业均迈出了建设各自枢纽的第一步。它们未来将如何发挥世界超级枢纽作用值得关注。国际快递市场多方割据，我国快递企业在国际市场上组织化程度仍然不足。目前我国邮政EMS依托万国邮联的优势，较多参与国际快递市场竞争，但更多的民营快递企业仅仅是踏出了试水全球市场的第一步。

下一步，如何更好更快地"走出去"是对中国快递人战略定力和智慧的考验，快递企业可以考虑"抱团出海""分类推进""重点突破"等方式拓展全球市场，行业主管部门可搭建跨境物流信息共享平台，助力拓展当地物流网络，充分发挥快递行业网络规模效应突出的特性，壮大货运机队规模，申请洲际航线、配置热点地区的国际货运航线资源，携手打响"中字牌"。

快递企业更应积极参与全球供应链和跨境电商贸易，聚焦《区域全面经济伙伴关系协定》(Regional Comprehensive Economic Partnership，RCEP)拓展地面网络，加速进入中东、拉美市场，快递企业应加快海外仓建设布局，在条件成熟的国家和地区提供收投、运输、支付、通关、税务等综合性"一

揽子"解决方案，推出全流程物流服务，支撑跨境电商企业境外业务发展。同时加强各自核心枢纽与航空、航运、铁路等关键交通节点建设，特别是国际交通节点的衔接，提升国际货运能力，着力解决短板问题，提升通关效率，完善高效能的国际寄递体系，更好地服务"一带一路"国家战略。

快递是跨境贸易尤其是跨境电商的重要服务支撑，中国快递在这方面应勇于承担历史使命，抓住机遇，攻坚克难，向世界输出中国快递的"中国速度"，真正服务国家重大战略。

快递行业应急服务市场：应急保障服务领域广阔

近年来，快递行业与综合交通运输体系日趋紧密，快递专用货机保有量已有 130 架，高铁运输快递线路超过 1500 条，高运能大型干线车辆达 2.85 万辆。大型分拨中心智能化改造加快推进，枢纽转运中心基本实现自动分拣全覆盖；末端服务体系也不断完善，县乡村共配网络加快构建，智能快件箱规模稳中有升，公共服务站达到 16.1 万个。行业基础能力不断增强，服务能力逐年提升，"无所不能"的中国快递应该主动承担更多的责任和担当，更需要考虑如何为社会进行"兜底"。快递行业关系着国计民生，是服务业的关键产业，与消费者、社会环境密切相关。在新冠肺炎疫情暴发之初，多家快递企业迅速开通绿色通道，发挥快递行业强有力的运输、保障能力，"逆行"将全国各地的应急防疫物资、生活物资源源不断地送往武汉，强大的运输能力、组织能力、人员队伍打开了武汉的"续命通道"。由于疫情防控常态化，快递业将在疫情防控中发挥愈发重要的作用。同时，中国快递覆盖全国的运输、收派网络，完善的网络架构和快速增长中的航空运能，能够在应对地震、洪灾、暴雪等自然灾害中充分发挥支撑保障作用，一旦发生自然灾害，快递行业将是强有力的战略资源，快速反应的网络可以在第一时间将应急物资投送到重点区域，未来打通的将不仅仅是一条条运输线路，更是一条条"救命通道"。

我国位于世界两大地震带之间，是世界上受地震灾害影响较为严重的国家之一，在遭遇灾情的应急处置和灾后恢复过程中，存在着巨大的物资运输需求。快递企业可充分发挥其全国性的收派末端网络体系和强大的干线运输

体系，在出现灾情时可通过开设应急绿色救援通道、"爱心包邮"、为救灾物资提供免费寄递服务等方式，加强社会承诺与履行责任，实现重要物资的即时全国运达。

在全球新冠肺炎疫情这段"非常时期"，快递业成为最具存在感的行业之一，成为连接供需两端甚至是保障国计民生的"硬核"担当。尤其是在中高风险地区的疫情防控方面，面临着商铺关门歇业、小区严管出入等防疫要求，线上购物需求甚至比平时更强烈，快递业为全国群众抗疫和企业复工复产提供了便捷，也为全球各国邮政业防疫能力保障建设提供了模板。

"党政军民学、东南西北中、衣食住行送"，寄递供给无处不在。我国快递行业正在由大到强，定将肩负更加重要的社会责任和应急使命，这一领域值得快递企业深耕。

快递行业业态自我进化进程加速

产品体系革新: 中国快递, 唯"快"不破

　　更高的时效, 是快递行业发展的必然趋势, 未来中国快递将着力构建全国"限时达"、全球"隔日达"的世界领先寄递体系。服务时效能力的构建和品控也将迈向新台阶, 高质量发展将是行业发展主旋律。

　　产品服务同质化是制约大部分快递企业发展的难题, 而伴随同质化竞争的往往是"价格战", 快递行业在"价格战"的泥潭中几经浮沉。在行业有效整治下, "伤敌一千自损八百"的价格战得到遏制, 未来快递企业应聚焦细化快递物流产品体系, 深耕细分市场。

　　目前, 各大快递企业都在有意识地丰富自己的产品线条, 为客户提供丰富的增值服务。从业务场景上可以分为快递、快运、冷链、医疗、生鲜、云仓、跨境、供应链等。

　　快递行业科技含量也在不断提升, 对运输网络的路由时间把握越来越精准, 原本以"天"为单位的时效产品将不再满足客户的需求, 以小时计算的超高时效性产品将进入市场, 行业将形成以客户为中心, 1千米、2千米等不同半径范围内不同送达时效的精细化、立体化快递产品体系。

运输结构优化: "上机上铁"更快更绿色

　　航空货运的飞速发展, 四通八达的高铁网络, 让人和物在城市间、地区间的流向更加便捷和高效。

目前快递主要的干线运输形式包括公路、航空和铁路（含高铁）3 种。航空运输凭借其高时效、长距离的优越特性，一直是快递行业高端市场的主要运输方式，但除了 EMS、顺丰、京东、圆通在内的部分快递企业拥有自主的货运飞机外，当前大部分快递企业仍主要采用公路运输方式。

未来，快递企业业务规模将持续拓展，快递服务时效将不断提升，多式联运将成为更多快递企业的选择。早在 2016 年 4 月 6 日，国家民航局就正式批复湖北国际物流核心枢纽项目机场选址鄂城燕矶，项目建设以货运功能为主的国际航空货运枢纽，打造全球第四、亚洲第一的世界一流国际航空物流中心。近期亚洲第一座专业型货运枢纽机场鄂州花湖机场将逐步投入使用，我国快递行业的航空货运格局将迎来全新变化。

高铁从无到有的十年，也是中国城镇化快速发展的十年，纵横交错的高铁网络串联起一个个散落的城市。高铁已经成为人们日常出行的重要交通工具，高铁以高速、大容量、集约型、通勤化的特征，在中等距离出行方式选择上具备极强的竞争力，使人和物在城市间、地区间的流动更加便捷和高效。

2020 年发布的《新时代交通强国铁路先行规划纲要》提出，到 2035 年，全国铁路网将达到 20 万千米左右，其中高铁 7 万千米左右。20 万人口以上城市实现铁路覆盖，其中，50 万人口以上城市高铁通达。全国 1、2、3 小时高铁出行圈和全国 1、2、3 天快货物流圈都将全面形成。将高铁作为快递干线运输，能更好地适应快递小批量、快送达、高附加值的市场需求，也能更好地发挥高铁成网运行、安全快捷等优势。

虽然目前利用高铁作为快递运载工具的场景还是少数，更多的是作为"双 11"前后的阶段性特色服务，用于补充航空运输运力不足的情况。但自 2016 年以来，铁路部门连续多年组织电商"黄金周"运输服务，逐步形成以高铁快运产品为主的优质服务品牌，通过盘活载客动车组上的高铁快运柜、预留的不售票车厢、无乘客的高铁确认列车、铁路特快货物班列，更加精准地投放运力，快递上铁之路正逐步开启。

近年来，铁路部门已经积累了比较成熟的铁路快运服务经验，普通货物采用高铁集装包、专用包装箱等方式进行包装，冷链货物运用专门设计的冷链箱进行包装，所有货物做到包装干净整洁，不污染座椅，不影响旅客乘坐。运输完毕后，严格按照列车疫情防控要求进行消毒。对铁路特快货物班列运送的货物，加强全过程货物进货验收、安检、装卸和疫情防控消杀作业，确保货物和环境安全。

但要进一步扩大快递上铁覆盖范围、加大运量转换，还存在不少机制障碍和技术问题，除了高铁、火车的座席空间等问题，对快件分拣、接驳运输、高铁及火车站上下货站点改造、拖挂载货车组研发生产和采购等均提出更高要求，这将是未来快递和铁路的合作方向和发展趋势。相信在不久的将来，铁路快运服务将深度与快递行业融合，充分发挥其覆盖面广、发车稳定、时效性强等优势。

共配共享：从末端共配到干线整合

当前快递末端共配通过把各大快递公司整合起来，共用场地、运力等资源，缩小快递员的派送区域，提高派送密度，把单一包裹派送转变为多品牌包裹配送，快递员的整体工作效率得到了提升。尤其是在一些乡村地区，因为快递配送网点覆盖面积不足，人口密度松散，相关的人力成本及运输成本都比较高，效率低的问题也更加突出。引进末端共配，共享人员及运力实现了"1+1>2"的配送能力升级。由于行业资源集约化程度不断提高及成本压力加大等因素引导，未来各快递企业有望进一步整合干线运输资源，逐步实现干线共配集中处理。

服务体现价值：商品价值与运费分离

当前行业正在推动成本分区、服务分层、产品分类，在消费升级背景下，快递体验已成为电商的核心竞争力之一。尤其是高价值商品网购比例的提升，电商卖家的竞争将更加注重品质和体验的竞争，自建寄递体系不是最优解，对快递服务的分层需求将越来越迫切。未来电商平台可以在总体仍实行包邮制的基础上，开放增值服务选项，引导价格分层，发挥资源配置作用。多场景下，消费者可在支付相应溢价的情况下，选择特定送达时间段、更高的时限要求、绿色环保包装材料等个性化服务需求。最终，商品定价与快递服务定价相分离，推动消费者形成支付快递费用的习惯，推动商品的消费者同时成为快递服务的消费者，从而享受更高质量、更多样化的快递服务，这将是行业高质量发展必不可少要走的"长征"。

行业监管转型升级：从单向监管到综合服务

在快递行业飞速发展的数十年中，行业监管部门按照中央"放管服"改革总体要求，完善事前预防、事中预警、事后追溯体系，运用科技手段和大数据力量，驱动行业高速安全发展。快递行业正处于逐步成熟阶段，日趋正规化、市场化，在市场高速增长的同时，也将呼唤更高的治理效能，未来快递行业监管姿态将要重新优化校正，实现"监管与被监管"向"服务与被服务"转变。

国家大数据战略正在逐步实施，推动大数据技术产业创新发展、构建以数据为关键要素的数字经济、运用大数据提升国家治理现代化水平、促进民生改善，切实保障国家数据安全，正成为大势所趋。大数据让快递企业从劳动密集型产业转型为数据密集型产业，这需要更多的底层数字基础设施和政府服务。行业监管更进行供给侧改革，持续提升行业依法治理能力和水平，强化基础能力建设，未来，快递行业监管部门除了继续履行其监管职能外，将为行业健康发展提供全流程基础服务，为行业高质量发展领航掌舵。

快递大数据，开启数据产业化大时代

中国快递站在历史新节点，俨然成为撬动万亿消费的大产业，未来其体量将更加庞大，也将持续保持中高速增长。快递行业处于在量变中寻求质变的关键时期，未来将如何发展，令人期待。中国快递下一步的发展方向在哪里？如何承担起党和国家赋予的时代使命？

纵观中国快递行业的发展历程，我们可以发现，数字时代的到来，快递行业正逐步从"汗水快递"转变为"数据快递"，更加高效的数据治理将成为行业新特点，快递行业定会迎来更加数字化、智能化的未来。

快递大数据，"三无"新引擎

人力成本不断上升和作业效率需求不断提高，快递行业技术革新步伐愈发加快，快递市场飞速发展，对行业发展相关基础设施支撑能力提出更高要求。传统快递行业一直被认为是劳动密集型产业的代表，但人口红利逐渐消退，我国将面临人口老龄化和生育率降低的局面，在快递行业蓬勃发展的背后也蕴藏着劳动力缺口的危机。近年来，大数据技术飞速发展，行业数据质量不断提高，为大数据与智能装备结合带来新思路。从自动分拣、无人分拨到末端智能快件箱投放，快递行业也在逐步向智能化转型。目前，部分快递企业已经走在无人机、无人车、无人仓研发、实验和实践的前沿阵地，而数据是"三无"不可或缺的引擎。运用大数据技术实现快递场景的智能化分拨、运储规划和精准定位为快递"三无"产品发展带来了新机遇。

无人机：快递将 "飞" 入更宽领域

生活节奏不断加快，人们对快递配送的效率要求越来越高，越来越多的企业开始尝试利用无人机进行配送以突破地面运输的时空限制。目前快递行业的无人机技术主要着重发展两大方向：支线的大载重物流和 "最后一公里" 的末端配送。

推进无人机在快递物流行业的研发、应用，可以有助于解决偏远山区、农村的配送难问题，对于推进快递进村工程意义重大。一些偏远山区、农村存在村民常住于不同山头的情况，如果在两山之间互通有无，需要沿着蜿蜒崎岖的山路行驶数个小时，但无人机飞行却只要 10 多分钟，未来此类无人机应用场景或将逐步实现规模化、常态化。在新冠肺炎疫情中，湖北武汉的快递企业用无人机把医疗防疫物资成功地降落在武汉金银潭医院，证明了无人机在交通限行、封闭管理等情况下承担快递运输具有独特的优势。在物资运输压力剧增、无接触配送、陆路方式无法送达等需求爆发的背景下，无人机配送展现出的灵活、便捷、安全、高效等优势，其深度应用值得期待。当前 5G 技术可以支撑无人机采集 4K 高清视频数据的实时传输，满足了远程操控无人机飞行的性能需求。未来低空权逐步开放，新技术赋能无人机快递配送将进入发展新时代，无人机业务落地的步伐也将越走越快。

从目前的实际情况来看，商业化批量中距离运输，采用无人机配送是最为高效的解决方案。未来特色生鲜、医疗冷链等行业或将因为无人机配送的逐步普及，进入快速发展期；地质条件相对复杂的地区，无论是高山还是海岛，甚至难以修路的地方，都可以使用无人机完成物资运输和补给。

无人机配送带来的生产效率提升和生活方式改变有目共睹，但无人机运行种类复杂多样，作为新兴产业，我国无人机行业法规标准体系、安全监管手段都需要进一步完善。快递行业的无人机发展必须严格遵守民航局相关法规要求，依据民航局无人驾驶航空器空中交通管理信息服务系统（UTMISS系统）所划设的微、轻型无人机适飞空域规划空中飞行航线航行，实名登记，实时上报飞行数据。有法可依，依法飞行，才能推动配送无人机飞得更好。无人机投递包裹选择、航线规划、目的地确定等环节都离不开快递大数据的驱动。快递从共配站到用户手中，快递大数据成为无人机末端配送最重要的"燃料"。无人机配送作为一种新业态，其应用发展日益迅猛。无人机寄递、配送仍处于试水阶段，但大规模商用解决方案将逐步完善，未来市场空间可期。快递用无人机示意如图7-3所示。

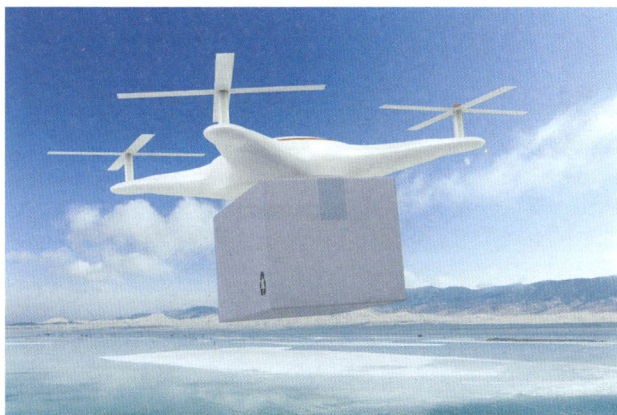

▲图7-3　快递用无人机示意

无人车：末端配送多元化、无人运输或指日可待

快递行业几何式增长规模和配送人员缺口之间的矛盾将越来越凸显，无人车的合理使用将极大缓解甚至解决这一矛盾。近年来，无人车作为"可移动的智能快递柜"被广泛推广使用，走进了驿站、校园、社区、园区、厂区等。疫情防控大背景下，无人车或将有希望走入医院、酒店、机场，也在无接触服务上充分发挥作用，服务范围将进一步扩展，残障人士、老人幼童也都将享受到快递无人化带来的便利。

得益于互联网、大数据、云计算、人工智能、区块链等技术的发展融合，无人车除了在末端配送方面发挥作用外，在"仓运配一体""干线运输"等行业发展模式及关键领域中，也能够提供关键性支撑。5G、AI 等技术正逐步解决无人驾驶存在的盲点与难点问题，也将为无人车常规化、量产化提供技术支撑，无人车运输在快递行业发挥的作用将逐步提高，同时配套相应的法律法规等，快递车辆发展为无人驾驶模式的应用场景将进一步成熟。快递专用无人车示意如图 7-4 所示。

▲图 7-4 快递专用无人车示意

无人仓：助力"人找货"向"货找人"转变

快递时效性要求不断提高，受限于企业用工成本的上升和人力在工作市场、工作强度、工作耗时等维度的限制，采用无人技术特别是在分拨仓储的应用能够有效提高作业效率，降低整体成本。智能制造技术的全方位创新与提升，使快递的仓储环节更精细化、专业化，各类智能设备已逐步投入到物流快递的作业环节中。

无人仓技术的应用，将逐步实现行业从传统"人找货"向"货找人"的模式转变。如果说无人仓的智能硬件是人的"躯干"和"四肢"，那无人仓的大数据智能算法就是"大脑"和"神经"。通过机械臂、自动导引运输车

（Automated Guided Vehicle，AGV）、shuttle[1] 立体库等自动化设备技术替代人工，通过大数据、人工智能、智能算法的不断训练优化分拣取货逻辑，最终实现入库、存储、拣选、出库等仓库作业流程的无人化操作，最大限度地提高生产效率。无人仓示意如图 7-5 所示。

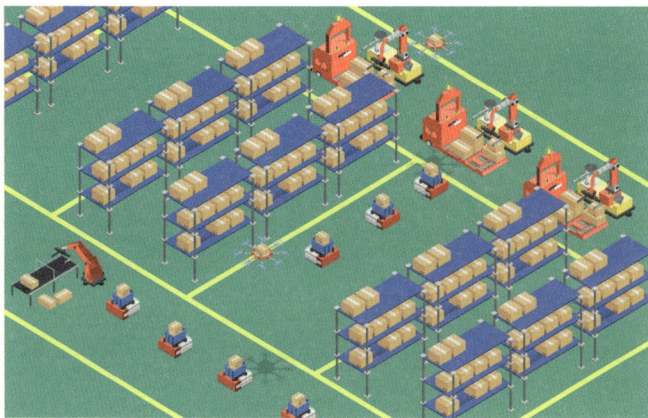

▲图 7-5　无人仓示意

快递大数据，动态感知赋能驱动经济发展

中共中央政治局于 2020 年 10 月 18 日就推动我国数字经济健康发展进行第三十四次集体学习，其中指出："数字经济发展速度之快、辐射范围之广、影响程度之深前所未有，正在成为重组全球要素资源、重塑全球经济结构、改变全球竞争格局的关键力量。要站在统筹中华民族伟大复兴战略全局和世界百年未有之大变局的高度，统筹国内国际两个大局、发展安全两件大事，充分发挥海量数据和丰富应用场景优势，促进数字技术与实体经济深度融合，赋能传统产业转型升级，催生新产业新业态新模式，不断做大做优做强我国数字经济。"

快递大数据时效性强所含要素齐全，能直观反映地区经济发展情况和结

1　shuttle 指短程穿梭运行的飞机（或火车，汽车），以短程往复方式运送（货物等）。

构变化动态，好比是"上帝视角"，流动的包裹堪称是经济和社会不插电传感器，是微观经济运行的"晴雨表"。

小切口，大融合。将快递大数据与宏观经济分析、人口统计等数据进行关联分析，可产生富有趣味的化学反应：我国三大经济区长三角、珠三角、京津冀快递业务总量占全国业务量比重逐年下降，对应的快递也由原本的"聚集经济发达地区"向"均衡发展、遍地开花"转变，国内区域间发展差距缩小，快递大数据与区域务工调整密切相关，如进一步深度分析将有广阔的想象和应用空间。

人口结构变化，二胎、三胎政策的开放，"双减"之下社会经济又会发生怎样的变化？人口是长期、缓慢、持续作用的结构性变量，快递则是社会每一个细微生产单元和组织结构间的联系纽带，实时、海量是快递大数据的鲜明特点。如果以快递大数据作为切入点，以"小快递"见"大经济"，用实时的数据反映结构性、长期的社会变量的宏观影响，及时、高效地捕捉社会经济脉动，可达到见微知著的神奇效果。海量的快递积累巨量的数据，快递大数据价值巨大且具有较大的挖潜空间，通过快递大数据与农业、工业、零售、交通、气象、烟草、海关等领域数据的融合碰撞，能迸发出更多的灵感。目前，快递大数据在与地方经济融合、助推经济发展方面，在义乌、泉州已有融合试点，但这只是开始。快递大数据的研究是跨专业领域的研究，需要有更多市、区、县的合作实验，更多数据维度的融合，更多资源、人才、技术力量的投入，才可探索出快递大数据全面赋能经济的不平凡之路。

快递大数据，助推社会治理数字化进程

快递大数据价值丰富，具备行业超强链接的属性，让快递大数据不仅关乎快递行业本身，也直观体现制造业、零售业等行业发展及各地区居民的消

费能力和消费习惯，与市域治理和社会治理息息相关。

目前，快递大数据分析研判的应用已在禁毒、刑事侦查、治安、反恐怖、经济侦察、海关、食药环等多个领域开展初步实践应用并取得初步成果，快递大数据应用不断深入，在社会治理等方面发挥了更加重要的作用，肩负着更加重要的社会责任。

助力反电信诈骗，推动犯罪链条排查

信息社会快速发展，犯罪结构发生了深刻变化，传统接触式犯罪持续下降，以电信网络诈骗为代表的新型犯罪持续高发，已成为上升最快、群众反映最强烈的犯罪，呈现出案件持续多发、网络诈骗迅猛增长、诈骗窝点快速转移、作案群体逐步泛化、黑灰产业日益泛滥等特点。为了打击电信诈骗犯罪，严打通过寄递渠道邮寄诈骗用银行卡和手机卡成了打击反电信诈骗的关键手段。快递大数据基于其完备的社会属性，可以起到针对上下游链条摸索排查的作用，通过一条线索可以顺藤摸瓜挖掘出一大批重点人员，从而实现从源头精准打击电信诈骗。

高效开展情报研判，助力打击涉烟犯罪

近年来，涉烟违法分子为降低成本、躲避打击，存在依靠快递方式完成假烟运输、交易等行为，通过寄递环节涉烟违法呈快速上升趋势。此类犯罪往往存在隐蔽性强、区域跨度大、查处困难、犯罪成本低、利润高等特点，近年来，通过快递销售假烟，走私非烟的案件有上升趋势，且作案手法不断迭代升级，打击难度加大。

针对寄递环节涉烟违法行为的治理，可在现有监管框架下，开展数据融合创新方向的探索，利用大数据手段开展数据排查及建模分析，充分发挥快递大数据蕴含的潜力。通过对重点人寄递信息等数据进行研判分析，在发现可疑包裹时通过对相关数据逆向反查、顺向跟控、横向对比，可以有效堵住

犯罪分子利用快递寄递假烟制品的"暗道"，从源头实现对涉烟犯罪的管控及打击。

快递大数据导侦，社会治理新模式

社会治理面临新形势和人民群众新期盼，社会治理也将逐步实现精细化、信息化、数据化。快递大数据凭借其健全的社会属性，在社会治理方面大有可为，未来行业数据将进一步完善和丰富，快递数据的初筛、排查功能有望成为社会治理提供强有力的手段。

中国快递下一个十年，将是行业由大到强的重要发展战略机遇期，应充分激发行业内在动能，全力发挥快递大数据关键要素的驱动牵引作用，迎接属于中国快递的新蓝海。

"绘蓝图、促协同、保安全、重服务"或成为未来几年行业发展的关键词。行业应秉持"一张蓝图绘到底"的决心，促进产业协同与数据协同，下决心打造行业生态，在严守安全底线的前提下，充分发挥数据要素价值，开启属于快递行业的数字产业化全新未来。

数字时代下，中国快递机遇与挑战并存，行业要汲取"数智"的磅礴力量，创造无愧于时代属于中国快递更加美好的未来，中国快递人定将更具风度地跑出中国加速度！

后记

　　最是时光留不住，青春韶华不枉负。在各位领导、同事和挚友大力支持与协助下，《数说中国快递》终于如期出版了！特别感谢邮政业安全中心王丰主任，亲自指导、亲自协调，时常鞭策勉励我一定要写好写精，叮嘱我务必讲好中国快递大数据故事，这让我有了源源不断的思想源泉，从而更加坚定了前行的信心，领导殷殷嘱托为这本书最终顺利出版注入了不竭动力。

　　筹划这本书的时候，我内心很是忐忑，深感责任重大，虽一直从事行业信息化和大数据研究，时间也不算短，但忙于日常事务，平时的总结提炼还远远不够，现有的积累与所处高速增长的行业显得差距过大，需要不断创新，因此看似忙忙碌碌却又总觉欠缺些许沉淀。作为行业深刻变革的亲历者，我有感于从"一骑红尘妃子笑"到如今"无所不在无人不用"的中国快递，一直觉得应该做点什么，在中心领导关心鼓励下，在核心团队的鼎力支持下，我也终于迈出了第一步，立了一个"小目标"——讲好中国快递大数据第一个小故事。

　　经过近一年的酝酿讨论、落笔和反复修改，人生的第一本书终于告一段落，一路走来极为不易，图书成稿的过程经历了几次大调整，也伴随着剧烈的阵痛，庆幸最后还是坚持了下来。为了写好每一个篇幅，我务求竭力虔心，字斟句酌，唯恐有负众望；与此同时，行业内外领导、企业家、专家学者等给予了我莫大的鼓励和支持，并对书稿提出了很好的意见与建议。需要说明的是，限于篇幅，本书对大数据分析和挖掘的案例进行了适当的精简，读者可能会有意犹未尽的

感觉，待合适的时机将进行必要的补充。虽然本书对中国快递大数据的产业化进行了尝试论述，但限于作者水平，不能一一论及，我还是觉得有很多内容还没完全展现出来，留待合适机会再行扩展。

最后，感谢团队陈嵩、杨阳、李惟聪、张新立、王红亮、林杉、李竹、崔力文、张竹友、王云龙、张彬、张巍在文字校对方面提供认真细致的帮助，感谢中国邮政快递报社的任国平老师给本书重要章节的润色，还要特别感谢给我撰写推荐语的各位领导和老师，你们无私的协助给这本书带来了更多的精彩。

时间仓促，我虽竭尽全力，但全书错漏和纰漏仍在所难免，恳请读者多批评指正。

希望这本书能让读者更真切地感受到数字时代的脉搏，更泰然自若地与数据时代狭路相逢！